A.J. Dunning   Extreme

DIE
ANDERE BIBLIOTHEK
Herausgegeben
von
Hans Magnus Enzensberger

A. J. Dunning

EXTREME

Betrachtungen zum menschlichen Verhalten

Aus dem Niederländischen
von Helga van Beuningen

Eichborn Verlag
Frankfurt am Main 1992

»Der Mensch ist nur ein Schilfrohr, das schwächste der Natur; aber er ist ein denkendes Schilfrohr. Es ist nicht nötig, daß das ganze Weltall sich waffne, ihn zu zermalmen: Ein Dampf, ein Wassertropfen genügen, um ihn zu töten.

Aber wenn das Weltall ihn zermalmte, so wäre der Mensch noch edler als das, was ihn tötet, denn er weiß, daß er stirbt, und kennt die Überlegenheit, die das Weltall über ihn hat; das Weltall weiß nichts davon. Unsere ganze Würde besteht also im Gedanken.«

Blaise Pascal, *Gedanken*

(Übers. v. Wolfgang Rüttenauer, Leipzig, o.J.)

Für Trudy

Inhalt

EXTREME MIT MANN UND MESSER

EXTREME MIT GOTT UND GEBOT

GESCHMACKSSINN UND TASTSINN

Extreme: ein Spiegel

In der sittlichen Ordnung der Dinge steht der Mensch irgendwo zwischen Engel und Tier. Der Psalmist besingt ihn als die Krone der Schöpfung, nahe dem Engel, der Calvinist rückt ihn in die Nähe des Tieres, als unfähig zum Guten und zu allem Schlechten neigend. Für gewöhnlich meidet der Mensch diese Extreme, doch manchmal werden sie ihm Herausforderung oder Schicksal. Der Philosoph Pascal verwirft die Antinomie Engel oder Bestie, gefallener Gott oder hochentwickeltes Tier, und sucht ein eigenes Maß für den Menschen, der, als ein »denkendes Schilfrohr«, sich zwar des Guten und Bösen bewußt, dennoch nicht imstande ist, aus eigener Kraft den Mittelweg zu finden.

Wir haben mit den Primaten des Tierreichs in Bau und Funktion die Grundelemente der Physis gemein, das Ergebnis einer langen Evolution im Rahmen einer gemeinsamen Abstammung. Als Linné sein umfassendes System der Natur erstellte, ordnete er den Homo sapiens folgerichtig bei den Affen ein. Der physische Unterschied zum Orang-Utan erschien ihm, abgesehen vom — biologisch nicht determinierten — Verstand, gering. Die Vernunft variierte seiner Ansicht nach je nach Land und Erziehung und schlief zuweilen. Alle Variationen im menschlichen Verhalten waren für ihn kultur- und nicht naturbedingt. Die neueren Biologen, die Formen des Zusammenlebens bei Mensch und Tier untersuchen, verwerfen die Trennung, die biologisch aus uns entweder Affen oder Menschen macht. Sie glauben, daß die Evolution eine Anpassung und Selektion dahingehend bewirkt hat, daß unser Verhalten in erster Linie durch Gene bestimmt wird, die dem Überleben dienlich waren. Sogar der Altruismus eines Einzelnen, der sich opfert, ist so gesehen eine nützliche Eigenschaft für das Überleben der Gruppe, der Art oder des Stamms. Wir sind zu dem verurteilt, was wir sind, weil wir auf diese Weise überleben, als Stamm unser Territorium verteidigend, leicht zu indoktrinieren, altruistisch, wenn es uns nützt, blindgläubig bereit zu Krieg und Ausrottung. Das Tier mag den Pelz verlieren, nicht aber seine Natur; der Mensch ist ein nackter Affe.

Juden und Christen, aber auch viele Heiden haben dieses programmierte Schicksal nie akzeptiert, denn der Mensch hat eine Bestimmung, die über die biologische Existenz hinausreicht. Die Existenz in dieser zerbrechlichen Schale — der *fabrica* des menschlichen Körpers, wie sie der Anatom Vesalius beschrieb — ist nur eine zeitweilige Hülle für die unsterbliche, individuelle Seele. Die Wirklichkeit des Menschen deckt sich nicht mit seiner materiellen Existenz, er ist mehr als das Tier, wenngleich weniger als ein Engel.

Die Erforschung der Welt seit dem Mittelalter hat die Engelähnlichkeit des Menschen in Frage gestellt. Als die ersten Menschenaffen aus den neu entdeckten Erdteilen nach Europa gebracht wurden, weckten sie große Neugier, aber keine Gefühle der Verwandtschaft. Doktor Nicolaas Tulp, aus Rembrandts *Anatomie,* hat sie als erster gezeichnet und beschrieben. Er zählte sie noch zu den Tieren, aber die Grenze verwischte sich bereits. Darwin und seine Nachfolger hoben sie endgültig auf, auch wenn im Übergangsbereich etwas fehlte, das *missing link.* Diese Lücke wurde später von anderen geschlossen, denn an Kandidaten für die Übergangsform war kein Mangel — vom Kannibalen bis zum Neger. Die wissenschaftliche Erforschung der lebenden Materie hat innerhalb weniger Jahrhunderte eine erstaunliche Menge an Wissen ergeben.

Pascal wäre beinahe mit einer Pferdekutsche verunglückt, an einem Herbsttag des Jahres 1654 in Neuilly auf einer schmalen Brücke über die Seine. Zwei Pferde brachen aus und stürzten ins Wasser; die Kutsche hing bedrohlich über. Er sah den Abgrund des strömenden Wassers und wurde danach noch jahrelang von diesem Bild gequält. In seinem Denken tauchten die Abgründe wieder auf, der Abgrund des unendlich Kleinen, Unsichtbaren und der des unendlich Großen, des Universums. Beide sollten mit Hilfe von Mikroskop und Molekularbiologie, Teleskop und Raumfahrt enträtselt werden. Der in Wahrheit unergründliche Abgrund ist der Mensch.

Die vorhandenen wissenschaftlichen Instrumente zur Erforschung der Natur sind wenig geeignet, uns selbst zu begreifen. Mit dem Wissen um unser physisches Gebäude kam durch die Medizin auch die Kontrolle darüber zustande. Solche Erkenntnis fehlt für unser Verhalten und damit auch die Möglichkeit, es mit anderen Mitteln als Zwang oder Belohnung zu kontrollieren. Diese Wissenslücke wird mit Hypothesen und Theorien über unsere Triebkräfte gefüllt, von Freud bis Konrad Lorenz, vom Unbewußten bis zu den Genen. Und doch bleibt der Mensch ein Fremdling in der Welt, die nicht von ihm erschaffen ist. Für manche ist der Mensch der Schatten Gottes, für andere ist Gott der Schatten, die Projektion des Menschen. Wir schlafen — nach dem Ausspruch Montaignes — auf dem weichen Kissen der Unwissenheit. Menschliches Verhalten ist demnach oft nicht vernunftgesteuert, wenngleich es kalkuliert ist, ausgerichtet auf physisches Überleben. Und sogar das wird preisgegeben, wenn Soldaten, Märtyrer oder Ketzer ihr Leben für ein höheres Ziel opfern. Das graue Mittelmaß, der Alltag des Staatsbürgers, Steuerzahlers oder Familienvaters liefert als angepaßtes Verhalten weniger Stoff als das Leben in Extremen. Extreme markieren die Höhen und Tiefen, zu denen Menschen imstande sind. In diesem extremen Handeln verbirgt sich ein Symbol oder die Äußerung eines Strebens, das eigene oder fremde Grenzen überschreitet und die Vernünftigkeit der Norm in Frage stellt.

Dieses Buch ist nicht mehr als eine Sammlung von zum Teil alten und bekannten Geschichten über Extremformen menschlichen Verhaltens. Vernunft und Alltäglichkeit machen der Leidenschaft Platz, einer Besessenheit, die jedes Maß übersteigt. Die Geschichten wurden schon oft erzählt, doch sind jetzt, in der Wiederholung, einige Details weggelassen und andere hinzugefügt. Dabei wurde der Akzent auf die biologische Existenz gelegt, wie sie sich in Krankheit, Gebrechen und Tod unter außergewöhnlichen Umständen darstellt. Unser Herrgott hat manche seltsamen Kostgänger, doch ihr Verhalten macht sie zum Salz der Erde. Ihre Leidenschaften entspringen einem Herzen, das sowohl muskuläre Pumpe als auch Ursprung inneren Antriebs ist. Dem Herzen wird daher in vielen dieser Geschichten ein zentraler Platz eingeräumt, und das rührt sowohl vom Beruf des Verfassers als auch von der besonderen Eigenschaft her, die Pascal diesem Organ zuschrieb. Das Herz hat Gründe, von denen der Verstand nichts weiß.

Die Wahl der Geschichten ist daher nicht willkürlich. Die Leidenschaft, für etwas leben oder sterben zu wollen, ist, so selten sie auch in extremer Form vorkommt, ein altbekanntes Phänomen. Die Geschichten von Heiligen, Narren, Genies und Besessenen, Märtyrern und Verbrechern sind vor ihrem historischen Hintergrund vielleicht farbiger und exotischer als in einer nivellierten, bürgerlichen Wohlstandsgesellschaft, doch gibt es keine wesentlichen Unterschiede der Beweggründe und Erfahrungen. Die Vergangenheit zeigt uns Menschen, die anders zu sein scheinen, aber doch den Schock des Wiedererkennens auslösen.

In den Extremformen des Erlebens und Erfahrens wird auch die menschliche Unzulänglichkeit erkennbar, häufig in einer Dimension, die grauenvoller, bunter oder heroischer ist als der Alltag, und das fesselt uns, die wir in Mittelmaß und Komfort leben. Bei aller Bewunderung oder allem Abscheu können wir diese Extreme kaum begreifen und noch seltener angemessen erklären, und selbst wo dies geschieht, stellt uns die Lösung oft nicht zufrieden. Dieser

Band ist daher nicht mehr als ein kurzer biomedizinischer, beschreibender Katalog bekannter Beispiele leidenschaftlichen Verhaltens, von denen der Leser Belehrung und Unterhaltung, jedoch weder Moral noch Erklärung erwarten darf. Denn eine Erklärung — sofern überhaupt möglich — verkleinert das Geschehen, reduziert es auf faßbare Proportionen und nimmt ihm das Beunruhigende, das so viele Extreme kennzeichnet. Es sind Beispiele von Menschen, die sich mit allen Kräften dem Tod widersetzen, diesen schließlich aber doch mit der Biegsamkeit denkenden Schilfrohrs hinzunehmen bereit sind.

Diese Geschichten fügen sich, wie ich hoffe, zu einer Kette von Geschehnissen, die von gestern scheinen, jedoch viele Verweise auf heute enthalten. Die *dramatis personae* sind über die einzelnen Geschichten hinweg durch einen dünnen Faden miteinander verbunden, der Menschen und Motive verknüpft. Die Extreme berühren einander. Die Geschichten sind als historische »Reise nach Jerusalem« zur Musik der jeweiligen Zeit gedacht. Wenn die plötzlich aufhört, muß einer ausscheiden, während für die anderen die Musik weitergeht. Der letzte, der übrigbleibt, ist der Alltagsmensch, Bruder Esel, schwankend zwischen zwei Bündeln von Engels- oder tierischem Heu.

EXTREME MIT HERZ UND SEELE

Das brennende Herz

Ganz dicht am Thron standen sie, der junge Mann und das Mädchen, ihrer Verdienste wegen. Um dorthin zu gelangen, hatten sie ihr Leben für ein Unternehmen aufs Spiel gesetzt, das noch vor wenigen Monaten unmöglich erschien. Die Stadt, in der am 17. Juli 1429 die Krönung stattfand, war erst am Tag zuvor erobert worden. Wenige Jahre später sollten beide nach einem kirchlichen Prozeß ihr Leben auf dem Scheiterhaufen lassen, die eine als Hexe, der andere als Mörder. Posthum jedoch sollten ihre Wege sich trennen. Aus dem Mädchen wurde eine Heilige, aus dem jungen Mann Blaubart.

Die Geschichte spielt gegen Ende des Hundertjährigen Krieges, in dessen Verlauf England auf französischem Boden um die französische Krone in einem Bandenkrieg kämpft, der Stadt und Land für Jahrzehnte heimsucht. Es gibt wechselnde und doppelte Loyalitäten, und rund vierzig Jahre lang regieren zwei Päpste und verschiedene Prätendenten, die Anspruch auf die französische Krone erheben. Es herrschen

Hunger, Armut, Pest — eine apokalyptische Zeit voller Bedrohung, Gewalt und Gesetzlosigkeit.

Orléans macht Burgund die Krone streitig, woraufhin letzteres Partei für England ergreift. Der Kronprinz, Karl VII. von Orléans, Sohn eines wahnsinnigen Vaters und einer Schlampe von Mutter, wird als illegitimes Kind und unrechtmäßiger Thronfolger betrachtet, doch es gelingt ihm, sich südlich der Loire in einer schwankenden Guerilla zu behaupten, deren zaudernder und umstrittener Anführer er ist. Dann kommt im Februar 1429, eskortiert von einem seiner Hauptleute, das Hirtenmädchen aus dem lothringischen Domrémy an den Hof, der im Loireschloß Chinon residiert. Es hat die Stimmen des Erzengels Michael und der Heiligen Katharina und Margareta gehört und soll dem König eine Botschaft überbringen. Was sich im Schloß zugetragen hat, gehört der Legende an, aber die Jungfrau überzeugt den König von ihrem göttlichen Auftrag. Er sei der wahre Erbe; das von den Engländern belagerte Orléans solle befreit und er in Reims gekrönt werden, wie alle französischen Könige.

Jeanne d'Arc soll wie ein Junge ausgesehen haben, ein Page, doch es gibt kein verläßliches Bild von ihr. Sie bestärkt den König in der Rechtmäßigkeit seiner Ansprüche und wird den göttlichen Auftrag, die Befreiung von Orléans und die Krönung in Reims, in den darauffolgenden Monaten erfüllen, in blutigen Schlachten Seite an Seite mit den Anführern der königlichen Heerscharen. Orléans wird befreit, und Reims ergibt sich. Die Edelleute reiten zur Abtei von Saint-Rémy, um die Ampulle mit dem heiligen Öl zu holen, und mit Jeannes Hilfe wird der König nach Reims gebracht und wie seine Vorgänger in der Kathedrale zum wahren christlichen Herrscher gesalbt.

Dann wendet sich das Blatt, der Angriff auf Paris scheitert trotz Jeannes Eingebungen, und sie wird bei Compiègne von den Burgundern gefangengenommen und an den Erzfeind, den englischen Besatzer, weiterverkauft. Ihr kurzer Triumph hat nur wenige Monate gewährt, und nun lassen alle, die ihr gefolgt sind, sie im Stich. Einer davon ist Gilles de Rais, mit fünfundzwanzig der jüngste Heerführer im Lager Orléans' und nur acht Jahre älter als Jeanne. Er entstammt dem Landadel in Anjou. Früh Waise geworden, wird er vom Großvater aufgezogen, der danach trachtet, seinen Besitz durch eine reiche Heirat seines Enkels zu mehren. Beide führen ein Raubritterleben der Habgier, Zügellosigkeit und Ausschweifungen aller Art, womit sie sich freilich um keinen Deut von ihren feudalen Standesgenossen unterscheiden. Gilles kämpft auf seiten Karls VII. und steigt als reicher Edelmann rasch zu dessen Ratgeber auf.

Er wird Jeanne d'Arc auf Chinon eintreffen sehen und sie im Auftrag des Dauphins mit einer Militäreskorte begleiten, ein Haudegen, der ein Bauernmädchen in den Krieg führen soll. Zweifellos war er wie die anderen Edelleute und Höflinge und wie der König selbst von dem einfachen Mädchen fasziniert, das entschlossen und selbstsicher dem zaudernden, unsicheren Dauphin mit seinem Gefolge aus Räubern und Raufbolden den Willen Gottes in bezug auf das Land und den Fürsten kundtut und sie von neuem in den Krieg führen will. Man glaubt ihr nicht ohne weiteres. Mitten unter dem rauhen Soldatenvolk ist sie Jungfrau geblieben, Inbegriff der Reinheit und dadurch imstande, die himmlischen Stimmen zu vernehmen. Zeitgenossen zufolge war sie eine hübsche junge Frau, aber sie soll nicht menstruiert haben. Keiner ihrer Kampfgefährten fühlte sich körperlich zu ihr hingezogen. Ihre Jungfräulichkeit war das Symbol des Unberührbaren und Heiligen, gegen das Biologie und niedere Triebe nichts vermochten. Hofdamen untersuchten ihre Jungfräulichkeit, Theologen ihre Offenbarungen, und als beide für echt befunden waren, übertrug man ihr das Kommando unter Gilles de Rais' Obhut.

Frauen, die im späten, von Männern dominierten Mittelalter der Gewalt, des Krieges und des Hungers gehört werden wollten, mußten sich durch extremes Verhalten bemerkbar machen, durch Selbstkasteiung, zu Tode Hungern, Prophezeiungen und Wunder. Die Bewahrung der Jungfräulichkeit und Leugnung irdischer Begierden waren Mittel dazu. Nach der Befreiung von Orléans wurde Jeanne von der Bevölkerung verehrt; doch sie hatte nur ein Ziel vor Augen, die Erfüllung ihres politischen Auftrags, der ihr, das hatten ihr die Stimmen gesagt, Verwundung und Gefangenschaft eintragen würde: eine weltliche Heilige, die die Kirche nicht brauchte. Sie sah ihre Aufgabe klar vor sich.

Ihre Gefangennahme, die ihre Unverwundbarkeit zunichte macht und den französischen Feldzug der Inspiration beraubt, ist ein Triumph für die englisch-burgundische Allianz. König und Lehnsleute unternehmen nichts zu ihrer Befreiung, und die Theologen von der Pariser Universität rufen unmittelbar nach ihrer Festnahme das Kirchengericht an. In einer Welt voller Aberglauben liegen Ketzerei und Hexerei nahe beieinander, Einflüsterungen des Satans, eines realen und gefürchteten Unheilstifters. Huizinga beginnt seinen *Herbst des Mittelalters* mit der Schilderung der »Spannung des Lebens« zwischen den Extremen von Leid und Freude, Unheil und Glück. Gut und Böse waren wie Weiß und Schwarz, und Jeanne d'Arcs Stimmen mochten sowohl von Gott wie vom Teufel kommen. Gericht und Zeugen sehen nur das Schwarze. Sie zweifeln ihre Jungfräulichkeit an, schreiben ihr teuflische Eigenschaften zu und sehen in ihr den Schrecken Gottes und der Menschen, eine ketzerische Hexe mit Satansvisionen.

Das Verhalten des Mädchens Jeanne vor ihren sechsundvierzig Richtern und Beisitzern ist von bemerkenswerter Aufrichtigkeit. Sie berichtet frank und frei von den Stimmen der Engel und Heiligen und von allen Details, nach denen sie gefragt wird, und bleibt ihren Visionen, ihrer Überzeugung und ihrem Gewissen treu. Für Shaw wird sie in seinem Drama die erste protestantische Heilige werden, das Gewissen des Einzelnen gegenüber staatlicher und kirchlicher Macht. Man glaubt ihr die Stimmen nicht, denn übersinnliche Erfahrungen entsprechen nicht der damaligen theologischen Norm, und sie hatte keinen Priester oder Bischof zu Rate gezogen. Sie ist durch teuflische Einflüsterungen irregeleitet worden. Ein zusätzlicher Beweis ist ihr Auftreten in Männerkleidern und unter den Waffen des Feindes; sie soll brennen, da sie sich weigert zu widerrufen, was sie gehört hat.

Das geschieht in Rouen, auf dem alten Markt, am 30. Mai 1431. Jeanne, achtzehn Jahre alt, wird auf dem Scheiterhaufen an einen Pfahl gebunden, der eine Tafel mit den sechzehn Hauptanklagepunkten trägt, darunter Lüge und Betrug, Ketzerei und Abtrünnigkeit, Teufelsanbetung und Gotteslästerei. Sie trägt eine Papiermütze auf dem kurzen Haar, das Ketzersymbol. Der Henker kann ihr nach dem Entzünden des Scheiterhaufens nicht mehr die Kehle zudrücken, die übliche Beschleunigung des Ketzertods, da die Flammen bereits zu hoch auflodern, und so erstickt und verbrennt sie unter Anrufung Jesu. Nur ihr Herz verbrennt nicht, berichtet der Chronist. Der Leichnam wird dem Volk gezeigt, zum Beweis, daß diese androgyne Hexe eine Frau war, und dann wird ihre Asche verstreut.

Es ist sehr fraglich, ob Gilles de Rais, mittlerweile Marschall von Frankreich, den Prozeß gegen Jeanne d'Arc oder ihre Hinrichtung aus der Nähe miterlebt hat. Der französische Schriftsteller Michel Tournier vermutet, wie andere vor ihm, bei dem Ritter Gilles eine tiefe Verehrung für Jeanne, in der er einen Menschen ohne Furcht und Tadel sieht; mit ihrer Hinrichtung verschwindet das einzig Reine aus seinem Leben. Die Dinge, deren man Jeanne beschuldigt hat, wird er begehen. Gilles nimmt noch an einigen Kämpfen teil, doch kurz nach Jeanne stirbt auch sein Großvater und nach diesem sein Gönner und Vetter, ein Günstling des Königs. Er zieht sich auf seine Ländereien zurück, stiftet Kirchen, die er im Überfluß ausschmückt, und verschleudert ein Vermögen für Pomp und Prunk, Feste und Spiele, die ihn in den Bankrott stürzen. Der König stellt ihn unter Kuratel, als er immer mehr von seinem Besitz verkaufen muß. Die einzige Chance, sich den Folgen seiner Verschwendungssucht zu entziehen, bietet die Alchimie, die aus Blei Gold machen soll. Alchimie wird im Mittelalter in allen sozialen Schichten betrieben, wobei die Grenzen zwischen Metallurgie und Okkultismus fließend sind. Der sinkende Wohlstand erweckt Hoffnung auf Wunder; doch Schwindel und Betrug führen dazu, daß der Staat den Alchimisten ablehnend gegenübersteht. Auch die Schwarze Kunst von Gilles und Konsorten bleibt erfolglos, und so wird mit Hilfe anderer ein magischer Zirkel von Geistern und Teufeln beschworen, die ihm Macht, Wissen und neuen Reichtum schenken sollen. Ein Kreis adliger Freunde, Bediensteter und Frauen aus der Umgebung des Schlosses nimmt daran teil, dazu umherziehende Alchimisten und Zauberer. Einer von ihnen, ein junger, gescheiter Geistlicher aus Florenz namens Prelate, bleibt bei ihm, als Goldmacher, Teufelsbeschwörer und böser Genius. Er sieht Teufel, ruft sie herbei und beschwört sie, Gold zu machen. Gilles glaubt naiv an diesen Hokuspokus, der immer bizarrere Formen annimmt.

Dann verschwinden Kinder aus dem Dorf, Jungen zwischen acht und fünfzehn, und es kursieren böse Gerüchte; aber man fürchtet die Gewalttätigkeit des Grundherrn, der vor Erpressung und Mißhandlung nicht zurückschreckt. Die Schulden und damit die Gläubiger nehmen zu, und die Gerüchte darüber, was sich auf dem Schloß an Magie und Gewalt abspielt, werden immer lauter, so daß der Bischof von Nantes eine geheime Untersuchung anordnet. Sie führt zu Gilles' Festnahme und Anklage beim Kirchengericht, der Inquisition. Gilles fängt an zu toben, ficht die Zuständigkeit des Gerichts an, beschimpft die kirchlichen Richter und weigert sich, sich vor ihnen zu verantworten. Das Gericht reagiert angesichts der Schwere der Anklage prompt mit seiner Exkommunizierung. Gilles verwirkt damit nicht nur seine Zukunft auf Erden, sondern auch im Himmel, und das bricht seinen Widerstand. Im nun folgenden Prozeß ist er ein weinerlicher Angeklagter, der alles tut, um zu Kreuze zu kriechen, und ein volles Geständnis ablegt. Seine Gefügigkeit wird mit der Aufhebung der Exkommunikation belohnt. Die Prozeßakten aus dem kirchlichen und dem dann folgenden weltlichen Verfahren enthalten die Beweise für seine beispiellosen Schreckenstaten. Im Verlauf von acht Jahren hat Gilles de Rais rund einhundertvierzig Jungen in sein Schloß gelockt, als Pagen, durch

Verschleppung oder durch Bestechung ihrer Familien, und sie allesamt auf bestialische Manier — durch Enthaupten, Abstechen oder Erschlagen — ermordet. Vor, während und nach ihrem Todeskampf hatte Gilles analen Geschlechtsverkehr mit ihnen, danach zerstückelte er die Leichen. Die Teile verkohlten in Kaminfeuern und auf Holzstößen, die Reste verschwanden in Gruben, Kellern und dem Schloßgraben, alles mit Hilfe von Bediensteten und Freunden, mit denen er homosexuelle Beziehungen unterhielt. Er verging sich auch an den Jungen des von ihm bezahlten Kirchenchors, deren goldene Kehlen sie jedoch vor der Ermordung bewahrten. Dieser Dunstkreis von Magie, Sadismus und Perversion läßt an Wahnsinn denken, doch hinter der Beschaffung der Opfer und dem Verwischen der Spuren steckte ein methodischer Plan, eine schweigende Verschwörung, an der viele beteiligt waren.

Der kirchliche Prozeß dauert nicht lange, denn es gibt ein rückhaltloses Geständnis und einen reumütigen Sünder, der Gottes Vergebung für seine grauenvollen Verbrechen erfleht. Er wird der Ketzerei, des Abfalls vom Glauben, der Teufelsbeschwörung, Sodomie und Verletzung kirchlicher Gesetze für schuldig befunden, und wieder lautet das Urteil Exkommunikation. Er beichtet und zeigt abermals Reue, und die Exkommunikation wird ein zweites Mal widerrufen; der weltliche Prozeß, mit hundert Zeugen, dauert einen Monat. Das Gericht verurteilt Gilles zum Tode und zu einer hohen Geldstrafe. Die Todesstrafe wird auch über seine beiden Bediensteten verhängt. Gilles hofft, daß sein Tod anderen ein abschreckendes Beispiel sein möge, bittet aber darum, in dem Kloster bestattet zu werden, in dem der Adel auch sonst die letzte Ruhestätte findet. Mit Rücksicht auf seinen hohen Stand gibt man seiner Bitte statt.

Am 26. Oktober 1440 wird die Todesstrafe vollstreckt, ein großes öffentliches Spektakel, das Stadt und Land zur Erbauung dienen soll. Gilles bittet unter dem Galgen erneut um Vergebung, vor allem die Eltern seiner Opfer, ruft die Heiligen an und betet. Er wird als erster gehenkt, danach, zu seiner Linken und Rechten, die beiden anderen Mörder, seine Knechte, denen er geraten hatte, Reue zu zeigen, da Gott selbst dem größten Sünder vergibt. Dann werden die Scheiterhaufen unter dem Galgen angesteckt, denn Hängen und Verbrennen ist eine doppelte Schande, ein zweifacher Tod für Mörder und Ketzer. Ein paar adlige Damen dürfen sein Herz aus den Flammen holen lassen, eine Gunst, die man ihm im Urteil gewährt hatte. Die Knechte verkohlen, ihr Herr wird mit allem Prunk nach einem Gottesdienst im Kloster zu Nantes bestattet.

Ein Rehabilitierungsversuch, einige Jahre später von Verwandten unternommen, scheitert. Auch für Jeanne d'Arc wird dies versucht, als ihre Mutter mehr als zwanzig Jahre nach Jeannes Tod in der Kirche Notre Dame zu Paris auf Knien um eine Wiederaufnahme des Prozesses bittet. Das Urteil wird aufgehoben, da man die vom englischen Erzfeind abgefaßte Klageschrift für politisch motiviert hält. Die Engländer sind vertrieben, die einander befehdenden französischen Parteien haben sich auf einen Kompromiß geeinigt, und der neugewonnene Friede verlangt die Auslöschung unerfreulicher Erinnerungen. Um Jeannes Unschuld, Rechtgläubigkeit oder Heiligkeit geht es nicht, ihre Rehabilitierung ist ein ebenso politischer Prozeß wie die Verurteilung. Man gedenkt ihrer dankbar in Orléans und Domrémy, wo ihr Geburtshaus zu einer Sehenswürdigkeit wird, und der Kult um sie breitet sich langsam aus.

Erst wird sie Amazone, Kriegsgöttin, Vorbild in späteren Kriegssituationen Frankreichs, aber auch reines Naturkind, jungfräuliche Unschuld und schließlich Symbol französischer Vaterlandsliebe. Der Patriotismus vor allem des bürgerlichen katholischen Frankreich, dem Sozialismus und Atheismus verhaßt sind, zwingt den Vatikan dazu, sie erst selig- und im Jahr 1920 heiligzusprechen. Ein junger französischer

Hauptmann, der im Ersten Weltkrieg dreimal verwundet wurde und ebenfalls aus Lothringen stammt, wird sie im nächsten Krieg zur Schutzheiligen erwählen, als Frankreich abermals von fremden Unterdrückern befreit werden muß. So führt die Legende um Jeanne d'Arc zum Arc de Triomphe, jenem Nationaldenkmal auf der Place Général de Gaulle, der Heiligsprechung des Patriotismus.

Um Gilles de Rais tritt seiner Verbrechen wegen lange Zeit Schweigen ein, doch in der Volksüberlieferung lebt er fort und findet vielleicht aus diesem Grund Eingang in spätere Märchensammlungen wie die von Perrault und Grimm. Sie erzählen vom Ritter Blaubart, einem häßlichen Mann mit blauschwarzem Bart, der seine Frauen ermordet, die letzte wegen ihrer Neugier in bezug auf die Vorgängerinnen; es fragt sich jedoch, ob wirklich de Rais dafür Modell gestanden hat oder nicht doch ein viel älteres Motiv aus Ballade oder Sage zugrunde liegt.

Gilles und Jeanne sind jedenfalls beide in Romane, Filme und in die Musik eingegangen. Ihre historische Gleichzeitigkeit hat zur Annahme einer Romanze zwischen den beiden geführt, die Gilles' grauenhaften Persönlichkeitsverfall erklären soll, oder zu der Feststellung, beide seien eben Kinder ihrer Zeit gewesen, in der Gewalt, Alchimie, Prophetie, politische und religiöse Kämpfe solche Extremfälle produziert hätten. Was die Umstände nicht zu erklären vermögen, da ihre Taten ohne Beispiel sind, versucht die Psychiatrie aufzuhellen. Danach ist Jeanne, die ihren Stimmen folgte, Opfer von Halluzinationen mit Befehlscharakter und Gilles Opfer seiner sadistischen Triebe und einer zuchtlosen Erziehung. So gesehen lassen sich beide definieren und erklären als Produkte von Zeit und Ort, Erziehung und Kultur und letztlich einer pathologischen Persönlichkeitsentwicklung.

Jedenfalls sind Gilles und Jeanne Extreme. Ohne das Beiwerk von Legende und Mythologie kann Jeanne vielleicht nicht verstanden, aber immerhin bewundert werden, liefern die Prozeßakten doch die getreue Dokumentation ihres kurzen Lebens. Sie ist lauter und standhaft in ihrer Überzeugung, treu in ihrem Auftrag, mutig bei dessen Erfüllung und tapfer während der Gerichtsverhandlung und im Tod. Die Stimmen, die sie trieben und die für sie selbst und ihre Richter als authentischer Beweis für gute oder böse Eingebungen so wichtig waren, sind für uns nichts anderes als ihr eigenes Gewissen, das eine zwingende Entscheidung trifft.

Über Gilles de Rais ist wenig Gutes bekannt. Er war, ebenso wie viele seiner Zeitgenossen in ähnlichen Umständen, ein brutaler Raubritter,

Menschenverächter, Geldverschwender, Prahlhans und Raufbold. Die Liste seiner Untaten als Kinderschänder und Mörder in einem satanischen Haushalt ist ebenso ungewöhnlich wie der religiöse Mut und die Standhaftigkeit Jeannes, doch wenn es um die Magie des Bösen geht, stockt die Erklärung. Beide werden von der Kirche und der Welt ausgestoßen, und ihre Körper verschwelen auf dem Scheiterhaufen — mit unversehrten Herzen. Was sie wirklich trieb, wissen wir nicht, denn die Prozeßakten beschreiben Folgen und keine Ursachen. Die eine wird eine Heilige, der andere Ritter Blaubart, geeigneter Stoff für Oratorium oder Oper, Roman oder Film, und ihre Scheiterhaufen lassen ihre Gestalten im Dunkel der mittelalterlichen Geschichte für einen Moment aufleuchten.

In einem bestimmten Augenblick, mitten in Europa, mitten in unserer abendländischen Geschichte symbolisieren sie Extreme von Gut und Böse. Das Monster und das Mädchen lassen sich als Extreme menschlichen Verhaltens beschreiben. An eine solche Beschreibung braucht kein ethischer Maßstab angelegt zu werden. Man könnte alle menschlichen Verhaltensweisen zwischen Gut und Böse wie in einem Schulzeugnis mit einer Note bewerten: ein glattes Ungenügend für Gilles, eine Eins für Jeanne.

Unterzöge man eine ganze Generation einer ethischen Reifeprüfung, so würden Dreien und Vieren am häufigsten verteilt, denn Extreme setzen einen Durchschnitt oder Mittelwert voraus. Die Verteilung von Mittelwerten und ihre Streuung ergibt die Form einer Glocke, wie das mathematische Wunderkind Gauß bereits mit siebzehn Jahren erkannte, und bei einer Normalverteilung fallen 95 Prozent aller Einzelereignisse in einen statistisch zu definierenden Bereich, der der zweifachen Standardabweichung vom Mittelwert entspricht; die Standardabweichung begrenzt den statistischen Bereich zu beiden Seiten des Mittelwerts. Extreme sind dabei äußerst selten, und eine mathematische Verteilung von Gut und Böse ergibt eine gleiche, aber begrenzte Streuung rund um einen Mittelwert, deren Extreme ebenfalls definiert sind. Sie liegen außerhalb des Wahrscheinlichkeitsbereichs, existieren aber ebenso wie das große Los in der Lotterie. Es ist eine Eigenschaft der menschlichen Existenz, von Zeit zu Zeit Extreme hervorzubringen, Menschen wie Jeanne oder Gilles.

Wer die Welt betrachtet, dem fällt das Böse deutlicher und direkter ins Auge als das Gute. Es ist nicht leicht, den Gegenpol zu Stalin oder Hitler zu nennen. Das Böse ist namhaft und mächtig, das Gute machtlos und anonym. Es fragt sich, ob Gut und Böse unter den

Menschen wirklich zufällig und willkürlich verteilt ist.

Der französische Denker Michel de Montaigne, der 1580 das Haus der Jeanne d'Arc besuchte, hatte in den Religionskriegen gekämpft, war Bürgermeister von Bordeaux zur Zeit der Pest gewesen und hat sich schließlich in seinen Elfenbeinturm zurückgezogen, um seine Lebenserfahrungen zu Papier zu bringen, eine kontemplative Autobiographie. Nach seiner Auffassung wird die menschliche Natur von Instinkt und Verstand geleitet, aber letzterer ist schwach und neigt zum Irrtum. Nach einem bewegten Leben voller Extreme schrieb Montaigne skeptisch auf den Balken seines Studierzimmers, er halte sich mit seinem Urteil zurück. Die erste menschliche Schwäche war Montaigne zufolge die Arroganz, die Anmaßung, durch den Verstand zur Wahrheit zu gelangen. Der Mensch ist dem Tier nur wenig überlegen, das stärker, freundlicher und mitunter klüger ist. Unsere Sinne täuschen uns, und vernünftigerweise können wir kaum mehr tun, als unsere Schwächen demütig zu erkennen und hinzunehmen. Das Leben kann nur gelebt werden, indem wir unseren besseren Instinkten folgen. Wir können darüber nicht verfügen; und auch über unsere Zukunft können wir nicht bestimmen, geschweige denn ein Urteil über sie fällen. Der Mensch ist, wie er ist, die Vernunft wird ihn weder verändern noch zähmen, und wir wissen nicht, was uns treibt. Diese Meinung steht in diametralem Gegensatz zu der stoischen Tradition, nach der wir durch Selbsterkenntnis Selbstbeherrschung lernen und ein vorbildliches Leben führen können wie der Schutzpatron aller Denker, Sokrates. Beide Ansichten sollte Pascal 60 Jahre später verwerfen. Er teilt mit Montaigne die Skepsis hinsichtlich der menschlichen Existenz, die durch Langeweile, Angst und mangelnde Standhaftigkeit, durch Sinnestäuschung und den relativen Wert aller menschlichen Einrichtungen gekennzeichnet ist. Es ist die dem Tier fehlende menschliche Vernunft, die uns erkennen läßt, wie tief wir gesunken sind. Alles Streben stößt an die dem Menschen gesetzten Grenzen, und die Vernunft wird unseren Instinkt nicht in Richtung auf ein vorbildliches Leben lenken. Der Mensch muß auf die Gnade Gottes hoffen, nicht auf sich selbst. Bei allem Pessimismus hinsichtlich des Menschen und seines Schicksals will Pascal das Wagnis des Glaubens, die Suche nach Gott, als hoffnungsvollen Ausbruchversuch aus dem Kerker des Bösen sehen.

Gilles de Rais war für Montaigne der Inbegriff eines Menschen, der sich vom Instinkt ohne Vernunft leiten ließ; ein Exemplar der menschlichen Gattung, wie er es in Krieg und Pest nur allzuoft erlebt hatte; ein Mensch, der niedriger stand als ein Tier. Jeanne dagegen war die Verkörperung der Tugend nach klassischer und christlicher Vorstellung, eine vorbildliche Existenz, in der Lehre und Leben übereinstimmten. Für Pascal sind sie alle beide Sünder auf der Suche nach der eigenen Erlösung, getrieben durch Beweggründe des Herzens, die die Vernunft nicht kennt.

Ein namhafter niederländischer Psychiater schrieb anläßlich seiner Verabschiedung und nach langer Erfahrung mit der Pathologie der Seele, daß Psychiatrie und Psychologie sich über Gut und Böse im Menschen klar sein müßten; in seinen eigenen Fachpublikationen ist davon jedoch kaum etwas zu finden, denn die Medizin moralisiert selten; sie macht Gene, Eltern, Erziehung oder Umstände verantwortlich. Das Schlechte ist vielleicht die Perversion des Guten, der Schatten des Lichts, das wir dadurch erkennen. Wir kennen, schreibt Rümke, den Menschen nicht, und vielleicht ist das nur gut. Eine wissenschaftliche Erklärung würde ihn schließlich zum Automaten machen.

Jeanne und Gilles lassen sich daher nicht auf Halluzinationen und Päderastie reduzieren, Etiketten, die wenig aussagen und nichts erklären. Vielleicht ist der Mensch in seinen tiefsten Triebkräften ein der Erkenntnis nicht zugängliches Rätsel, einzigartig in seiner Identität, seiner Größe und seinem Elend.

Herztransplantation

Die Erkenntnis, daß der Mensch ein beseeltes Wesen ist, ist so alt wie die Welt. In der Totenkultur der Etrusker und Ägypter hat die Seele ebenso einen Platz wie in der griechischen Mythologie, und schon dem Urzeitjäger, der in den Höhlen von Lascaux begraben ist, hat man eine Wisentkeule mit auf den Weg in die ewigen Jagdgründe gegeben.

Die Seele, Essenz des Menschen, die auch nach dem Tod seiner sterblichen Hülle fortlebt, muß einen Sitz haben, in dem sie wirkt, gefunden oder bewahrt werden kann. Im europäischen Sprachgebrauch sind Herz und Seele seit jeher miteinander verbunden gewesen, vielleicht weil das Herz Blut und Sauerstoff, das heißt Leben, in Organe und Gewebe transportiert. Die Symbolik des Herzens scheint erheblich älter zu sein als das faktische Wissen um seinen Bau und seine Funktion. Erst im sechzehnten Jahrhundert wurde das Herz von Vesalius und Leonardo da Vinci exakt beschrieben, und im siebzehnten Jahrhundert wurde seine Stellung im Blutkreislauf von dem Engländer Harvey entdeckt.

Das Herz als Kern des Lebens scheint bereits in grauer Vorzeit ein Symbol gewesen zu sein. In spanischen und französischen Höhlen sind 25000 Jahre alte Felsmalereien zu sehen, eine Bildergalerie der prähistorischen Jagd auf Wisent, Hirsch und Elefant. Im nordspanischen Asturien liegt in der Nähe der berühmten Höhlen von Altamira hoch über dem Ozean die Höhle von Pindel, in der man zahlreiche Umrißzeichnungen primitiver Tiere gefunden hat, darunter auch einen Elefanten. Er hat weder Augen, Ohren noch Stoßzähne, dafür aber einen roten Fleck hinter dem Kopf in Form eines Herzens, die erste Darstellung dieses Organs. Die Zeichnung wurde von Pater Breuil beschrieben, einem der großen Spezialisten auf dem Gebiet der Höhlenmalerei. Seine Beschreibung dieses schwer zugänglichen Ortes ist exakt, und er gibt an, daß der mit roter Kreide als Umriß gezeichnete Elefant innerhalb dieser Kontur einen breiten roten Fleck an der Stelle aufweist, an der das Herz liegen müßte. Eine Skizze des Tiers, mit roter Kreide von ihm angefertigt, zeigt im Elefanten diesen roten Fleck, der mit seiner symmetrischen, oben mit zwei Halbkreisen geschlossenen V-Form wie ein Lebkuchenherz aussieht. Es ist eine stilisierte Skizze, die sich inzwischen als das »Elefantenherz von Pindel« verselbständigt hat. Der rote Fleck ist vermutlich ein bedeutungsloser Zufall oder die Stelle, auf die Jäger ihre Pfeile richteten, die Herzform hingegen ein gutgemeintes Mißverständnis, für das die Zeichenkunst Pater Breuils verantwortlich ist. Seine Aquarelle, die im Musée de l'Homme in Paris zu sehen sind, sind unter schwierigen Bedingungen entstanden. In engen, feuchten Höhlen liegend, zeichnete er bei Kerzenschein die Felsbilder mit Bleistift ab, um sie später mit Pastellkreide und Wasserfarbe auszuarbeiten. Sein Elefantenherz ist ein Produkt künstlerischer Phantasie.

Als Symbol für Leben, Poesie oder Sitz der Seele wird das Herz erst seit relativ kurzer Zeit, seit Vesalius und Harvey, angesehen. Primitive Völker mit begrenztem Vokabular kennen oft kein Wort für das Herz, wohl aber für Leber, Lunge oder Niere, und wenn die Seele lokalisiert wird, so in den Knochen, die bleibend sind und ihren Besitzer überdauern können.

In Mesopotamien befand sich die Seele in der Leber, wie bei den frühen Griechen und ihrem Helden Prometheus, der als Strafe für den Diebstahl des göttlichen Feuers an einen Felsen geschmiedet wurde, wo ein Adler fortwährend von seiner Leber frißt. Die Griechen hatten ein und dasselbe Wort für Herz und Magen, und in der Antike las man die Zukunft aus den Bauchorganen, darunter der Leber. Im Alten und Neuen Testament wird dem Herzen ein bescheidener

Platz eingeräumt. Es ist in erster Linie der Ort, an dem das Böse haust, Neid, Tücke, Unzucht und Gotteslästerung. Die Funktion des tief im unzugänglichen Brustkorb verborgenen Herzens ist weithin unbekannt, seine Anatomie ist die eines Gefäßes, das Gutes und Böses bergen kann. Für Griechen und Römer, Juden und frühe Christen ist *pneuma,* der Lebenshauch, das Symbol für Seele und Leben. Die flüchtige, unsichtbare Seele steigt aus dem erdgebundenen Körper auf, frei schwebend, von oben gekommen und dorthin zurückkehrend. Das Herz taucht erst wieder in der mittelalterlichen höfischen Lyrik der Ritter und Troubadoure auf, als Symbol der Liebe und Treue, aber auch der Tapferkeit. Das Symbol war weit entfernt von jeglicher anatomischen Realität und ähnelte eher einem Garderobenständer, an dem man große Gefühle aufhängte. Herz und Mut, *cœur* und *courage,* lagen nahe beieinander, und die Triebe des Herzens im Krieg, in der Liebe und beim Ehebruch sprachen den Besitzer dieses profanen Organs frei. Die bildliche Darstellung dieses unbekannten Herzens läßt noch lange auf sich warten und ist sehr schlicht. Für Papier benutzte man im Mittelalter herzförmige Wasserzeichen, und auf den Gobelins, die die Häuser reicher Bürger schmückten, bieten junge Männer kniend ihr Herz einer Dame dar. Mit Herzkönig und Herzdame fand das Herz Eingang ins Kartenspiel und erhob es zumindest symbolisch über das alltäglichere Spielen um Geld.

Die religiöse Bedeutung des Herzens war im Mittelalter nur schwach ausgeprägt. In den mystischen Meditationen von Klosterbewohnern wird des Leidens Christi bis in die grauenvollsten Details gedacht, und Kreuzreliquien sind die begehrtesten. Wo der Tod so nahe und sichtbar ist, kann die religiöse Phantasie nicht zurückstehen. Die Wunde des gekreuzigten Jesus, die nach dem Johannesevangelium durch den Todesstich eines römischen Soldaten entstanden ist, dachte man sich als Zugang zu seinem Herzen, das für uns und durch uns gestorben ist. Daß diese Wunde in der christlichen Ikonographie stets in der rechten Brusthälfte abgebildet wird, spielt keine Rolle, denn Frömmigkeit und Anatomie sind zwei verschiedene Dinge. Auch der Herztod des französischen Judas Marat wurde nicht dadurch verhindert, daß Charlotte Corday ihn in die rechte Brust stach; es war wohl ein Zufallstreffer. Klosterbewohner und Heilige, wie zum Beispiel Katharina von Siena, verehrten das heilige Herz Jesu, aber es bleibt eine Verehrung auf den Höhen der Mystik und wird kein Volkskult.

Wenn in den großen religiösen Auseinandersetzungen und Kriegen des sechzehnten Jahrhunderts die Gläubigen selbst vor die Wahl zwischen dem alten, abgewirtschafteten Glauben und der aufkommenden Reformation gestellt werden, geht es um das Herz des Menschen, seinen freien Willen, um Bekehrung, Erwählung und Gnade. Luther und Calvin wählen für ihr Briefsiegel und Wappen ein Herz zum Kreuz hinzu, und ihr Zeitgenosse Ignatius von Loyola erlebt, daß dem Wappen der von ihm gerade gegründeten Jesuiten neben den Kreuzigungsnägeln ein heiliges Herz hinzugefügt wird. Als Harvey ein Jahrhundert später den Blutkreislauf beschreibt, ist das Herz zum Sinnbild menschlicher Sünde und göttlicher Erlösung geworden und führt ein erbauliches und poetisches Leben in Wappen, Spruchbüchern, Predigt und Lied. Es ist ein Kristallisationspunkt weltlicher Anatomieforschung und religiöser Verzückung, bleibt jedoch in beiderlei Hinsicht die Faszination Einzelner. In seinen in den sechziger Jahren entstandenen Büchern über den menschlichen Körper hat der Psychiater van den Berg diese beiden Bereiche sehr schön dargestellt und miteinander verbunden, das Herz als Pumpe und das Herz als göttliche Energiequelle.

Die Volksverehrung des heiligen Herzens begann mit der französischen Nonne Marguérite-Marie Alacoque, einer jener Hunderte von vergessenen Heiligen, Dienerinnen Gottes auf Erden und vermutlich auch im Himmel. Sie liegt friedlich aufgebahrt im Schrein einer burgundischen Klosterkapelle. Ihr Gehirn wird in einem herzförmigen Reliquienschrein aufbewahrt. In der Kapelle selbst wimmelt es nur so von Herzen aller Größen und Arten, die alle brennen und mit Kreuzen versehen sind. Das Ganze ist ein Kult ohne Maß oder Geschmack, beeindruckt jedoch durch seine nahezu manische Monotonie.

Marguérite-Marie Alacoque war eine Notarstochter, die ihren Vater früh verlor, unter einem bösen Stiefvater zu leiden hatte und schon in sehr jungen Jahren außergewöhnlich religiös war. Als junges Mädchen war sie, nur Haut und Knochen, vier Jahre lang ans Bett gefesselt, wurde dann aber unter der Bedingung von der Heiligen Jungfrau geheilt, daß sie in ein ihr geweihtes Kloster eintrete. Dies geschah 1671, als sie vierundzwanzig war, in Paray-le-Monial, einem kleinen Ort mitten in Burgund, dessen Stolz eine herrliche romanische Kirche ist. Marguérite-Marie hat eine unglückliche, von Krankheit beschwerte Jugend hinter sich, in der sie sich geistig und körperlich kasteit und jedes Vergnügen als Schuld empfindet. Erst als sie ein Jahr später die Gelübde ablegt, fühlt sie sich in unaussprechlicher Freude mit Jesus verbunden. Im Kloster hat sie zweifellos die Heiligenlegenden gelesen und vom Herzkult erfahren, da ein Zeitgenosse, der Geistliche Jean Eudes,

Stadt und Land zur Verehrung des Herzens der Mutter Gottes als Zeichen besonderer Frömmigkeit aufrief.

In ihrem Klosterdasein plagt sie sich mit den niedrigsten Arbeiten, ist krank durch Träume voller Zweifel und Schuld. Ihre Umgebung schwankt in ihrem Urteil, ob man es mit einer Heiligen oder einer Hexe zu tun hat, bis man ihr das Wunder der Erscheinung Christi, das sich an ihr vollzieht, glaubt. Dieser Christus wird ihr Gemahl, in brennender Liebe und Erfüllung allen irdischen Mangels, in der mystischen Hochzeit, bei der sie drei Tage und Nächte lang die ekstatische Braut ist, Höhepunkt ihres kümmerlichen und kränkelnden Lebens. Das sündige Herz wird eingetauscht gegen ein himmlisches.

Ihre Beziehung zu Christus wird nun vom Herzen als Organ aus Fleisch und Blut beherrscht und nicht mehr als Symbol oder Emblem. Sie hat im Kloster zahlreiche eindrucksvolle Erscheinungen, die in logischem Zusammenhang zueinander stehen. In der ersten Vision nimmt ein strahlender Christus durch eine Wunde in der Herzgegend einen göttlichen Energieaustausch vor, und sie darf ihren Kopf an seine Brust legen. Er nimmt das Herz der Nonne, legt es in seine Brust und gibt es ihr göttlich aufgeladen wieder zurück. Bei der zweiten Vision sieht sie seine flammende Wunde in der Brust und darin das brennende Herz, das von den Menschen nicht erkannt und angebetet wird. Bei der dritten Erscheinung zeigt er ihr wieder sein Herz, klagt über die Abweisung seiner Liebe und verlangt Wiedergutmachung durch die Einsetzung eines Fests des heiligen Herzens. Es folgen noch fast dreißig Begegnungen, meist mit einem brennenden Herzen, selten mit der ganzen Christusgestalt. Im Kloster mißtraut man den Erscheinungen, und das blutende, brennende Herz erweckt Argwohn. Eine Wende tritt ein, als eine neue Oberin kommt und eine Kapelle für das heilige Herz erbauen läßt. Marguérite-Marie schreibt über ihre Visionen und gewinnt einige Jesuiten sowie andere Klöster für ihren speziellen Kult. Sie stirbt, ausgezehrt aber weit bekannt, mit dreiundvierzig Jahren in ihrem Kloster. Für die Bevölkerung von Paray-le-Monial ist sie schon jetzt eine Heilige. Der Kult des heiligen Herzens gewinnt im folgenden durch den Jesuitenorden an Boden, der durch seine Organisation, seinen Einfluß und seinen Unterricht für die weitere Verbreitung sorgt. Durch Marguérite-Marie und ihre praktische Frauenhand entstehen auch Stickdeckchen, Kleiderbügel und gedruckte Darstellungen des heiligen Herzens, und jedem Kardiologen, der sich eine Sammlung anlegen will, kann ich den Andenkenladen des Klosters nur empfehlen.

Die offizielle Kirche zeigt sich von der Verehrung des heiligen Herzens nahezu unberührt, obwohl diese wie ein Lauffeuer die Volksfrömmigkeit in Frankreich erfaßt und auch von Missionaren hinausgetragen wird. Die Jesuiten, die den Kult propagieren, stoßen auf Widerstand, als die Rationalisten der Aufklärung sich gegen die Organanbetung wenden. Als die Geistlichkeit Polens fast ein Jahrhundert später den Vatikan um seine Zustimmung zur Herzanbetung bittet, mag man dem letzten rein katholischen Land diese Bitte nicht abschlagen. Dem heiligen Herzen wird ein Feiertag, eine Messe und die Verehrung zugestanden.

Das Herz war Ursprung göttlicher Liebe geworden, nicht Harveys Pumpe, nicht Brutstätte allzu menschlicher Emotionen und nicht Symbol, sondern leibhaftiges Zeichen der Erlösung, direkter Mittler, genauso wie die kleine Nonne es sich vorgestellt hatte. In der Physiologie und in der Religion hatte das Herz sich endlich einen zentralen Platz erobert und sollte diesen einstweilen auch nicht mehr verlieren.

Inzwischen werden auch noch andere Herzen verehrt, so zum Beispiel das Herz der Mutter Gottes, das rein ist und voller Mutterliebe. Maria verdrängt in der religiösen Kultur ihren Sohn, erscheint in Lourdes und tut Wunder. Der Papst wird 1854 ihre unbefleckte Empfängnis verkünden, frei von der Erbsünde, als Schritt auf dem Weg zur Vergöttlichung. Die Seligsprechung Marguérites läßt denn auch bis 1864 auf sich warten. Pilger wallfahren noch nach Paray-le-Monial, doch Frankreich ist auf dem Weg zur Belle Époque im Begriff, ein dem Christentum entfremdetes Land zu werden.

Dann erfolgt 1870 der Aufstand der Pariser Kommune und die schmachvolle Niederlage im Deutsch-Französischen Krieg, die strafende Hand Gottes für die älteste Tochter der Kirche. Das Karl Marx und den Deutschen glücklich entronnene Großbürgertum beschließt, eine Herz-Jesu-Kirche auf dem Sandhügel Montmartre zu erbauen, der bis dahin der Zufluchtsort von Künstlern und Bohemiens am Rande von Paris war. Der französische Staat macht den Bau zu einem nationalen Anliegen, doch es dauert vierzig Jahre, bis die gigantischen Zukkergußkuppeln von Sacré-Coeur fertiggestellt sind — am Vorabend des Ersten Weltkriegs. Der Papst erklärt das Fest des Heiligen Herzens zu einem besonderen Tag für die gesamte Kirche, und eine Missionsgesellschaft, das Gebetsapostolat, verbreitet die Botschaft vom heiligen Herzen in vielerlei Form und in vielen Sprachen in aller Welt.

Schwester Marguérite-Marie wird 1920 heiliggesprochen, und Hunderttausende strömen nun Jahr für Jahr nach Paray-le-Monial. Päpste und Prälaten besuchen das Kloster, und

Millionen von Katholiken treten Gesellschaften bei, die mit dem heiligen Herzen Apostolat betreiben. Bis 1965 wird in Enzykliken zur Verehrung des heiligen Herzens aufgerufen, doch dann geht der Kult im Zuge der allgemeinen Säkularisierung unter. Nur der gegenwärtige Papst hängt ihm noch an, aber schließlich kommt er aus Polen. Inzwischen hat der Kult rund um das menschliche Herz eingesetzt.

Der Verehrung des heiligen Herzens im neunzehnten Jahrhundert stand kein vergleichbares Interesse an Herzkrankheiten seitens der Medizin gegenüber. Diese Erkrankungen traten bei hoher Säuglingssterblichkeit und kurzer Lebenserwartung wesentlich seltener auf als Infektionskrankheiten, wie zum Beispiel die Tuberkulose, und Arbeitsunfälle. Die Menschen lebten im Durchschnitt nicht lange genug, um das Alter eines Herzpatienten zu erreichen, zumindest in der Form, in der wir die Folgen der Atherosklerose, des schleichenden Prozesses der Gefäßverengung im Herzen, im Gehirn und in den Hauptschlagadern, heute kennen. Vereinzelt gab es natürlich Beschreibungen aus der Klinik und der pathologischen Anatomie. Der berühmte Wiener Pathologe Rokitansky beschreibt Mitte des neunzehnten Jahrhunderts die atherosklerotische Verengung der Herzkranzgefäße und meint zu Recht, daß die Ablagerung von Fett, Kalk und Fibrin aus der

Blutbahn stammt, wie Kesselstein in der Wasserleitung. Daß dies zu klinischen Beschwerden führen kann, blieb unbekannt, und auch Rokitanskys eigene finale Krankheit, samt Angina pectoris und Herzinfarkt, wird weder von ihm noch von seinen Ärzten erkannt; bei dem Mann, der eigenhändig 60 000 Obduktionen vorgenommen hat, findet nach dem Tod keine Autopsie statt. Es sollte noch bis 1912 dauern, bis ein Arzt in Chicago, James Herrick, die klinischen Symptome eines akuten Herzkranzgefäßverschlusses festhielt. Er war der erste, der das klinische Bild des Herzinfarkts exakt beschrieb, nämlich als Blockierung eines Kranzgefäßes durch eine Thrombusmasse, die sich an einer bereits länger bestehenden atherosklerotischen Verengung abgelagert hatte.

Im Jahr 1912, als Sacré-Coeur fertiggestellt wurde, war das Herz noch immer in Religion und Gefühl besser vorstellbar als in der Alltagsmedizin. Das Stethoskop war inzwischen allgemein in Gebrauch und hatte das Geräusch undichter oder verengter Herzklappen hörbar gemacht. Der Elektrokardiograph aber war in der Klinik noch nicht zur Anwendung gekommen, und auch die Blutdruckmessung war erst seit kurzem möglich. Der berühmteste Chirurg Europas, der Wiener Universitätsprofessor Billroth, hatte erklärt, daß demjenigen, der am Herzen nähen wolle, der Respekt seiner Kollegen versagt werden solle. Das Herz war für die Chirurgen etwas Beängstigendes und für den Rest der Medizin etwas relativ Unbekanntes. Der berühmte Bostoner Kardiologe Levine berichtet in seinem Lehrbuch, er habe im Ersten Weltkrieg zweimal einen Herzinfarkt erkannt, was um so seltsamer ist, als Herricks Artikel nach seinen eigenen Worten keinerlei Eindruck auf ihn gemacht hatte. Thomas Lewis, Englands bekanntester Herzspezialist zwischen den beiden Weltkriegen, widmet in seinem Lehrbuch von 1940 dem Herzinfarkt ganze sieben Seiten. Sein Therapievorschlag lautet: Morphin und acht Wochen strenge Bettruhe.

Seit dem Zweiten Weltkrieg ist der Herzinfarkt eine Art Gottesurteil, das immer häufiger gefällt wird. Es kann einen Menschen, insbesondere einen Mann, aus heiterem Himmel und tödlich treffen. Überlebt der Patient, so wird er ins Bett gelegt und gepflegt, in der Hoffnung auf Besserung und voller Angst vor einem plötzlichen Ende. Nun, da die Tuberkulose bezwungen ist und der Krieg vorbei, scheint diese neue, unerklärliche Krankheit auch junge Männer zu bedrohen. Amerikanische Soldaten, die im Koreakrieg gefallen waren, zeigten schon mit 22 Jahren die ersten Anzeichen einer Atherosklerose. Senator Lyndon Johnson und Präsident Eisenhower erleiden Mitte der fünfziger Jahre einen Herzinfarkt, und die Medien nehmen regen Anteil am Krankheitsverlauf, denn es kann jeden treffen.

Die Erfahrungen mit der Epidemiologie und Bekämpfung der Tuberkulose macht man sich jetzt bei der Analyse des Herzinfarkts zunutze. Schon bald stellt sich ein geographisches Ost-West-Gefälle heraus; drei Risiken, nämlich Zigarettenrauchen sowie erhöhte Blutdruck- und Plasmacholesterinwerte, beeinflussen die Infarktwahrscheinlichkeit. Man gräbt sich sein eigenes Grab mit Gabel und Zigarette: Der Lebensstil unserer Wohlstandsgesellschaft ist gleichzeitig unser Verhängnis. Die Hälfte aller Todesfälle in westlichen Ländern geht auf das Konto von Herz- und Gefäßerkrankungen und davon wiederum die Hälfte auf den Herzinfarkt. Auf die Epidemie der Schuldgefühle folgt die Buße, verbissene Gesundheitsanstrengungen in Form von Diät, Laufen, Trimmen und Abstinenz. Das Herz erlebt einen neuen Kult, bei dem es durch Fasten und Laufen von Unreinheit geläutert wird. Eine aktive Diskriminierung des amerikanischen Rauchers, der nicht nur sich selbst, sondern auch seiner Umgebung schade, läßt die Zigarette aus der Öffentlichkeit verschwinden, mit Diät und Medikamenten bläst man zur Jagd auf das Cholesterin. Seit 1972 gehen die Todesfälle durch Herzinfarkt in den westlichen Ländern langsam, konstant und in beachtlichem Umfang zurück.

Zugleich erleben wir eine neue Form der Organanbetung: Wir haben das Schicksal unseres Herzens in der Hand. Selbst wenn wir es krank machen, ist Heilung möglich. Chirurgen reparieren oder ersetzen kranke Herzklappen und legen Umleitungen um verengte Kranzgefäße. Unser Lebensweg wird durch einen *Bypass* umgelenkt und verlängert, und die Herz-Lungen-Maschine kann unser Herz ersetzen, solange es sich zu Reparaturzwecken in den Händen des Chirurgen befindet.

Am 3. Dezember 1967 stellt sich heraus, daß wir das eigene verbrauchte, vergiftete Herz gegen das eines anderen eintauschen können, der es uns schenkt. Ein bis dahin nahezu unbekannter südafrikanischer Herzchirurg, Christiaan Barnard, schaltet an jenem Morgen das Beatmungsgerät aus, mit dem ein schwarzes Mädchen, Verkehrsopfer mit Gehirnverletzungen, beatmet wird. Das Herz schlägt noch, aber sie ist faktisch tot, da ihr Gehirn irreparable Schäden erlitten hat. Das Herz ist nicht mehr das, was sich als erstes regt und als letztes stirbt, das Zentrum des Lebens. Im menschlichen Embryo bildet sich das Herz im zweiten Schwangerschaftsmonat und schlägt, während es sich weiterentwickelt. Es ist nicht gleichbedeutend mit dem menschlichen Leben, denn die Abtreibung einer Frucht von drei Zentimeter Länge ist fast überall erlaubt. Wir haben die Grenzen des Lebensbeginns verlegt, freilich ohne zu definieren, was Leben ist. Am Lebensende sind wir genauer und entscheiden uns für den Hirntod als *pars pro toto*. Das schwarze Herz wird in den weißen Brustkorb des Empfängers Waskansky transplantiert, der noch im selben Monat an unkontrollierbaren Immunreaktionen sterben wird. Barnard ist zu diesem Zeitpunkt schon ein Medienheld, und 1968 werden seine Fachkollegen in Texas, Kalifornien, New York, Bombay, Paris, London und Buenos Aires versuchen, es ihm gleichzutun, als ginge es um eine sportliche Leistung. Die meisten Patienten sterben innerhalb von Tagen oder Monaten an ihren Abwehrreaktionen, ebenso schnell wie diejenigen, die sich hoffnungsvoll auf der Warteliste sehen, aber nicht mehr drankommen. Die Universitätsklinik in Boston lehnt ein Herztransplantationsprogramm ab, da es — im Sinne des Philosophen Bentham — nicht den größtmöglichen Nutzen für die größtmögliche Zahl von Menschen bedeute. Das fällt nicht sehr ins Gewicht, denn die Welt steht im Bann der neuen Medizintechnologie für wenige, so unzulänglich sie auch sein mag, und hat kaum mehr Auge für die traditionelle Fürsorge für viele. Für menschliche und gesellschaftliche Probleme soll die Technologie, die sich bei der Raumfahrt, Informatik oder Kernenergie als so erfolgreich erwiesen hat, nun ebenfalls Lösungen liefern. Die

Chirurgen warten auf bessere Zeiten, und im Jahr 1980 beginnt die zweite Runde, mit besserer Kontrolle der Abstoßungsprobleme. Herztransplantation ist inzwischen eine Standardbehandlung geworden, bei der rund drei Viertel aller Patienten die Fünfjahresgrenze schaffen. Alle konkurrierenden Techniken — mit Affenherz oder Kunstherz — erweisen sich als unzureichend und unmenschlich. Das Herz wird wieder zum Symbol für Schenken und Leben. Es erscheint auf Sammelbüchsen und Autoaufklebern, in der Popmusik und der Graffitikunst.

Der Erfolg der Herztransplantation, die ein mystisches Organ auf eine verbrauchte Pumpe reduziert, die ausgetauscht werden kann, verdeutlicht aber auch noch etwas anderes. Es muß erst jemand sterben, ein Junger, Gesunder, aber mit totem Gehirn, bevor sein Herz verschenkt werden kann. Die Zahl der Herzpatienten, die darum bitten, ist größer als die der Sterbenden, die es spenden können, und viele warten vergeblich auf ein Spenderherz, das nicht kommt. Knallhart gerechnet, wird die Hälfte aller Kandidaten für eine Herztransplantation angesichts zunehmender Nachfrage und einer Verschiebung der Altersgrenze auf der Warteliste sterben. Dann wird die Herztransplantation wie bei Schwester Marguérite-Marie wieder Geschenk oder Gnade, die Gabe eines Verstorbenen, der Leben schenkt, eine Erwählung.

Spaziergang am Strand

Die beiden Männer, die an einem Sommernachmittag im August ins Gespräch vertieft durch Leiden spazierten, hatten viel miteinander gemein. Der Ältere, vierundfünfzig Jahre alt, kräftig gebaut, mit blondem Bart und hochgezogenen Schultern, schritt tüchtig aus, denn er war an lange Bergwanderungen gewöhnt. Der andere, gerade fünfzig geworden, war schmal und schmächtig, hatte eine hohe Stirn, trug eine Brille und ging merkwürdig verkrampft. Auch er liebte Bergwanderungen, mußte sich aber auf Anraten seines Arztes schonen, ein Rat, den er weitgehend in den Wind schlug. Beide waren keine Niederländer. In ihrer gemeinsamen Heimatstadt bekannt, waren sie sich bis dahin noch nie begegnet. Sie stammten beide aus einfachen Verhältnissen, hatten sich auf ihrem Gebiet einen Namen gemacht und waren gewöhnt, von Berufs wegen und auch aus persönlichem Interesse oft und weit zu reisen. Sie hatten beide vor kurzem die Vereinigten Staaten besucht. Der Ältere fand das Land schrecklich und die Küche ungenießbar; er wollte nie wieder dorthin, obwohl sein Werk dort später die größte Anerkennung erfahren sollte; der andere hatte dreimal für einige Monate dort gearbeitet, dabei jedoch wenig Beachtung gefunden und sollte auch noch lange darauf warten müssen.

In den Niederlanden dagegen, wo sie gute Freunde hatten, brachte man beiden Anerkennung entgegen. Das Erneuernde an ihrem Werk wurde gewürdigt, selbst in dem leicht behäbigen, bürgerlich-liberalen Klima, das dort zu jener Zeit herrschte. Die beiden Männer waren Wiener Juden, die mit ihrem Leben und Werk von der Tradition und der Orthodoxie abgerückt waren. Bis zu diesem Augenblick kannten sie einander nur vom Hörensagen, und sie sollten sich auch nach dem vierstündigen Spaziergang in und um Leiden nie wieder sehen. Es war ein intensives Gespräch, von dem beide sich zwar befriedigt zeigten, das jedoch bei keinem einen bleibenden Eindruck hinterließ. Was wir von der auf Ersuchen Gustav Mahlers zustande gekommenen Konsultation des Dr. Sigmund Freud am 26. August 1910 wissen, sind einzelne, lange nach dem Ereignis beschriebene, teilweise aus zweiter Hand und nicht immer zuverlässiger Quelle stammende Fragmente.

Mahler war aus Wien geflohen; Freud sollte die Stadt nach dem »Anschluß« 1938 unter Schwierigkeiten verlassen, um ein Jahr später, von jahrelangem Mundkrebs gequält, im Londoner Exil zu sterben. Mahler kehrte neun Monate nach dem Gespräch in Leiden nach Wien zurück, um dort zu sterben. Er war in Wien eine Berühmtheit, nicht als Komponist, sondern vor allem als Dirigent der Wiener Oper, einer Schlangengrube voller Intrigen plus einem ordentlichen Schuß Antisemitismus. Wie Freud stammte auch Mahler aus einem der deutschsprachigen Kronländer, Mähren, einem entlegenen Teil der österreichisch-ungarischen Doppelmonarchie, in dem es große jüdische Gemeinden gab. In Mahlers Geburtsjahr wurde es den Juden gestattet, auch anderswo zu wohnen und zu arbeiten, und so zogen viele in die Städte, wo das Leben mehr Möglichkeiten bot. Mahler entstammte einer unglücklichen Familie. Der Vater hatte sich vom Trödler zum Spirituosenhändler hochgearbeitet und gegen deren anfänglichen Widerstand eine junge Frau geheiratet, die er fortan tyrannisierte. Sie rakkerte sich ergeben für ihre Familie und den Haushalt ab und brachte vierzehn Kinder zur Welt, von denen sechs im Kleinkindalter an den üblichen Infektionskrankheiten starben. *Kindertotenlieder* konnte man in jeder Familie singen, denn die Hälfte aller Neugeborenen starb vor der Schulzeit. Gustav erwies sich schon früh als begabter Klavierspieler, und der Vater erkannte, daß sein Sohn es dank dieses Talents weiter bringen würde als er selbst. Die Mutter, ausgelaugt von Schwangerschaften, Krankheit und dem Tod ihrer Kinder, der Sorge für den Haushalt und der Vernachlässigung durch ihren Mann, starb früh. Das einzig Malerische müssen die Natur mit Bergen und Tälern, die Garnison des Städtchens mit Trompeten und marschierenden Soldaten und die Volksmusik Mährens gewesen sein.

Durch die Hilfe von Gönnern kommt der fünfzehnjährige Mahler nach Wien, dem Zentrum der politischen und kulturellen Vielfalt der Donaumonarchie, um Musik zu studieren. Er beginnt auch zu komponieren, legt die Reifeprüfung ab und erlebt, daß seine erste Komposition nicht prämiert wird, weil das Jurymitglied Brahms zuviel Wagner darin hört. Mahler wird Kapellmeister verschiedener kleiner Orchester in den Kurorten für die besseren Kreise und später sogar Dirigent an den Musiktheatern von Kassel, Prag und Leipzig. Wegen dieser Verpflichtungen fällt es ihm schwer, Zeit für schöpferische Arbeit zu finden; er hat aber gerade als Dirigent Erfolg. Die Naturmystik seiner ersten Sinfonie findet nicht überall Anklang, da sie sich von Schubert oder Bruckner weit entfernt. Mahler wird Dirigent in der zweitgrößten Stadt der Donaumonarchie, in Budapest, wo er das Opernrepertoire auffrischt, was er 1891 in Hamburg wiederholt. Es sind seine *Wunderhorn*-Jahre, das Heranreifen zum Komponisten, als die ersten vier Sinfonien entstehen und er die Bewunderung Jüngerer, zum Beispiel Bruno Walters und Otto Klemperers, erfährt.

1897 ist der Gipfel in greifbare Nähe gerückt: Die Stelle des Dirigenten und Leiters der Wiener Hofoper wird frei. Es ist der Ort, an dem das sterbende, zerrissene Kaiserreich seinen Schwanengesang erlebt. Wien erstirbt in der Schönheit des Fin de siècle. Mahler wird berufen, aber erst, nachdem er sich katholisch hat taufen lassen, eine Bedingung für Hofämter, die er sowohl aus opportunistischen als auch aus vagen religiösen Gefühlen erfüllt. Er war eher Kosmopolit als Provinzjude, und ebenso wie vor ihm Heine seinen Taufschein als Eintrittskarte zur deutschen Kultur bezeichnet hatte, so war auch Mahler die Wiener Oper als Zeichen seiner Assimilation die Taufe wert. Seine Religion lag in der Musik und nicht in der Kirche, die er nie wieder betrat.

Die Wiener Philharmoniker bildeten nicht nur ein Sinfonieorchester, sondern begleiteten auch die Wiener Oper. Mahler leitete das Orchester in beiden Funktionen, perfektionistisch, voll neuer Ideen und mit ganzer Hingabe. Nur die Sommermonate blieben ihm für die eigene Arbeit, in allem anderen war er Diener in einem aufreibenden Leben zwischen Jubel und Kritik. Hugo Wolf, Brahms, Wagner, Bruckner und Richard Strauss waren seine musikalischen

Zeitgenossen, unter denen er sich einen Platz erobern mußte, und dazu diente ihm das Wiener Musikleben als Sprungbrett, wenn auch zu einem hohen Preis. Im inneren Zirkel des Wiener Kulturlebens um 1900 gab es Komponisten wie Webern und Schönberg, die Schriftsteller Musil und Schnitzler, die Maler Klimt und Kokoschka, die Architekten Loos und Wagner, die Denker Wittgenstein und Mach. Einige von ihnen waren Juden, als Künstler akzeptiert, in Politik und Presse jedoch von Zeit zu Zeit vom Antisemitismus verfolgt. Mahlers Ankunft in Wien und sein Abschied von der dortigen Oper zehn Jahre später waren davon geprägt. Er selbst hat nie darauf reagiert, als berührte es ihn nicht. Seinen Wiener Altersgenossen und Studienkollegen Theodor Herzl, mit dem er viele gemeinsame Bekannte gehabt haben muß, trieb diese Situation dazu, einen eigenen Staat für die Juden zu fordern; er veröffentlichte sein berühmtes Buch im selben Jahr wie Mahler seine Auferstehungssinfonie. Der Musikhistoriker Lebrecht schreibt, der eine habe die nationale, der andere die individuelle Erlösung proklamiert. Mahler ist Herzl jedoch in Wien ebensowenig begegnet wie Freud.

Die zehn Jahre in Wien machten Mahler zu einer Berühmtheit und zum Mittelpunkt des dortigen Musiklebens. Fiaker erkannten ihn, Studenten jubelten ihm zu, und Künstler verehrten ihn. Rodin schuf eine Büste von ihm, Thomas Mann verewigte ihn in der tragischen Gestalt Gustav Aschenbachs in *Der Tod in Venedig,* Richard Strauss bezeichnete sich selbst als den ersten Mahlerianer. Das alles verdankte Mahler dem unbeirrbaren Perfektionsdrang, mit dem er musizierte, die Wiener Hofoper umgestaltete und zuweilen fern von Wien die eigenen Werke dirigierte. Als Prophet einer neuen Musik fand er in seiner Vaterstadt nur begrenzt Gehör. Mahler war in den Vierzigern, als er nach einer Reihe von Affären mit Sängerinnen seiner Muse begegnete. Es war Alma Schindler, die Tochter eines bildenden Künstlers, die nach dessen Tod liebevoll in der Familie des Malers Carl Moll aufgenommen worden war. Sie war halb so alt wie Mahler, von großer Schönheit, Intelligenz und Musikalität. Nach einer kurzen Romanze heirateten sie 1902 in der Karlskirche, aber die Hochzeitsreise war eine Konzertreise nach St. Petersburg. Zweifellos liebte Alma ihren Mann, dessen Genie sie erkannte, doch das ließ ihr kaum Raum für ein eigenes Leben. Die Isolation des Komponierens, die Pflichten der Auftritte und die Sorgen um die Arbeit führten zu beiderseitiger Entfremdung und Vernachlässigung, gefolgt von Perioden der Versöhnung. Mahler seinerseits liebte seine Frau schwärmerisch, zumindest wenn er ihre Existenz wahrnahm. Meist war er obsessiv ins Musizieren und Komponieren vertieft.

Rund hundert Jahre zuvor hatte im selben Wien Mozart in seinem letzten Lebensjahr als Geschenk für einen befreundeten Chordirigenten eine Motette geschrieben, 48 Takte und zwei Seiten lang, ohne eine einzige Korrektur. Das *Ave verum corpus,* schnell hingeschrieben, ist große Musik und religiöse Verehrung. Mahler dirigiert im Jahr vor seinem Tod, kurz nach dem Gespräch mit Freud, seine achte Sinfonie, ebenso religiös entrückt, deren erster Teil auf dem alten Kirchengesang *Veni creator spiritus* und deren zweiter auf Goethes *Faust* basiert. Er hatte mit dem Werk 1906 begonnen, und Willem Mengelberg, Mahlers Förderer in Amsterdam, erhielt brieflich die erste Beschreibung: »Die gesamte Natur bekommt darin eine Stimme, es ist das Größte, was ich bisher geschrieben habe. Stell dir vor, wie das gesamte Universum zu klingen und schwingen beginnt.« Über tausend Mitwirkende werden dafür benötigt, 170 Musiker und 850 Sänger, darunter 350 Kinder und acht Solisten. Die Premiere, mit der gleichzeitig die neue Konzerthalle eingeweiht werden soll, ist für den 12. September 1910 in München angesetzt. Schönberg, Klemperer und Stokowski reisen dorthin, ebenso Thomas Mann, Stefan Zweig und Georges Clemenceau; Bruno Walter studiert die Soloparts ein.

Es war die letzte Ausdrucksform der romantischen Sinfonie und auch das letzte eigene Werk, das Mahler in Europa dirigieren sollte. Seine späteren Werke, *Das Lied von der Erde* und die neunte Sinfonie, sollte er selbst nie hören, die zehnte Sinfonie nicht mehr vollenden. Die Dimensionserweiterung, die nötig war, um das Unsagbare auszudrücken, hatte in der achten Sinfonie alle Grenzen erreicht. Es war ein schöpferischer Triumph, die Verwirklichung eines Traums, und die Aufführung ein glücklicher Augenblick in einem unglücklichen Leben.

Das Unglück schlug 1907 dreimal zu. Die Arbeit an der Oper brachte ihm zahllose Konflikte neben künstlerischen Triumphen. Es gab finanzielle Probleme, die Musikpresse würdigte Mahlers eigene Kompositionen nicht gebührend, und Intrigen rieben den kompromißlosen Künstler vollends auf. Angesichts dieses Drucks ohne Aussicht auf Besserung beschloß Mahler, seine Position in Wien aufzugeben. Ihm wurden Verträge an der Metropolitan Opera von New York angeboten, und auch die New Yorker Philharmonie suchte einen qualifizierten neuen Leiter. Diese Funktion würde ihm außerdem Zeit für seine eigene Arbeit lassen, zurückgezogen in einem Tiroler Häuschen, fern aller Verpflichtungen. Mahler kündigte in Wien und unterzeichnete einen Vertrag in New York für den Beginn des darauffolgenden Jahres. Dann fuhr er mit Alma und den beiden Töchtern in die Ferien nach Österreich, wo die ältere am dritten Tag an Diphtherie erkrankte. Ihr Zustand verschlimmerte sich zusehends, die Entzündungen des Rachens und der Luftröhre führten zu schweren Erstickungszuständen. Nach zweiwöchigem Ringen wurde in dem kleinen Ferienhaus eine Notoperation vorgenommen, wobei ein Tubus in die Luftröhre eingeführt wurde. Doch das alles half nichts, und nach einem weiteren Tag mit Erstickungszuständen starb das Kind, noch keine fünf Jahre alt. Die Eltern waren ebenso geschlagen wie erschöpft. Almas Mutter, die der Familie beigestanden hatte, erlitt einen Herzanfall, und als der herbeigerufene Hausarzt Mutter und Tochter untersuchte, stellte sich bei beiden eine starke Belastung des Herzens heraus, so daß er strikte Ruhe anordnete. Herzinsuffizienz und strikte Ruhe waren in der Wiener Schule gängige diagnostische und therapeutische Bezeichnungen bei jeglicher Form von Erschöpfung und Überanstrengung. Mahler bat, halb im Spott, ebenfalls um eine Untersuchung. Diese ergab einen spezifischeren Befund, einen Herzklappendefekt, der möglicherweise die Folge der vielen Halsentzündungen war, derentwegen er früher behandelt worden war. Der Hausarzt machte ein ernstes Gesicht, und Mahler wurde in Wien von zwei Spezialisten untersucht, die die Erkrankung nur bestätigen konnten. Er sollte fortan jegliche Anstrengung meiden und auf Bergsteigen, Schwimmen und lange Wanderungen verzichten. In der Biographie seiner Frau, die dreißig Jahre danach geschrieben wurde, wird er als Invalide geschildert. Manchmal fühlte er sich auch so, reiste aber für seine letzten Konzerte in Europa nach Petersburg. Er vermutete, daß seine Zeit bald um war, wollte andererseits aber leben und schaffen und schiffte sich nach Amerika ein.

In New York war es für Mahler nicht leichter. Orchester und Oper wurden von einem Matriarchat regiert und beeinflußt, das Musik als schmückendes Beiwerk betrachtete, sich in die Programmgestaltung und -ausführung einmischte und den Dirigenten als Laufburschen ansah. Andererseits waren es jeweils Verträge von nur wenigen Monaten, die Mahler Zeit zum Komponieren ließen. Es wurde eine Trilogie des Abschieds, mit der neunten und unvollendeten zehnten Sinfonie sowie dem *Lied von der Erde,* in denen Leben und Natur noch einmal in aller Intensität erlebt wurden und er ihnen Lebewohl sagte, erst aufbegehrend und dann sich ergebend.

Sein Schaffensdrang war stärker denn je zuvor, doch körperlich und geistig war Mahler ein gebrochener Mann. Der Verlust seiner kleinen Tochter hatte ihn noch weiter in die Isolation der Musik getrieben, in der er seine Frau kaum noch wahrnahm. Sie forderte Beachtung, klagte über die verschiedensten Beschwerden und suchte Abhilfe in Badekuren.

Im Sommer 1910, als Mahler ganz in den Vorbereitungen für die Aufführung seiner achten und der Komposition seiner zehnten Sinfonie aufging, lernte sie den begabten jungen Architekten Walter Gropius kennen und begann ein Verhältnis mit ihm, von dem sie Mahler schließlich unterrichtete. Alma hatte eigene Ambitionen, wollte komponieren und leben, doch ihr Mann hatte dafür keine Ohren. Ihr Leben war freudlos und frustrierend geworden. Sie warf ihm mangelnde körperliche Nähe und seine Potenzschwäche sowie das Fehlen jeglichen Interesses für ihr Leben vor. Mahler forderte Alma auf, sich zwischen ihm und Gropius zu entscheiden, und sie blieb — jung, schön und enttäuscht, aber nicht imstande, ihren rastlosen, in sich gekehrten Mann in diesem Augenblick im Stich zu lassen.

Die Ehekrise löste bei Mahler tiefe Schuldgefühle aus. Er widmete ihr als erneutes Gelöbnis seine achte Sinfonie, spielte voller Anerkennung die von ihr früher komponierten Lieder, die er sich all die Jahre nicht hatte ansehen wollen, und ließ überall im Haus Briefchen für sie liegen, in denen er schrieb, wie sehr er sie brauche und liebe; um seinen fünfzigsten Geburtstag herum befand er sich in einer Privathölle aus Einsamkeit und Schuld. Ein befreundeter Nervenarzt empfahl ihm einen Besuch bei Freud. Mahler hatte in einer Diskussion unter Freunden einmal gesagt, er habe wenig Vertrauen zu dem Mann, der alles von einem einzigen Blickwinkel aus zu lösen und zu heilen versuche, und so vereinbarte er dreimal einen Termin und sagte ihn jedesmal wieder ab. Freud blieb geduldig und erklärte sich sogar bereit, Mahler während seines Urlaubs in Noordwijk aan Zee eine letzte Gelegenheit für ein Gespräch zu bieten. Ende August fuhr Mahler mit dem Zug nach Holland, ohne seine dortigen Freunde zu unterrichten. Unterwegs sandte er Alma noch verzweifelte Liebesbotschaften, bis am 24. August der lange Spaziergang begann, vom *Huis ter Duin* nach Leiden.

Freud hatte an diesem Punkt seines Lebens die wichtigsten Schriften über Psychoanalyse bereits veröffentlicht, über die Traumdeutung, die Rolle der Sexualität und die Psychopathologie des Alltagslebens, und er genoß seinen Strandurlaub in Noordwijk aan Zee. Er hatte das bürgerliche Wien in seiner Scheinheiligkeit damit aufgeschreckt, daß er kindliche sexuelle Erfahrungen als trübe Quelle späterer neurotischer Störungen deutete. Aus Träumen und

Fehlleistungen, aus Wortassoziationen und Versprechern vermochte er den fernen, verschütteten Ursprung neurotischer Störungen aufzudekken. Der Mensch, vom Unbewußten getrieben, kennt sich selbst nicht, wie Freud anhand von sechs Gleichnissen nachzuweisen glaubte, ausführlichen Fallbeschreibungen, die seine Hypothese stützen sollten. Er hatte neben akademischer Kritik und Widerstand bedeutende Geistesverwandte wie Jung und Adler für seine Erkenntnisse gewinnen können, und auch das Ausland, wo Studiengesellschaften entstanden, schenkte seinen Werken Beachtung. Seine psychoanalytischen Erkenntnisse bezogen sich nicht nur auf einige geistesgestörte Wiener Bürger um 1900, sondern veranschaulichten darüber hinaus allgemeine historische und kulturelle Zusammenhänge. Im Sommer 1910 hatte er seine historische Analyse Leonardo da Vincis abgeschlossen. In Leonardos Aufzeichnungen war er auf eine einzige Kindheitserinnerung gestoßen, in der ein Vogel auf seiner Wiege sitzt und mit dem Schwanz seine Lippen berührt. Aus diesen wenigen Zeilen ließ sich Leonardo, das uneheliche Kind eines Notars aus Vinci bei Florenz, deuten. Der Vogel war durch einen Übersetzungsfehler aus dem Italienischen für Freud zum Geier geworden, dem ägyptischen Symbol für die Mutter. Leonardo war ein vaterloser Mann gewesen, der von der sitzengelassenen Mutter übermäßig umsorgt wurde. Später wurde Leonardo mitsamt seiner Mutter im Hause seines Vaters aufgenommen, der inzwischen eine standesgemäße Heirat eingegangen war.

Auf diese Weise, so Freud, habe Leonardo zwei Mütter und einen zurückgezogenen Vater bekommen und habe sich selbst als Jesuskind dargestellt, das von Maria und der heiligen Anna umsorgt wird. Das erkläre seine Homosexualität, das Wesen seines Künstlertums und schließlich seine Hinwendung zur Naturwissenschaft. Obgleich viele ihn später auf Fehler in den Fakten hinwiesen — der deutsche Geier entpuppte sich als italienischer Milan —, korrigierte er seine Interpretation nie. Von Noordwijk aus wollte er nach Paris fahren, um sich im Louvre Leonardos Selbstprojektion anzuschauen. Er war ein eigensinniger Mann, der seine Erkenntnisse nicht gern zur Diskussion stellte, eine Quelle künftiger Auseinandersetzungen zwischen ihm und seinen Kollegen und Schülern.

Mahler und Freud, die beiden Spaziergänger, waren beide Entdecker einer neuen Welt und von ihrem Werk völlig besessen. Beide vernachlässigten darüber ihre Frauen, Mahler seine lebenslustige, begabte Alma, Freud seine sich abrackernde, schattenhafte Martha. Was in diesem Männergespräch über die Eheprobleme des einen gesagt wurde, war weitgehend von den Erkenntnissen des anderen bestimmt. Mahler sprach mit einem Mann, dessen Theorien er mißtraute, Freud mit einem Landsmann, dessen Werke ihn kalt ließen, denn er war unmusikalisch. Die Begegnung hat spätere Bewunderer der beiden vermutlich stärker beeindruckt als die beiden Männer selbst. Mahler erwähnt sie kaum. Als er nach dem Gespräch mit dem Nachtzug zurückreist, um sich in München in die Vorbereitungen für die Aufführung seiner achten Sinfonie zu stürzen, schreibt er der in Tirol zurückgebliebenen Alma leidenschaftliche Liebesbriefe, mit denen er ihre Zuneigung wiederzugewinnen hofft, und sagt nur, daß Freud recht habe; sie sei der Mittelpunkt und das Licht seines Lebens.

Freuds Schüler Theodor Reik flieht 1933 vor den Nazis in die Niederlande und erwägt, wie sein Lehrmeister eine Psychobiographie abzufassen, in diesem Fall von Mahler. Er erfährt von der Begegnung zwischen Freud und Mahler und bittet Freud brieflich um Auskünfte über das Gespräch, das 1910, also fast ein Vierteljahrhundert zuvor, stattgefunden hat. Freud schreibt, er habe Mahler 1912 oder 1913 einen Nachmittag lang in Leiden analysiert und damit nach dem Urteil anderer viel erreicht. In dem Gespräch über seine Lebensgeschichte sei es um Mahlers persönliche Voraussetzungen, lieben zu können, gegangen, die durch einen Muttergotteskomplex oder eine Mutterbindung bestimmt gewesen seien. Das psychologische Verständnis des genialen Gesprächspartners wird erwähnt. Freud betrachtet Mahler als Zwangsneurotiker, der an ein Mutterbild fixiert sei. Die zehn Zeilen in dem Brief an Reik bleiben lange Zeit der einzige Bericht über das Gespräch.

Alma Mahler, die 1964 hochbetagt in New York stirbt, veröffentlicht 1940 ihre Memoiren. Sie wird nach Mahlers Tod noch anderen Genies Frau, Muse oder Geliebte sein, dem Bauhausarchitekten Gropius, dem Maler Oskar Kokoschka, dem Schriftsteller Franz Werfel und dem Dramatiker Gerhart Hauptmann. Im nachhinein färbt sie ihre Erinnerungen kräftig. Sie schreibt, Mahler habe eingesehen, daß er das Leben eines Neurotikers führe, und habe Freud von seinem merkwürdigen Geisteszustand und seinen Ängsten berichtet, woraufhin dieser ihn beruhigt habe. Freud soll Mahler nach dessen Lebensbeichte heftige Vorwürfe gemacht haben, daß er in seiner Verfassung eine junge Frau an sich binden wolle. Freud kannte Alma und ihre Familie und soll gesagt haben, daß sie sich in Mahler einen Vater und dieser sich in Alma eine Mutter, ähnlich seiner eigenen, gesucht habe, leidend und von Sorgen verzehrt. Mahlers Mutter hieß Marie, und Mahler soll Alma von ihrer ersten Begegnung an Marie genannt und sich gewünscht haben, daß ihr Gesicht mehr Leidenszüge zeige. Sie selbst schreibt, sie habe immer einen kleinen, schlanken Mann voll Weisheit und geistiger Überlegenheit gesucht, da diese Eigenschaften es gewesen seien, die sie an ihrem Vater gekannt und geliebt habe. Freuds Diagnose, so schreibt sie, beruhigte Mahler, aber er weigerte sich, seine Mutterbindung zu akzeptieren, da er sich gegen derlei Erkenntnisse sträubte.

Aus der gesamten Korrespondenz zwischen beiden geht jedoch hervor, daß Mahler sie nie anders als Alma nannte oder eine Koseform davon benutzte. Er gewann sie trotz ekstatischer Liebesbeteuerungen nicht zurück, und während der Proben für die achte Sinfonie in München schlief sie mit Gropius in einem Hotel. Die unvollendeten Skizzen zur zehnten Sinfonie, an der er im Sommer 1910 arbeitete, sind voller verzweifelter Schreie an die Adresse seiner Frau. Sie wiederholen die hilflosen Kritzeleien in der Partitur seiner achten Sinfonie: »Für dich leben! Für dich sterben!«

Der englische Musikhistoriker Mitchell, der seit 1956 an einer vierbändigen Biographie über Mahler und seine Musik arbeitete, bat in den fünfziger Jahren den englischen Psychoanalytiker Ernest Jones, den Biographen Sigmund

Freuds, um genauere Angaben über das Gespräch. Jones, Nicht-Jude und des Deutschen nicht mächtig, hatte Freud 1908 kennengelernt, was zu einer dauerhaften Freundschaft führen sollte. Jones wurde der Sachwalter von Freuds Ideen in der englischsprachigen Welt. Ein Jahr vor dem Leidener Gespräch hatte er Freud nach Amerika begleitet; zwischen 1953 und 1957 wurde die Standardbiographie über Freud vollendet. Mitchell fragte Jones nach der Begegnung zwischen Mahler und Freud, doch jener wußte offenbar nichts davon. Im Archiv fand er jedoch einen Brief Freuds an die französische Psychoanalytikerin Prinzessin Marie Bonaparte aus dem Jahr 1925. Sie war die Frau, die Freud 1938 geholfen hatte, aus dem von den Nazis beherrschten Wien zu fliehen. Der Brief wurde nie veröffentlicht und nur zusammengefaßt in Jones' Biographie erwähnt; Mitchell durfte ihn einsehen. Jones als Biograph und Bewunderer hat ebenso wie viele nach ihm Freuds Korrespondenz der Öffentlichkeit oft äußerst selektiv zugänglich gemacht, um das Bild des Meisters nicht zu entweihen. Daß Freud ein Mensch von Fleisch und Blut war, der seine Schwägerin der eigenen Frau vorzog, zeitweilig kokainsüchtig war, Abtrünnige wie Adler, Tausk oder Jung haßte, mitunter ein schlechter Arzt war und die Gefahren des Nationalsozialismus nicht erkannte, mindert nicht die Faszination seiner

Persönlichkeit. Auch Freuds Ehe war verdorrt, und auch ihm ging die Arbeit über alles.

Mitchell und Jones entnehmen Freuds Brief wiederum das Maria-Motiv, den Namen von Mutter und Frau Alma Maria. Ihr Vater sei Kunstmaler gewesen, und nicht zufällig habe der Ehemann, in dem sie ihren Vater suchte, Mahler geheißen. Freud war der Meinung, Mahler habe nach der Analyse seine Impotenz bezwungen und danach bis zu seinem Tod eine glückliche Ehe geführt. Mahler habe in dem Gespräch gesagt, er habe auch erkannt, als Komponist nicht die absolute Spitze erreichen zu können, da die aus tiefsten Gefühlen rührenden erhabensten und edelsten Passagen durch sich dazwischenschiebende banale Melodien zerstört würden. Ein Ehekrach in seinem Elternhaus, der ihm wieder in Erinnerung kam, lieferte den Schlüssel dazu. Das Kind Gustav war verzweifelt aus dem Haus gelaufen, wo eine Drehorgel das Wiener Duett »Ach, du lieber Augustin« gespielt hatte. Die Mischung aus tiefer Tragödie und seichter Unterhaltung waren seither für ihn unzertrennlich miteinander verbunden, auch in der eigenen Musik. Mitchell illustriert diese Spannung zwischen Alltäglichem und Erhabenem, das Leben Verherrlichendem und sich in den Tod Fügendem, kosmischer Gewalt und Gassenhauer anhand zahlreicher Musikbeispiele. Mahler sprach über die Problematik in seiner Beziehung zu Alma, aber auch über den Zwiespalt in seinem Werk und hat sich zweifellos ruhiger gefühlt, als Freud Klarheit in diese Gefühlsverwirrung brachte, indem er auf Mahlers Kindheit zurückging und ihn als Mann und Gatten beruhigte. In ihrer späteren Lebensbeschreibung sagt Alma, Freud sei so kühn gewesen, das Unterbewußte an die Oberfläche zu bringen und dem Bewußtsein aufzudrängen — ohne die Möglichkeit der Absolution, wie die katholische Kirche sie bietet. Die Beichte habe Mahler vermutlich erleichtert, wenn auch kaum verändert. Psychotherapie sei schließlich nichts anderes als eine Beichte ohne Vergebung. In ihrem Tagebuch notiert Alma, sie werde die Komödie bis zum Ende weiterspielen. Die absolute Erfüllung als schaffender Künstler erlebte Mahler rund zwei Wochen später, als er seine achte Sinfonie zum Erklingen brachte.

Danach reisen Gustav und Alma Mahler nach New York. Mahler dirigiert moderne und eigene Werke, die zurückhaltend aufgenommen werden; er leidet wiederholt unter Halsentzündungen mit hohem Fieber. Am 21. Februar 1911 dirigiert er trotz hohen Fiebers und Halsschmerzen und bringt das Konzert mit Mühe hinter sich. Die Halsschmerzen verschwinden, doch das Fieber bleibt, mal mehr, mal weniger hoch, und Mahler ist zu krank und zu schwach zum Dirigieren, obgleich er dafür Pläne macht. Der Hausarzt Joseph Fraenkel, ein Emigrant aus Wien, besucht die Mahlers in ihrem Hotel. Er hatte in Wien Militärarzt werden wollen, hätte sich dafür aber wie Mahler taufen lassen müssen. Er besann sich eines anderen, machte vor der Kirche kehrt und wanderte als Zwischendeckpassagier nach Amerika aus, wo er sich in New York eine einträgliche Praxis aufbaute. Er war mit den Mahlers befreundet und in Alma verliebt und kam nach Mahlers Tod zweimal nach Wien, um sie um ihre Hand zu bitten, was sie abschlug. Sie fand, er sei ein verstaubter Gelehrter. Immerhin versteht Fraenkel etwas von seinem Beruf und vermutet, daß Mahler an bakterieller Endokarditis leide, einer zur damaligen Zeit tödlich verlaufenden Entzündung der Herzklappen. Zu einer solchen Erkrankung kommt es dadurch, daß täglich durch kleine Verletzungen, Stiche oder Entzündungen Bakterien in die Blutbahn gelangen. Sie leben dort kurze Zeit und werden von weißen Blutkörperchen unschädlich gemacht. Wenn die Herzklappen jedoch Fehlbildungen aufweisen oder durch Krankheit vorgeschädigt sind, können sich durch den veränderten Blutstrom Bakterien an den Klappen festsetzen und vor ihren Angreifern verbergen. Es kommt zu Entzündungsherden mit Gerinnseln an den Klappen, die sich dadurch schlechter öffnen oder schließen, und Teile der entzündeten Masse werden mit dem Blut ins Gehirn, in die Haut oder die Gliedmaßen weitertransportiert. Der schleichende Beginn einer solchen Entzündung kann sich über Wochen oder Monate hinziehen; das Ende tritt schließlich durch Herz-, Nieren- und Gehirnschädigungen ein. Die Diagnose läßt sich stellen, indem man den bakteriellen Erreger aus dem Blut des Patienten züchtet. Heute, wenn die Krankheit frühzeitig erkannt und mit hochdosierten Antibiotika bekämpft wird, ist es eine zwar gefährliche, aber doch gut zu behandelnde Erkrankung.

Fraenkel vermutet diese Krankheit bei Mahler, obgleich ihr Bild erst wenige Jahre zuvor erkannt und beschrieben worden war. Er zieht den berühmten Internisten Emanuel Libman vom Mount Sinai Krankenhaus in New York hinzu. Dieser hatte die Blutkultur einige Jahre zuvor in seiner Klinik als Diagnosemittel bei fiebrigen Erkrankungen eingeführt und das Krankheitsbild der bakteriellen Endokarditis genau beschrieben. Mit seinem Mitarbeiter Baehr stellt er bei Mahler die charakteristischen Geräusche einer geschädigten Mitralklappe zwischen linkem Vorhof und linker Vorkammer sowie charakteristische Absiedlungen von Thrombusteilen in Augenlidern und Haut fest, die aus den entzündeten Herzklappen stammten. Mahler mußte bereits seit längerem an dieser Krankheit gelitten haben; man nimmt ihm Blut ab, um es im Labor bakteriologisch zu untersuchen. Vier Tage später steht die Diagnose und damit das Urteil fest. Der bakterielle Erreger, ein Streptokokkenbakterium aus dem Rachenraum, bildete unverkennbare Kolonien. Die Ärzte teilen ihrem Patienten die Diagnose und die hoffnungslose Prognose mit.

Der Patient hat nur einen Wunsch, er will in Wien sterben. Geschwächt durch Fieber und Gewichtsverlust, wird er von Alma und ihrer eigens herbeigeeilten Mutter im Hotel so gut wie möglich aufgepäppelt, so daß er Anfang April mit dem Schiff nach Europa fahren kann. Der Kapitän hat einen Teil des Sonnendecks für ihn abgetrennt, und dort wird er hingetragen: Während der Reise pflegen seine Frau und seine Schwiegermutter ihn Tag und Nacht. Es scheint noch etwas Hoffnung auf eine Behandlung in Paris zu geben, dem Zentrum der Bakteriologie; nach der Ankunft in Cherbourg am 16. April 1911 wird Mahler in ein Pariser Hotel gebracht, wo er sich etwas besser fühlt. Kurz darauf verschlimmert sich sein Zustand jedoch so sehr, daß er in ein Sanatorium in Neuilly eingeliefert werden muß.

Mahlers letzte Reise zieht das Interesse der Öffentlichkeit auf sich, und die Presse berichtet über den Verlauf seiner Krankheit. Eine Serumbehandlung in Paris bringt keinerlei Besserung. Im Orient-Express wird er nach Wien gebracht, in ein Sanatorium, wo sich sein Zustand täglich verschlimmert. Schon immer hatte der Tod ihn im Leben und in der Musik begleitet, vom Trauermarsch in der ersten Sinfonie bis zum bebenden Rhythmus der Celli in der Introduktion der neunten Sinfonie mit ihrem dahinsterbenden Schluß, nach Bernsteins Ansicht der Rhythmus von Mahlers unregelmäßigem Herzschlag. Nun fühlt Mahler den Tod sehr nahe. Verwirrt und ausgezehrt ruft er nach Alma; er bekommt Sauerstoff und Kompressen um seine entzündeten Kniegelenke. Seine Hände fahren fiebrig über die Bettdecke, als würde er dirigieren, und manchmal murmelt er Mozarts Namen. Zum Schluß bekommt er Morphin, und nach stundenlangem Röcheln infolge eines Lungenödems stirbt er am 18. Mai 1911, abends während eines Gewitters, wie Beethoven. Er wird neben seiner Tochter bestattet, unter einem einfachen Stein, der nur seinen Namen trägt. Am 23. Mai erhält sein Testamentsvollstrecker eine Rechnung in Höhe von 300 Kronen von Sigmund Freud »für eine mehrstündige Konsultation im August 1910 in Leiden, wohin ich mich auf seine Bitte von Noordwijk aan Zee aus begab«. Freud hatte die Nachricht von Mahlers Tod in der Zeitung gelesen.

Die Rechnung selbst taucht im Mai 1985 auf einer Auktion bei Sotheby in London auf und wird zusammen mit einem Brief Beethovens an dessen unsterbliche Geliebte angeboten. Mahler hatte sich um seiner unsterblichen, wenngleich vernachlässigten Liebe willen an Freud gewandt, und die beiden genialen Wiener Extreme, die Musik und Psychiatrie im 20. Jahrhundert nachhaltig beeinflussen sollten, waren sich in Leiden einen Sommernachmittag lang flüchtig begegnet und hatten kaum etwas voneinander verstanden. Beweis dafür ist die inzwischen hundertfach im Wert gestiegene Rechnung; beglichen war sie auch.

Das Soldatenherz

Der erste Juli 1916 war in Nordfrankreich ein herrlicher, sonniger Tag. In die festgefahrene Kriegslage sollte an diesem Tag Bewegung kommen, und die Initiative dazu sollte von der britischen Expeditionsarmee unter dem Kommando von General Haig ausgehen. Unterstützt wurden die Briten von ihren französischen Verbündeten, die jedoch im Frühjahr bei der Belagerung Verduns gewaltige Verluste erlitten hatten. Der Angriff sollte nach bewährtem Muster erfolgen: als frontaler Infanterieangriff auf einer Breite von vierzig Kilometern im Anschluß an den anhaltenden Artilleriebeschuß der deutschen Stellungen im Verlauf der Kreidehügel nördlich der Somme. Die vierhunderttausend Mann starke englische Armee bestand zum größten Teil aus frischen Freiwilligen, die kampfbereit, aber außer in der Strategie des Sturmangriffs mit Gewehr und Bajonett kaum ausgebildet waren. Die Artillerie sollte den Feind in einem fünftägigen Bombardement vernichten, und der Rest müßte dann eigentlich ein Kinderspiel sein.

Nach dem höllischen Lärm der Kanonen wurde es an jenem ersten Juli morgens um halb acht für kurze Zeit still. Die Artillerie sollte das Feuer in die Tiefe der feindlichen Stellungen vorverlegen, wenn der Angriff begann. Aus den Schützengräben stürmten Soldaten und Offiziere, Trompeter und Schotten in karierten Röcken durch Stacheldraht und Niemandsland dem Feind entgegen. Der hatte den Artilleriebeschuß ohne große Verluste dadurch überstanden, daß er sich in tief aus den Kreideschichten herausgehauenen Unterständen verschanzt hielt. Vom Hügelkamm aus sollten sie mit mörderischem Maschinengewehrfeuer die Anstürmenden niedermähen.

So geschah es auch. Eine Angriffslinie nach der anderen fiel in Stacheldrahtverhauen und Trichtern, wie Ähren unter der Sense. An Mut mangelte es den Soldaten nicht, und zudem gab es nur einen Ausweg: den Angriff. Ebenso wie die berühmte »leichte Brigade« aus dem Krimkrieg stellten sie keine Fragen, sondern taten, was ihnen befohlen war, und starben. Am Ende des Tages betrugen die Verluste der Briten 60000 Mann, darunter 20000 Tote und 35000 Verwundete, von denen viele unter erbärmlichen Umständen sterben sollten. Der erste Tag an der Somme trug den Briten größere Verluste ein als der Krimkrieg, der Burenkrieg und der Koreakrieg zusammen. Am Ende der Sommeschlacht im November 1916 hatten sowohl die Deutschen als auch die Briten fast 500 000 Mann verloren und die Franzosen 200 000; fünf Meilen Gelände waren erobert, so verwüstet, daß die französische Regierung nach dem Waffenstillstand einen Wald darüber wachsen lassen wollte, weil ein Wiederaufbau sinnlos war.

Nach der Sommeschlacht war es mit dem Idealismus vorbei. Der Glaube an Generäle, an den Sinn des Kriegs oder an einen Sieg war verloren, und die einzige verbliebene Loyalität war die der Frontsoldaten untereinander, Menschenopfer auf den Äckern Frankreichs und Flanderns. Zu den anfänglichen Verlusten an der Somme kamen später weitere zwei Millionen Briten hinzu, bis die völlige Erschöpfung auf beiden Seiten zum Waffenstillstand und zum Frieden von Versailles führte. Allein im Sommetal befinden sich fünfzig Militärfriedhöfe, die letzten Narben in der Landschaft; jeder zehnte Frontkämpfer überlebte den Ersten Weltkrieg nicht.

Einer der vielen, die an der Sommeschlacht teilnahmen, war der englische Dichter Siegfried Sassoon, ein unbekümmerter Kriegsfreiwilliger, der in den Schützengräben eine andere Welt kennenlernte. Er wurde zweimal verwundet und erhielt eine hohe Tapferkeitsmedaille. Seine Kriegsgedichte sprechen von den Verlusten, den Schrecken des Krieges und dem

Stumpfsinn der Vorgesetzten. Als Invalide nach England heimgekehrt, soll er erneut an die Front zurückkehren. Er weigert sich. Er erwartet das Kriegsgericht, wird aber wegen Verdachts auf *shellshock*, einen durch Trommelfeuer verursachten Erschöpfungszustand, in ein Sanatorium geschickt. Wer nicht kämpfen will, muß verrückt sein. Er bekommt Schuldgefühle, weil er seine Kameraden im Stich gelassen hat, geht an die Front zurück, wird ein drittes Mal verwundet und erlebt als Hauptmann und Kriegsdichter wider Willen das Ende.

Gegen das Abschlachten von Menschen regt sich wenig Widerstand. Feigheit oder Fahnenflucht sind selten, weit verbreitet dagegen Vaterlandsliebe und Abenteuerlust, später Abstumpfung und Resignation. Als jedoch nach Verdun und der Sommeschlacht eine neuerliche französische Offensive 1917 wiederum Zehntausende das Leben kostet, ohne daß damit etwas erreicht wäre, beginnen die Fronttruppen zu murren. Pétain, der Verteidiger von Verdun, wird Oberbefehlshaber und erspart seinen Soldaten weitere Angriffe dieser Art, kümmert sich um bessere Verpflegung und Unterkünfte und gewinnt ihr Vertrauen zurück. Er ist einer der wenigen militärischen Führer, die mit schmerzendem Herzen die jüngsten Rekrutenjahrgänge nach Verdun abziehen und sie dezimiert und ausgebrannt zurückkehren sehen.

Das wird ihn bei seinen Untergebenen beliebt und später zum Marschall von Frankreich machen, eine Vaterfigur in einem verzweifelten Krieg, der mit der Niederlage von 1940 eine fatale Wiederholung fand.

Pétain und Sassoon sehen beide einen Krieg, der mit Menschenopfern kaum zu gewinnen ist, und einen unerreichbaren Frieden, da er nicht im Kompromiß gesucht wird. Verdun und die Somme haben keinerlei strategische Bedeutung, sondern sind selbstgewählte Opferstätten, an denen man den Gegner ausbluten lassen will, ungeachtet des Blutzolls, den man selbst dafür zu entrichten hat. Die Ernüchterung setzt erst später ein, als eine ganze Generation von den Schlachtfeldern in Flandern und Nordfrankreich nicht mehr zurückkehrt. In den Schützengräben gab es keinen Weg zurück, und wer sich von seiner Gruppe absonderte, war verloren. Eine Verwundung konnte die Heimkehr bedeuten, häufiger jedoch Invalidität oder Tod. Die medizinische Versorgung war primitiv und nur für schwere Fälle gedacht. Inmitten von so viel Tod und Vernichtung hatten Infektionen, Fußwunden, Läuse oder Durchfall kaum Gewicht. Auf die physische Erschöpfung aufgrund von Schlafmangel, schlechter Ernährung, Kälte, Regen, Feindfeuer und Isolation folgten geistige Apathie und Erschöpfung, die sich nur durch akute Gefahr überwinden ließen. Der

Schützengrabenkrieg wurde zu einer Lebensweise, einer Anpassung an das Schicksal, die die Welt auf das nackte Dasein an einem winzigen Frontabschnitt reduzierte. Wo es an bewußter Auflehnung gegen diese Art zu leben und zu kämpfen fehlte, herrschte stiller Protest. Die Angst war allgegenwärtig, wurde jedoch kaum ausgesprochen und konnte sich lediglich verhüllt, in Körpersprache, äußern. Tausende landeten hinter der Front wegen *shellshock*, der bereits erwähnten psychischen Lähmung während der Kampfhandlungen und Bombardements. Sie wurde physikalischen Ursachen wie Luftdruckveränderungen durch Explosionen zugeschrieben, die Gehirnschädigungen oder die Mangelversorgung vor allem von Nervenzellen zur Folge hätten. Das konnte selbst dem tapfersten Soldaten passieren, doch ein Urlaub von der Front würde ihn schon wieder kriegstauglich machen. Die Freiwilligenarmee war kaum gemustert und schlecht ausgebildet, würde sich in der Feuertaufe aber schon bewähren.

Von den 360000 Mann, die aus medizinischen Gründen aus dem britischen Kriegsdienst entlassen wurden, waren 40 Prozent verwundet. Die zweithäufigste Ursache, ein Zehntel aller Fälle, war der Verdacht auf eine Herzerkrankung, und knapp 20000 Mann wurden als nervenkrank ausgemustert. Lungenerkrankungen durch Kälte oder Gas, Gelenkbeschwerden, Erfrierungen und andere Leiden machten den Rest aus. Die Herzerkrankungen bei den Soldaten waren recht besorgniserregend. Die Ursache des Krankheitsbildes war unklar, die Behandlung zweifelhaft. Die Front war ein schlechter Ort für präzise Diagnosen, so daß eingehendere Untersuchungen geboten schienen. Der britische Medical Research Council forderte dies bereits 1915, und zwei Krankenhäuser mit insgesamt 950 Betten wurden damit betraut. Für die Erforschung dieser Krankheit wurden die klügsten Köpfe freigestellt, ihr Team um amerikanische Spezialisten erweitert, die alle erfahrene Kliniker und Forscher auf dem Gebiet der Herzerkrankungen waren. Die Untersuchung fand fern der Front statt; unter all den namhaften Herzspezialisten befand sich kein Psychologe, Psychiater oder Frontarzt. Frontärzte beschränkten sich auf eine einfache Diagnostik, und auf dem Gebiet der Herzerkrankungen war eine objektive Feststellung auch kaum möglich. Die eine Diagnose lautete gestörte Herztätigkeit oder »Soldatenherz«, die andere, im Falle von Geräuschen, Herzklappenfehler; auf diese beiden Kategorien wurden sämtliche Beschwerden wie Erschöpfung, Atemnot, Herzklopfen und Schwindelgefühle reduziert.

Nach Ansicht englischer Kardiologen war das Herz der Meister des Blutkreislaufs. Wurde es belastet, so dehnte der Herzmuskel sich weiter aus und zog sich stärker zusammen. Der Herzmuskel war die Sehne eines Bogens, das ausgepumpte Blut der Pfeil, der um so schneller wurde, je stärker der Bogen gespannt wurde. Ein angegriffenes Herz war ein Organ, das infolge verschiedener äußerer Ursachen an Kraft und Funktion eingebüßt hatte, nicht jedoch durch strukturelle Schädigungen am Muskel selbst.

Harvey, der Entdecker des Blutkreislaufs, hatte sein großes Werk über die Funktionsweise des Herzens damit eingeleitet, daß er das Organ mit dem englischen König Karl I. und mit der Sonne verglich, als dem Zentrum des Lebens und Souverän des Körpers. Daß das Herz nicht Herr, sondern Knecht war, den Forderungen anderer Organe unterworfen, von einem Nervensystem gesteuert, das willkürlich anregen oder bremsen konnte, war eine Auffassung, die sich erst lange nach dem Ersten Weltkrieg und außerhalb Englands durchsetzen sollte.

Die Mediziner in England waren scharfe Beobachter, die das »Soldatenherz« zwar gut beschreiben, jedoch schwerer erklären konnten. Einer von ihnen, der Amerikaner Levine, berichtete später, daß es unter ganz unterschiedlichen Bedingungen auftrat — manchmal bei der Musterung, häufiger im Feld, manchmal aber auch erst nach Jahren im Schützengraben.

Er stellte es häufiger bei Briten als bei Amerikanern fest, da erstere längeren Kämpfen und größerer Erschöpfung ausgesetzt waren, und machte konstitutionelle Ursachen dafür verantwortlich. Die Patienten waren oft Männer, die bereits im Zivilleben nervöse Beschwerden gezeigt hatten und dann unter der Belastung des Krieges erkrankten; manchmal jedoch fehlte jegliche Vorgeschichte. Die Symptome machten den Patienten untauglich für den Frontdienst und stellten sich meist wieder ein, wenn nach einem Urlaub ein erneuter Fronteinsatz folgte. Eine strengere Musterung hätte einem Teil der Soldaten dieses Leiden ersparen können, dessen weiteren Verlauf Levine ungünstig einschätzte.

Sein englischer Kollege Mackenzie, der Vorsitzende der Untersuchungskommission, untersuchte 1915 eine Gruppe von 2000 britischen Soldaten mit diesen Herzbeschwerden; er registrierte physische Erschöpfung, Ermüdung und Atemnot als Folgeerscheinungen eines angegriffenen Herzens mit Begleitsymptomen wie feuchten Händen, Depressionen und Angst. Er stellte fest, daß bei 80 Prozent eine Infektion dem Beginn der Beschwerden vorangegangen war und daß in fast allen Fällen ein Mangel an Ruhe vorlag.

Der jüngste Experte des Teams war Thomas Lewis, und er sollte zwischen den beiden Weltkriegen als Forscher wie als Kliniker die maßgebliche Autorität auf dem Gebiet der Kardiologie werden. Er war ein unabhängiger, kritischer Mediziner und begann mit Geschick und Beharrlichkeit systematisch nach den Ursachen des Soldatenherzens zu suchen. Er stellte fest, daß die Symptome mit jenen übereinstimmen, die nach schwerer körperlicher Anstrengung auftreten — der Herzschlag beschleunigt sich, der Blutdruck steigt, es kommt zu Atemnot und Schwindelgefühlen. Bei seinen militärischen Patienten genügten schon geringe Anstrengungen, um die Beschwerden auszulösen. Die Anomalie lag nicht in einem typischen Symptomkomplex, sondern in den Umständen des Auftretens — bei geringer Anstrengung —, und so benannte er das Soldatenherz in Effort-Syndrom um und verfaßte darüber eine Monographie zur Instruktion von Feldärzten. Er erkannte schon bald, daß diese Bezeichnung eine äußerst heterogene Ansammlung von Patienten umschloß. Es waren die körperlich Schwachen und Schlaffen, aber auch Gesunde nach extremer Erschöpfung an der Front und ebenso Soldaten nach einer schweren Infektionskrankheit, nach einer Gasvergiftung oder mit einem nicht erkannten Herzleiden, kurzum ein breites Spektrum möglicher Ursachen, die zu einer einzigen Beschwerde führten: geringe Belastbarkeit.

Was getan werden konnte, wurde getan, mit primitiven Röntgenuntersuchungen und Elektrokardiographie, doch tatsächliche Anomalien wurden selten festgestellt. Die Behandlung mit den damals verfügbaren Herzmedikamenten erbrachte keine Besserung; die war nur zu bewirken durch eine mehrmonatige lockere Rekonvaleszenzzeit mit Märschen, Musik und Sport. Die Hälfte der Patienten war danach wieder einigermaßen belastbar; allerdings stellte sich bei einer Nachuntersuchung 1925 heraus, daß nur jeder siebte völlig wiederhergestellt war, wenngleich sich bei den anderen kein ernstes Herzleiden entwickelt hatte. Auf die Frage nach der wahrscheinlichsten Ursache meinte Lewis, wie sein Lehrmeister Mackenzie, eine Infektion sei der Auslöser, wenn nicht sogar die Ursache. Lewis und sein Team sorgten für die Anerkennung des Syndroms und die Zuerkennung einer Kriegsrente.

Das amerikanische Forscherteam mochte sich den britischen Schlußfolgerungen nicht anschließen, hatte jedoch erst später mit den Untersuchungen beginnen können und verfügte über weniger Kriegserfahrung. Infektionen und Konstitution schienen keine ausreichende Erklärung; die Folgerung der Amerikaner lautete, das fragliche Syndrom sei eine durch Angst ausgelöste Neurose und verschwinde, wenn die auslösende Ursache beseitigt werde; es könne geheilt werden, wenn der neurotische Zustand behandelt werde. Die Amerikaner erinnerten sich an ihre jüngere Geschichte, den Bürgerkrieg, der ein Vorgeschmack auf den Ersten Weltkrieg war und in dem beide Seiten insgesamt eine halbe Million junger Menschen in ebenso schrecklichen Kämpfen verloren hatten.

Bereits während dieses Bürgerkriegs hatte man in Feldlazaretten eine große Zahl von Soldaten mit einem neuen Syndrom von Müdigkeit, Atemnot und Herzklopfen erlebt, das einer Überanstrengung des Herzmuskels zugeschrieben wurde. Ein englischer Militärarzt führte es auf das schwere Gepäck von 60 Kilo zurück und auf die Koppelriemen, die die Durchblutung behinderten; daraufhin wurden die Tragriemen geändert. Die gründlichste Analyse stammte von einem bekannten Arzt aus Philadelphia, Da Costa, der während des Bürgerkriegs an einem militärischen Notlazarett tätig gewesen war. Er beschrieb den schnellen Herzschlag im Ruhezustand, der zusammen mit Atemnot und unangenehmen Empfindungen in der Herzgegend häufig nach einer Periode schweren Dienstes auftrat, manchmal jedoch auch schon vor dem Krieg vorhanden gewesen war. Solche Fälle hatte er auch bei Zivilisten beobachtet, die sonst keine objektiv feststellbaren Abweichungen aufwiesen. Es war ein Krankheitsbild ungeklärten Ursprungs, mit deutlichen klinischen Symptomen, die zu Invalidität führten, jedoch nicht lebensbedrohend waren. Er gab ihm den neutralen Namen Reizherz. Seine Nachfolger sollten vom Da-Costa-Syndrom sprechen, es nach dem Weltkrieg jedoch in neurozirkulatorische Asthenie, d.h. Nerven- und Kreislaufschwäche, umbenennen.

Als die Militärärzte ihre Zivilpraxis wiederaufnahmen, stellten sie plötzlich das frühere Soldatenherz bei Zivilisten und vor allem bei Frauen fest, ohne die Begleitumstände von Krieg, Infektionen oder Todesgefahr. Eine Bestandsaufnahme ergab, daß es sich in erster Linie um junge Frauen von etwa fünfundzwanzig und oft um ein familiäres Leiden handelte. Emotionen, große Menschenansammlungen und Anstrengungen lösten die Beschwerden aus. Sie verschwanden manchmal durch Beruhigung und gute Pflege, wenngleich es auch hartnäckige Fälle gab. Das Syndrom tauchte im Zweiten Weltkrieg in gemäßigter Form wieder auf; Lewis' Nachfolger Paul Wood kam nach eingehenden Untersuchungen zu dem Schluß, daß die Beschwerden nicht durch Anstrengungen ausgelöst würden, wie sein Lehrmeister meinte, sondern durch Angst, ein an neurotische Persönlichkeiten gebundenes Reaktionsmuster. Das Anstrengungssyndrom kam im Kampfanzug daher, die Herzneurose in Nylon. Wood war der Ansicht, daß Frauen, Juden und Italiener emotionaler seien als Männer, Briten oder Schotten und deshalb häufiger darunter litten, und überließ die Behandlung gern Psychiatern und Psychologen. Die aber meinten im Gegensatz zu ihren Kollegen von der Kardiologie, daß diesem Syndrom eine fundamentale Persönlichkeitsschwäche, ausgelöst durch Konflikte in der Kindheit, zugrunde liege. Im Museum der Londoner Royal Postgraduate Medical School hängt das Bild eines Mannes mit Soldatenherz, im Ersten Weltkrieg gemalt; eine Reproduktion findet sich in Paul Woods berühmtem Lehrbuch der Herzkrankheiten. Es ist ein langer, magerer Bursche mit gesenktem, starrendem Blick, leicht gebeugt in apathischer Haltung, die großen Hände auf den Knien ruhend — der Inbegriff von Schwäche, Resignation und Müdigkeit. Das Bild, schreibt Wood, sagt mehr als jede Beschreibung.

Das »Soldatenherz« kam aus dem Krieg, nicht mehr als Quell der Tapferkeit, sondern als Symbol körperlicher und geistiger Erschöpfung und Schwäche. Es war das Herz eines Menschen, der den Kriegsanstrengungen nicht gewachsen war, ein versagendes Herz, das nicht Herr, sondern Opfer des Schlachtfelds geworden war. Der Leutnant und Dichter Siegfried Sassoon beendet sein Gedicht *Before Day,* geschrieben im Jahr der Sommeschlacht, mit den bekannten Zeilen:

For I am lone, a dweller among men,
hungered for what my heart shall never say.

Die Psychologie hat uns gelehrt, daß Streß oder psychische Belastung individuell sehr unterschiedlich empfunden werden. Was dem einen Last ist, ist dem anderen Herausforderung, und im Grunde geht es darum, wie jeder seine Last trägt. Krieg, Hunger und Unterdrückung setzen eine ganze Gesellschaft unter Druck, doch alle Erfahrung lehrt uns im nachhinein, wie unterschiedlich die Verarbeitung sein kann — früher oder später. Es ist eher ein Wunder, daß Menschen ungebrochen und unversehrt aus Schützengräben oder Lagern zurückgekehrt sind, als daß ihr weiteres Leben dadurch gezeichnet und zerstört wurde.

An der Front und im Schützengraben war die Angst natürlich allgegenwärtig, aber auch deren Verdrängung, die Schicksalsergebenheit oder der Selbsterhaltungstrieb, der einem Eingeständnis dieser Angst keinen Raum ließ. Oft war der Preis fürs Überleben die Abstumpfung aller Gefühle. Dennoch kriecht das Blut, wo es nicht gehen kann, und die unausgesprochene Angst muß sich einen Ausweg in der Körpersprache gesucht haben, deren Äußerungen —

die Erschöpfung, erhöhte Pulsfrequenz und Atemnot des Soldatenherzes — akzeptiert wurden. Diese Beschwerden machten den davon Betroffenen für den Frontdienst untauglich, und das war wichtiger als eine genaue Diagnostik. Das Etikett »gestörte Herztätigkeit« befreite Arzt und Einheit auf ehrenhafte Weise von Untauglichen.

In meinem Exemplar von Lewis' Buch über das Soldatenherz sind einfache Regeln für den Militärarzt eingeklebt. Demnach hatte ein Mann, der nicht auf jedem Bein zwanzigmal ohne Beschwerden einen Dreisprung machen konnte, ein Anstrengungssyndrom oder Soldatenherz. Mögliche Ursachen dafür waren Infektion, Konstitution, Erschöpfung, schlechte Ernährung oder Herzklappenfehler; Feigheit, Angst oder neurotische Störungen wurden dagegen weder vermutet noch unterstellt. Amerikanische Ärzte — der späte Kriegseintritt Amerikas bedeutete zwar keine Schonung an Material, dafür aber an Leben — sprachen danach von Herzneurose, wiesen jedoch auch auf die außergewöhnlichen Umstände hin.

Die bedrängte Seele sucht sich auch in der Körpersprache ein Ventil durch Mimesis, die Imitation körperlicher Beschwerden. Charcots und Freuds hysterische Patienten imitierten in ihren Leiden und Anomalien eine neurologische Störung, und die Aufdeckung dieses psychischen

Mechanismus war ein großer Schritt. Damals gab es weniger Herzerkrankungen als heute, doch wenn sie auftraten, dann vor allem bei jungen Menschen mit Herzklappenschädigungen als Folge akuten Rheumas in der Kindheit. Deren Merkmale waren Herzklopfen, Herzgeräusche, Atemnot und Müdigkeit, doch die richtige Diagnose war häufig nur ein Zufallstreffer, wie bei Gustav Mahler, und hatte wenig Konsequenzen. Zwischen den beiden Weltkriegen hört man nur noch wenig vom Soldatenherz; bei der Rekrutierung für den Zweiten Weltkrieg wird strenger gemustert, und viele scheiden wegen psychischer Defekte aus.

Das Soldatenherz des Ersten Weltkriegs überlebt den Zweiten nicht. Als Zufluchtsort für Angst oder Erschöpfung und mangelnde Belastbarkeit hat es ausgedient, denn inzwischen kann es auf vielerlei Weise gründlich untersucht werden. So werden Verengungen der Herzkranzgefäße und Herzklappen aufgespürt, Störungen des Herzrhythmus und der Pumptätigkeit, aber kein Soldatenherz.

Der einzige Zusammenhang, der noch zwischen Herzleiden und Seele hergestellt wird, stammt aus Amerika; danach gibt es eine Persönlichkeit, die durch ihr Verhalten einen Herzinfarkt sozusagen anzieht. Es ist der ewig gehetzte Mann, der sich in verbissenem Wettlauf mit der Zeit befindet — und so in sein Unglück rennt. Dieser Persönlichkeitstyp entstand nicht an der Somme, sondern am Pazifik, im reichen Kalifornien der sechziger Jahre. Man deutete ihn als Anpassung an eine weiße Geschäftswelt voller Konkurrenz, Hetze und Aggression, die mit frühzeitigem Herzinfarkt und frühem Tod bezahlt werden müsse. Dieser Persönlichkeitstyp schien jedoch kultur- und zeitgebunden. Er ließ sich offensichtlich nicht nach Europa exportieren, wo Herzinfarkte nicht an erster Stelle bei Managern, sondern bei deren Untergebenen auftreten. Während sich die Welt immer schneller zu drehen scheint und die Anforderungen in bezug auf Zeit und Leistung immer höher werden, sinkt in allen westlichen Ländern der Herzinfarkt mit oder ohne Todesfolge, denn das Herz ist eine reparable Pumpe.

Krankheitsbeschreibung ist in der Medizin das Ordnen von Erfahrungen, meist mit Hilfe der biologischen Meßlatte. Es ist nicht das einzige oder vollkommene, doch mangels eines besseren immerhin ein brauchbares Instrument. Biologische Phänomene und Gesetzmäßigkeiten, die beim Kranken wie beim Gesunden beobachtet werden, werden auch als biologischer Mechanismus verstanden und erklärt. Die Krankheit mag zwar einen biologischen, in sich geschlossenen Komplex darstellen, aber es gibt auch den Kranken mit Angst, Schmerzen, magischer

Erwartung, Abwehr und Hoffnung. Eine reduzierende biologische Erklärung hat zwar sehr viel zur Entwicklung der Medizin beigetragen, macht diese damit aber noch nicht zur angewandten Biologie.

Auch in dieser biologischen Erklärungsweise steckt noch eine subjektive Schwerpunktsetzung, die häufig durch die Länge unserer Meßlatte bestimmt wird. Die Klinik verband zu Beginn des neunzehnten Jahrhunderts Beschwerden und Anomalien mit Beobachtungen nach dem Tod, der Leichenschau. Der tödliche Verlauf vieler akuter Erkrankungen ermöglichte schon bald die Organpathologie, bei der die Wurzel der Krankheit durch das Seziermesser freigelegt wird.

Der Tod vermochte freilich nicht alles über das Leben zu erklären, und schon gar nicht über Funktionsstörungen wie hohen Blutdruck, Zuckerkrankheit oder Schilddrüsenerkrankungen. Infektionskrankheiten konnten erst erkannt und typisiert werden, nachdem man ihre bakteriellen Erreger entdeckt hatte, eine individuelle Ursache für jede Krankheit. Hier ist keine Ordnung gegeben wie in der Natur, wo Linné seine Pflanzengattungen beschrieb, sondern eine sich ständig ändernde Klassifizierung von Krankheitsbildern, deren Ursache manchmal bekannt ist, häufiger aber nur vermutet wird. Und selbst wenn die Ursache bekannt und singulär ist, können Krankheitsbilder sich in der Praxis noch ähneln, was Beschwerden, Verlauf oder Dynamik anbelangt. Die Krankheitsklassifikation zielt in erster Linie darauf ab, mit der Diagnose auch eine Behandlung beginnen zu können. Es ist keine willkürliche Einteilung, aber auch keine objektive Realität, und mein dänischer Kollege Wulff meint sogar, eine Diagnose sei eine Sache der Überzeugung.

Und Überzeugungen ändern sich, wenn Krankheiten sich in neuer Form manifestieren. Magen-Darm-Geschwüre und Tuberkulose treten in einer anderen Gesellschaft auf als vor hundert Jahren und präsentieren sich auch anders. Krankheiten im hohen Alter, das früher nur von wenigen erreicht wurde, manifestieren sich anders als in mittleren Jahren. Daher ist es nicht verwunderlich, daß jede Zeit ihre eigenen Krankheitsbilder hervorbringt, klassifiziert und manchmal deutet. Freud und Charcot taten das für die Hysterie, aber ihre Patienten und Deutungen gehören zur Welt von gestern und haben kaum mehr Gewicht.

Auch das Soldatenherz ist mit den Veteranen von Verdun und der Somme zu einer Erinnerung verblaßt, ein vergilbtes Etikett. Wir scheinen klüger zu sein und begrenzen die Liste ungeklärter Erkrankungen, da wir unsere Krankheitsursachen dank der Molekularbiologie bald auf der Ebene der Zelle und der Zellsysteme erklären werden. Der Mensch ist jedoch mehr als die Summe seiner Zellen, Gewebe und Organe, und sein Leben ist nach den Worten des berühmten Forschers Bichat, der Guillotineopfer als Forschungsobjekte benutzte, die Gesamtheit der Kräfte, die sich dem Tod widersetzen. Diese Kräfte werden vom Kopf mobilisiert, denn sonst könnte das Herz nicht dazu angeregt werden, sich zusammenzuziehen. Aus diesem Widerstand der Kräfte, der geistigen wie der körperlichen, entstehen neue Krankheitsbilder, die manchmal überraschende Übereinstimmungen mit älteren aufweisen. So fand auch das Soldatenherz einen Nachfolger in einem neuen, mit ihm verwandten Anstrengungssyndrom, und wieder ist es britischen Ursprungs.

Es begann 1955, in einer großen Londoner Universitätsklinik, wo etliche Dutzend Patienten und Hunderte von Krankenschwestern über Unwohlsein, Muskelschwäche und extreme Müdigkeit zu klagen begannen, ein Erschöpfungssyndrom, das ihnen buchstäblich den Boden unter den Füßen wegzog. Bei vielen hielten vor allem die Symptome von Müdigkeit und Muskelschwäche bei Anstrengung jahrelang an. Spezialisten nahmen sich der Sache an: Die Virologen suchten nach einem Virus, die Psychiater vermuteten Hysterie, doch für beides ließen sich keine überzeugenden Argumente finden. Die Opfer, denen man Faulenzerei vorwarf, reagierten empört und gründeten eine Interessengemeinschaft, der sich Tausende, in der Mehrzahl junge Frauen, anschlossen. Sie hatten zumeist jahrelang hart gearbeitet, im Pflegedienst, im Büro oder in anderen Bereichen, und kamen nach einer manifesten oder nicht manifesten Infektionskrankheit nicht mehr auf die Beine. Sie glaubten, an einer schleichenden Virusinfektion zu leiden, wie sie bei bestimmten Formen der Gürtelrose und Leberentzündung vorkommen kann, und lokalisierten sie im Gehirn und in den Muskeln, als chronische myalgische Enzephalitis. Bei einigen Patienten fand man Antikörper gegen das Pfeiffersche Drüsenfieber, bei anderen Anomalien in der Reizleitung der Beinmuskeln, aber nie waren die Befunde eindeutig oder komplett.

Die Unsicherheit einiger Forscher verstärkte bei den Opfern das Gefühl, sie würden diskriminiert, und so wurden die Interessengemeinschaften kämpferischer, denn es ging schließlich um den Arbeitsplatz, um finanzielle Zuwendungen und die Anerkennung als Berufskrankheit. Sie mobilisierten eine Reihe von Ärzten für ihre Forderungen, aber auch wiederholte, gründliche Untersuchungen mit neuen Techniken förderten keinen Virus, keine Gehirn- oder Muskelentzündung zutage, obwohl diese ebensowenig ein für allemal ausgeschlossen werden konnten. Auch die Kurukrankheit bei den Menschenfressern Neuguineas war vom Entdecker des Virus, das das Gehirn angreift, anfänglich für eine Form von Massenhysterie gehalten worden.

Für den Kranken ist chronische myalgische Enzephalitis ein unverkennbarer Krankheitskomplex, der als Erkennungszeichen die Abkürzung CME erhalten hat, ähnlich wie Tbc früher und AIDS heute. Es ist eine Erkrankung mit dem gleichen Verlauf wie beim Soldatenherz, eine chronische Belastungsunfähigkeit aufgrund von Muskelmüdigkeit und Schwindelgefühlen, die häufig nach einer Infektion auftritt und von den Ärzten anfänglich auch auf eine solche zurückgeführt wurde, nicht anders, als Lewis und Mackenzie das siebzig Jahre zuvor auch getan hatten.

Wer in der Öffentlichkeit Zweifel an der Möglichkeit einer chronischen Virusinfektion äußert, kann mit dem aktiven Widerstand zahlloser Patienten und ihrer Interessenvertreter rechnen, in England nicht anders als in den Niederlanden. Das steht einer sachlichen Annäherung an das Syndrom im Wege, dessen Ursache wir nicht kennen, bei dem aber wie beim ermüdeten Soldatenherz psychische Komponenten die Hauptrolle spielen. Deren Leugnung steht einer Identifizierung und eventuellen

Behandlung im Wege, so mühevoll sie auch sein mag.

Kranke bedienen sich in ihrer Krankheit häufig einer künstlichen Sprache, da sie nicht richtig sagen können, was ihnen fehlt, zumindest nicht in Begriffen, die der Arzt versteht und deuten kann. Das kann nicht nur das Herz, sondern auch der Kopf, der Rücken oder der Magen sein, und so sagte ein alter Berliner Magen-Darm-Spezialist schon 1900, auch der Dickdarm könne weinen. Der Herzmuskel des Soldaten und die Beinmuskeln der Krankenschwester haben Gründe, die der medizinische Verstand nicht kennen kann oder will. Die Körpersprache ist eine mehrdeutige Sprache und nur für den verständlich, der zuhören kann.

EXTREME MIT
MANN UND MESSER

Das perfekte Verbrechen

Der Messerstich saß perfekt. Die Waffe selbst, ein einfaches französisches Küchenmesser mit einem Holzgriff und einer zwanzig Zentimeter langen Klinge, war gerade lang genug, um tief in den Brustkorb einzudringen. Die Spitze schob sich zwischen den obersten Rippen rechts neben dem Brustbein in den Körper und glitt von dort nach links unten. Der rechte Lungenflügel und die Lungenarterie wurden durchbohrt, das Herzohr getroffen, und schließlich riß die Aorta dicht an ihrem Ursprung.

Die massive Blutung führte innerhalb weniger Sekunden zum Tod und ließ dem Opfer gerade noch Zeit zu einem Hilfeschrei, der an jenem warmen Sommerabend durch die offenen Fenster auch von den Nachbarn vernommen wurde. Die Freundin des Opfers und ein benachbarter Arzt versuchten, das hervorschießende Blut zu stillen, doch es war bereits zu spät. Die äußeren Umstände für einen tödlichen Messerstich waren günstig. Das Opfer war von kleiner Statur und saß fast aufrecht, mit entblößtem Oberkörper, in einem Badezuber. Die Person, die zustach, stand aufrecht neben der Wanne und konnte das Messer mit voller Wucht in den Körper stoßen. Die Leichenschau am nächsten Morgen ergab, daß das Opfer durch den Riß der großen Gefäße im Brustkorb verblutet war.

Es war ein vorsätzlicher Mord, aber auch einer aus Leidenschaft, perfekt ausgeführt von einer ungeübten Frauenhand. Die Frau kannte das Opfer nur dem Namen nach; es war der Name einer Bestie, wenngleich manche den Volksfreund Nummer eins in ihm erblickten. Charlotte Corday, Jungfrau, ist die Scharfrichterin des Mörders und Opfers Jean Paul Marat, und nach jenem warmen Sommerabend des 13. Juli 1973 wird sie untrennbar mit ihm verbunden in die Geschichte eingehen.

Über Charlotte Corday gibt es, was ihr Leben anbelangt, wenig zu berichten. Sie starb, fünfundzwanzig Jahre alt, unter der Guillotine, nach einem unspektakulären Landleben in der Normandie, das mit dieser Reise in die Hauptstadt endete. Sie entstammte dem verarmten Landadel, wuchs in Anstand und Armut in der Nähe von Caen auf, zunächst auf dem Bauernhof der Familie, später in der Stadt selbst, wo ihre Mutter und ihre ältere Schwester in einer ärmlichen Behausung früh starben, so daß sie schon als Fünfzehnjährige die Familie versorgen mußte. Sie besuchte die Klosterschule, die für junge Töchter aus gutem, aber mittellosem Hause gegründet worden war. Dort las sie die Klassiker, Rousseau und ihren entfernten Vorfahren Corneille, tat Gutes und wurde im Glauben erzogen. Soweit wir wissen, war sie kräftig gebaut, gesund und mit ihrem offenen, frischen Gesicht, der hellen Haut und dem kastanienbraunen Haar nett anzuschauen.

1789, als der dritte Stand sich aus den Generalständen zurückzog, sich von Klerus und Adel trennte und die Nationalversammlung gründete, um Frankreich eine Verfassung zu geben, beschloß Charlotte Corday, Nonne zu werden. Das eine schien mit dem anderen nicht unvereinbar, denn laut der im August 1789 verkündeten Erklärung der Menschenrechte sollte auch die Freiheit der Religion gewährleistet sein.

Die Nationalversammlung spaltete sich schon bald in mehrere Parteien auf, von denen jede die Macht für sich beanspruchte. Eine permanente Revolution begann, die schließlich in allgemeinen Terror münden sollte, bis am Ende, im Juli 1794, zuletzt auch der Kopf Robespierres unter der Guillotine rollte. Bereits im Sommer 1789 kam es auf den Straßen zu Aufruhr und Anarchie mit Raub, Mord und Willkür, und das nicht nur in Paris. In Caen wurde ein arroganter Leutnant eines königlichen Regiments von der Menge gelyncht, die ihm das

Herz aus der Brust riß, den Kopf abschlug und diesen auf einen Stock gespießt zum Kloster trug, um ihn der Äbtissin zu zeigen.

König und Königin wurden in den Tuilerien gefangengehalten, der Adel wurde abgeschafft und der Besitz der Kirchen eingezogen. Die Jakobiner ergriffen die Macht in Stadt und Land, die gemäßigten Girondisten wurden unterdrückt, und ihre faktische Ausschaltung im Juni 1793 durch Marat ist zugleich das Fanal zu allgemeinem Terror, kurz vor dessen eigenem Tod. Es gab Hunger und Mangel, und an den Grenzen herrschte ein ungünstig verlaufender Krieg.

1791, als alle Klöster geschlossen wurden, kehrte Charlotte Corday auf den Bauernhof ihres Vaters zurück, um später als Gesellschafterin zu einer alten Tante zu ziehen und das Leben einer alten Jungfer zu führen. Die Ereignisse in Paris waren Gegenstand heftiger Diskussionen, und Zeitgenossen zufolge soll Charlotte mit den Girondisten und ihrer gemäßigten politischen Philosophie sympathisiert haben. Nach Caen, zwei Tagesreisen von Paris entfernt, war jedoch noch kaum etwas von der überall sonst wütenden Gewalt gedrungen, wenngleich man auch dort darauf gefaßt war. Das Lager der ausländischen Feinde drohte, in Paris einzumarschieren, falls dem mittlerweile im Temple gefangengehaltenen König auch nur ein Haar gekrümmt werde. Die Voksversammlung war in sich zerstritten, und so, ohne Führung, entstand ein Machtvakuum, das von der Pariser Kommune gefüllt wurde. Diese von Marat inspirierte Stadtregierung beglich offene Rechnungen gern mit Hilfe gedungener Verbrecher, die sich aus den Armenvierteln des Südens, vor allem aus Marseille, rekrutierten. Das Blut-und-Boden-Lied, das sie sangen, war ein paar Jahre zuvor von einem honetten Fähnrich der französischen Armee komponiert worden und trat seinen Siegeszug als Nationalhymne von der Gosse aus an. Die Mutter des Komponisten schämte sich für die Marseillaise, und er selber kam für Jahre ins Gefängnis. Marat, als Journalist die Personifikation der Volkswut, konnte jetzt in die Tat umsetzen lassen, was er jahrelang gepredigt hatte. Gedungene Banden nahmen nach einem genauen Plan drei- bis viertausend politische Gegner fest und ermordeten sie. Der Sicherheitsausschuß stellte diese Listen zusammen und riß systematisch den Besitz der Opfer an sich, die Geistliche und Adlige waren, in erster Linie aber einfache Bürger. Der Pöbel stürmte die Gefängnisse, wo 1500 Männer, Frauen und Kinder auf grauenvolle Weise niedergemetzelt wurden. Die Septembermorde des Jahres 1792 dauerten eine Woche; danach lag die Macht in den Händen einer neuen, unheiligen Dreifaltigkeit — Marat, Danton und Robespierre —, deren Schicksal es war, in der von ihnen entfesselten Gewalt selbst unterzugehen. Im Dezember 1792 folgte der Prozeß gegen den König und am 21. Januar 1793 seine Hinrichtung. Ludwig XVI. mag ein schwacher Fürst gewesen sein, war aber weder verhaßt noch ein Tyrann, und seine Hinrichtung spaltete die Franzosen endgültig. Schließlich kann man die Monarchie verwünschen, ohne gleich den König zu enthaupten.

Die geschwächten Girondisten versuchten, Marat anzuklagen, scheiterten indes und wurden aus der Nationalversammlung gejagt. Sie bemühten sich, in der Provinz Unterstützung gegen die Schreckensherrschaft in Paris zu finden, die die Ideale der Revolution für Macht und Gewalt verriet. Auch in der Normandie scharten die Girondisten Truppen hinter sich, um nach Paris zu marschieren und zu verhindern, daß die Jakobiner die Macht ganz an sich rissen.

In jenem Frühjahr 1793 muß in Charlotte Corday der Plan gereift sein, ein Fanal zu setzen und das Symbol dieses blutigen Terrors, Marat, zu ermorden — am besten in aller Öffentlichkeit, im Sitzungssaal des Nationalkonvents. Unter dem Vorwand, sich bei einem Pariser Abgeordneten für die Pension einer Freundin einsetzen zu wollen, reiste sie mit der Kutsche nach Paris, bezog Quartier in einem einfachen Hotel, schrieb einen Brief an das französische Volk und steckte ihn sich am darauffolgenden Tag zusammen mit dem eigens angeschafften Küchenmesser ins Korsett. Marat lebte dort, wo heute die massiven Gebäude der medizinischen Fakultät stehen, im Quartier des Cordeliers, einem alten Viertel am linken Seineufer. Er wohnte in einer schmalen Straße in der ersten Etage einer Wohnung, die man über eine Steintreppe erreichte. Mit ihren sieben Zimmern, den offenen Kaminen und dem vielen Marmor war es eine großzügige Wohnung, die der Bewohner, seine Freundin und zwei weibliche Familienangehörige jedoch in einen verschmutzten und verwahrlosten Zustand hatten geraten lassen. An jenem verhängnisvollen 13. Juli, einem Sonnabend, bat Charlotte Corday dreimal darum, empfangen zu werden, um über eine Verschwörung in Caen zu berichten, und wurde am Abend schließlich vorgelassen. Sie hatte sich wie für ein Fest gekleidet, ihr Haar frisieren lassen und einen schwarzen Hut mit grünen Bändern aufgesetzt, den sie auf allen späteren Bildern trägt. Marat arbeitete, in der Wanne sitzend, an Artikeln für seine Zeitung und empfing so auch Besucher. Er wurde von Haut- und Gelenkleiden geplagt, die das Bad ein wenig linderte, und Besucher konnten von einem Hokker aus mit ihm sprechen. Die Begegnung zwischen Charlotte Corday und Jean Paul Marat war kurz. Sie berichtete von dem Aufstand in Caen, und Marat fragte sie nach Namen von Girondisten, die er alsbald auf die Guillotine schicken wolle, eine Aussicht, die ihn kichern ließ. Er schrieb sich ihre Namen auf, legte die Feder auf das Schränkchen neben der Wanne und muß dann das Messer gespürt haben.

Marats Ende kam weder unerwartet noch unverdient, war er doch der Goebbels seiner Zeit. Er war ein gebildeter, sprachkundiger Mann mit guter Ausbildung und Verfasser einer stattlichen Zahl von naturwissenschaftlichen Büchern. Seine Ambitionen wurden allerdings nicht honoriert; keine wissenschaftliche Gesellschaft nahm ihn auf. Der fanatische Student aller Naturwissenschaften wanderte durch Europa, lebte eine Zeitlang in England und den Niederlanden und erwarb sein Arztdiplom in Schottland. Nach diesen Wanderjahren trat er in die Dienste des Grafen Artois, des Bruders des Königs, und eröffnete eine leidlich gut laufende Arztpraxis. Dabei legte er mehr Interesse für das Labor als für die Patienten an den Tag, doch seine wissenschaftliche Arbeit fand nirgends Anerkennung, und so entwickelte er mit der Zeit einen Haß und Wahn gegen alles und jeden, der ihm den verdienten Ruhm vorenthielt. Er verlor seine Stellung und Praxis, vernachlässigte sich selbst und schien von blutigen

Rachegelüsten besessen. Die Revolution bot ihm endlich Gelegenheit, sich hervorzutun, aber auch da machte er sich mit seinen fast dämonischen Haß- und Rachegefühlen Feinde. Er war ein Einzelgänger, vielfach geringgeschätzt und verfolgt, kein Mitglied einer Fraktion oder Partei, und ein Menschenverächter. Er war klein und häßlich gebaut und zudem durch eine schilfernde Hautkrankheit, vermutlich Psoriasis oder Herpes in fortgeschrittenem Stadium, verunstaltet. Grob im Umgangston und schlecht gekleidet, flößte er eher Furcht als Ehrfurcht ein. Er lebte verborgen in dem Gewirr mittelalterlicher Straßen und Gassen des alten Paris inmitten anderer Revolutionäre, häufig auf der Flucht und für seine Gegner schwer greifbar, von einer treuen Freundin, Simone Evrard, versorgt, die ihm Obdach und Unterschlupf gewährte und ihn versorgte, ohne seine politischen Ambitionen zu teilen. Ihre Treue — Marats Todesschrei galt Simone — ist eines der wenigen menschlichen Dinge, die in diesem Leben zu entdecken sind.

Marats Ruhm begann mit dem Aufstieg des neuen Kommunikationsmittels, der Zeitung. Sein Blatt, *l'Ami du Peuple,* nennt sich Boulevard der Freiheit und ruft auf zu Taten, Rache und Blutvergießen in einer nicht enden wollenden Reihe sich selbst erfüllender Prophezeiungen. Es machte ihn in ganz Frankreich bekannt, gefürchtet und verhaßt. Als die Pariser Kommune durch den Sicherheitsausschuß den Mob auf seine Feinde hetzte, konnte er die Macht der Feder durch jene des Terrors und der Volkswut ersetzen. Bei allem Straßenterror und Blutvergießen, an dem er selbst beteiligt war, war sein Tod im Bad doch ein bestürzendes Ereignis. In Wort und Schrift hatte Marat sich häufig als Märtyrer angeboten, lief mit einer für jedermann sichtbaren Pistole herum und drohte sich im Falle einer Anklage durch die Girondisten eine Kugel in den Kopf zu jagen. Als Nihilist kannte er die blinde Gewalt, die auch ihn treffen konnte, und war darauf gefaßt. Daß eine gottesfürchtige Klosterschwester aus dem fernen Caen ihn eines Samstags abends im Bad niederstechen könnte, spottete jeglicher Vorstellung.

Interessant wird diese Vorstellung — damals wie in späteren Jahren — durch die Verzerrung seiner Zeitgenossen und der Nachwelt. Marats Tod wird tags darauf, am 14. Juli, in Paris bekannt, wenngleich lückenhafte Informationen die unterschiedlichsten Gerüchte in Umlauf setzen. Der Nationalkonvent gedenkt seiner noch am selben Tag als Märtyrer und beauftragt den berühmten Revolutionsmaler Jacques Louis David damit, den Toten zu malen. Der Künstler hat Marat noch am Tag vor dessen

Ermordung aufgesucht, als dieser in derselben Wanne saß und zum Wohle des Volkes schrieb. So will er ihn festhalten, zuvor aber muß der Tote zu Zwecken der Vorstudie aufgebahrt werden. Der Arzt, der am Morgen die Leichenschau vorgenommen hat, beginnt am Sonntag nachmittag mit dem Einbalsamieren. Das Herz wird herausgenommen und soll in Marats Club des Cordeliers in einer Vase aufgestellt werden, die Eingeweide werden entfernt, die Wunde mit dem geronnenen Blut unberührt gelassen. Das bedeutet viel Arbeit für den Wundarzt Deschamps mitsamt seinen fünf Helfern, so daß er die gewaltige Summe von 5000 Pfund dafür verlangt, die die Stadt auf 1500 Pfund herunterhandelt. Marat wird in der durch die Revolution entweihten Kirche der Cordeliers aufgebahrt, deren Kloster Unterschlupf aller möglichen Extremisten geworden war. Der Verstorbene liegt auf einem Prunkbett, geschmückt mit der französischen Trikolore, zur Hälfte von einem Laken bedeckt. Der Oberkörper mit der blutigen Wunde bleibt unbedeckt. Das Bett ist mit Blumen übersät, und über seinem Kopf wird ein Eichenlaubkranz angebracht. Darunter befinden sich die Wanne und das blutige Messer; seine letzten Artikel sind noch einmal gedruckt worden und liegen in den Kapellen aus. Auf den Altarstufen liest man die Inschrift: »Marat, Volksfreund, ermordet von Volksfeinden. Volksfeinde, mäßigt eure Freude, denn Rächer werden kommen.«

Hier soll Marat einige Tage lang zur Schau gestellt werden, und dann sollen seine sterblichen Überreste durch Frankreich reisen, doch die Natur ist stärker als die neue Heilslehre. Im warmen Sommer des Jahres 1793 treten Totenflecken auf, und der Leichnam beginnt zu riechen, einer der Gründe, weshalb er hoch aufgebahrt und regelmäßig mit Kräuteressenzen und Rosenwasser besprenkelt wird. Die Verehrung nimmt schaurige Formen an, und so wird beschlossen, Marat am Dienstag im Garten des Klosters zu bestatten, in dem er seinen politischen Unterricht erteilte. Der Trauerzug zieht von sechs Uhr abends bis nach Mitternacht durch die Pariser Viertel, gefolgt von einer bunt gemischten Menge mit Musik, Fahnen, Fackeln, Gesang und Kanonenschüssen. Der Leichnam selbst, grün verfärbt und stark riechend, wird auf dem Prunkbett mitgetragen und unterwegs mit Blumen überhäuft. Nach Ansprachen im Klostergarten wird geschworen, Marats blutiges Lebenswerk fortzuführen. Eine zweite, bescheidenere Trauerfeier findet einige Tage darauf im Club des Cordeliers statt, wo sein Geist waltet und sein Herz bleiben soll. Es wird in einer herrlichen Vase aus königlichem Besitz aufbewahrt, die einen mit Edelsteinen verzierten Deckel hat.

Wenn Marat in der Vorstellung späterer Generationen eine räudige Hyäne war, dann sah die Mörderin wie die errötende Unschuld aus, ein dralles Mädel vom Lande. Sie floh nicht, sondern nahm gefaßt die Folgen ihrer Tat auf sich, deren Preis sie kannte und zu zahlen bereit war. Sie wurde festgenommen und erklärte, sie sei aus Angst vor einem von Marat entfesselten Bürgerkrieg nach Paris gekommen, um ihn zu töten und ihr Leben für ihr Land zu opfern. Sie gab sich ruhig und würdig während des Verhörs und verlor erst die Fassung, als sie den toten Marat anschauen mußte und das unbeherrschte Schluchzen von Simone Evrard ihr zeigte, daß er von jemandem geliebt worden war. Charlotte Corday wurde ins Gefängnis gebracht, um sich vor dem neuen Revolutionstribunal mit dem berüchtigten Ankläger Fouquier-Tinville zu verantworten, der ein ganzes Komplott aufzudecken hoffte. Ihr Prozeß, einen Tag nach Marats spektakulärer Bestattung, war wiederum ein Volksfest. Charlotte war überzeugt, ihrem Land durch Marats Tod den Frieden gebracht zu haben. Sie hatte einen Menschen getötet, um Hunderttausende zu retten, und opferte ihr Leben dafür gern. Dem Verteidiger wurde nahegelegt, auf Geisteskrankheit zu plädieren, aber er ließ es bei ihrer übernatürlichen Ruhe und dem Fehlen jeglicher Reue bewenden. Das Todesurteil wurde am

Ende des Vormittags gefällt und am Ende des Nachmittags unter der Guillotine vollstreckt. Es zeugte von wenig Gerechtigkeit, wurde aber immerhin schnell vollzogen. Die letzten Stunden dienten dazu, sie für ein Bild posieren zu lassen und ihr die langen Locken abzuschneiden, damit ihr Nacken für das Messer frei zugänglich sei. Sie zog das rote Hemd an, das Mörder tragen mußten, und wurde auf einem Karren, die Hände auf dem Rücken gebunden, zum Hinrichtungsplatz auf der Place de la Concorde gebracht. Aufrecht, von einem plötzlichen Gewitterregen durchnäßt, schritt sie jung, schön und selbstsicher in den Tod. Sie wurde auf ein Brett gebunden und unter das Messer gelegt, das wenige Sekunden später ihr Haupt vom Rumpf trennen sollte. Ein Henkersknecht hielt ihren Kopf der Menge entgegen und schlug auf die Wangen, die angeblich rot wurden. Es war eine unwürdige Handlung, für die der Knecht von seinem Chef Sanson gerügt wurde, einem Mitglied der Henkersdynastie, die unter Ludwig XIV. ihr Handwerk aufgenommen hatte und erst 1848, arbeitslos geworden, unterging.

Sanson war ein Beamter der neuen Republik und Förderer der Gleichheit durch das Fallbeil. Er hatte im März 1792 dem Justizminister berichtet, daß eine Exekution nach dem Gesetz einen geschickten Henker und ein mutiges Opfer erfordere, damit mit dem Schwert enthauptet werden könne. Außerdem gebe es mehr Verurteilte als Schwerter in Paris, und so forderte er ein besseres Verfahren, damit er dem Gesetz Genüge tun könne. Eine Möglichkeit dazu hatte ein menschenfreundlicher Arzt, gleichzeitig Mitglied der Volksversammlung, namens Henri Guillotin bereits genannt. Er forderte gleiche Strafen für gleiche Vergehen, die mit Hilfe einer simplen Mechanik auf die gleiche Weise vollstreckt werden sollten. Bis zu dieser Zeit wurden Aristokraten mit dem Schwert enthauptet, Bürger gehenkt und Königsmörder gevierteilt. Neben dem Galgen und dem Rad gab es noch eine Vielzahl anderer barbarischer Hinrichtungsmethoden. Eine einzige simple, mechanische Todesart, vom Staat für alle Verurteilten angeordnet, erschien menschlich und demokratisch; im Ausland waren genügend Beispiele für das mechanische Fallbeil zu finden. Mögliche manuelle Unzulänglichkeiten der Dynastie Sanson sowie die Befürchtung, Bürger würden dem Tod weniger kaltblütig entgegentreten als Aristokraten, ließen eine andere Hinrichtungsart wünschenswert erscheinen.

Ein deutscher Zimmermann fertigte das Gerät an und hoffte, mit diesem Patent noch viele französische Städte auszustatten: sichtbares Produkt der Aufklärung. Bereits vor der Inbetriebnahme im April 1792 wurde die Guillotine auf einem schönen Stich festgehalten, der die Enthauptung als sakrale Zeremonie darstellt. Das Volk wird in gebührender Entfernung gehalten, das Opfer spricht die letzten Worte mit seinem Beichtvater, der Henker durchschlägt mit abgewandtem Kopf das Seil, das das Fallbeil hochhält — und das alles inmitten einer lieblichen Landschaft. Die Wirklichkeit war anders, massiver und barbarischer, hatte mit dem Idealbild jedoch gemein, daß das Recht auf gleiche, humane und unparteiische Weise seinen Lauf nehmen und dem Volk demonstriert werden konnte, gleichgültig ob es sich nun um den König, einen Verbrecher oder das Mädchen Corday handelte. Die posthume Beleidigung Charlotte Cordays durch den Henkersknecht überschritt die ungeschriebenen Regeln des Revolutionstheaters, und im Erröten des abgeschlagenen Kopfes erblickte die Menge eine übernatürliche Antwort.

Mochte der mechanische Tod auch ein alltägliches Schauspiel sein, so stellte sich doch die Frage, ob die Seele im blutigen Kopf weiterlebte. Die Ärzte, die für die mechanische Hinrichtung eingetreten waren, fragten sich, ob die bewußte Persönlichkeit noch eine Weile im Kopf blieb. Der berühmte Xavier Bichat, ein von der Schnittstelle zwischen Leben und Tod faszinierter Physiologe, stand neben dem Schafott, bereit, zu untersuchen, ob das Herz elektrisch noch zu stimulieren sei; andere schrien den abgeschlagenen Köpfen ins Ohr, um zu sehen, ob sich irgendeine Reaktion beobachten ließe. Einige Ärzte versuchten, Kopf und Rumpf wieder aneinanderzuhalten, und meinten, Lebenszeichen zu erkennen. Für kontemplative Geister wie für Forscher galt jedoch, was Militärärzte jungen wehrpflichtigen Ärzten noch in den fünfziger Jahren unseres Jahrhunderts beibrachten: Der Tod ist eingetreten, wenn Kopf und Rumpf dauerhaft getrennt sind.

Charlotte Corday entkam den Ärzten nach ihrem Tod nicht. Sie nahmen in einem nahegelegenen Krankenhaus eine Sektion unter Aufsicht einer staatlichen Kommission vor, die von dem unvermeidlichen David geleitet wurde und bei der sich die Verstorbene als Jungfrau erwies. Ihr Leichnam landete in einem Massengrab hinter der Madeleine; der Kopf wurde vermutlich nicht begraben, sondern soll in den Besitz der Prinzessin Marie Bonaparte gelangt sein, der wir bereits begegnet sind. Sie kümmerte sich nicht nur um den Kopf von Charlotte Corday, sondern auch um den Sigmund Freuds, indem sie dem alten, kranken Psychiater zur Flucht aus dem nationalsozialistischen Wien verhalf.

Charlotte Corday beurteilte ihr Leben nach dem Nutzen, das es brachte, wie sie in einem ihrer Briefe kurz vor der Hinrichtung schrieb. Sie hatte gehofft, durch ihre Tat die Schrekken eines Bürgerkriegs zu verhindern. Ihre Familie betrachtete sie als Mörderin und verschwieg sie fortan; nach ihrem Tod brach der Terror in vollem Umfang aus und sollte noch Hunderttausende von Menschenleben fordern.

Der Kult um Marat begann unterdessen monströse Ausmaße anzunehmen. Straßen und Plätze wurden umbenannt, Bilder und Büsten tauchten auf, seine Wanne und seine Papiere wurden feierlich umhergetragen. Die Mordszene wurde in Liedern, Theaterstücken und Zeichnungen immer wieder nachgestellt, und so gewann der tote Marat, Märtyrer des Volkes, eine Reputation, die er zu Lebzeiten nicht hatte erwerben können. Kinder werden von entweihten Priestern auf den Namen Marat getauft, man schlägt in seinem Namen das Kreuz, und in Sèvres wird er in Porzellan gebrannt. Die Volksversammlung kann gar nicht anders, als Marats Märtyrertum auszunutzen, und beschließt seine Apotheose, die Ehre, im Panthéon beigesetzt zu werden. Die frühere Kirche war unter königlichem Patronat in einen klassischen Tempel umgebaut worden, geeignet, um nach der Schließung als Kirche als Pantheon, Ruhestätte für die Helden der Freiheit, zu dienen.

Voltaires, Mirabeaus und Rousseaus Reste wurden dorthin verbracht, und auch Marat sollte dort ruhen. Dieser hatte seine Unsterblichkeit nur zum Teil sich selbst zu verdanken. Der Regisseur seines Begräbnisses, David, war auch der Schöpfer des Bildes, das ihn selbst und Marat berühmt machen sollte. Er malt den toten Marat im Bad, Gänsekiel und Papier noch in der Hand und der Brief von Charlotte Corday, mit dem sie seine wohlwollende Unterstützung erbittet, auf dem Schränkchen neben der Wanne, das ihm als Schreibtisch diente. Der Tote ruht auf dem weißen Laken, die Stichwunde ist deutlich zu sehen. Das Bild ist mehr als doppelsinnig. Es war ein politisches Porträt, ein Meisterwerk, das sofort starke Emotionen weckte, darüber hinaus aber auch eine klassische Darstellung des Menschenopfers, eine Pietà der Revolution, die auf den Freund verweist, der fürs Volk gestorben ist. In der Hand hält der Tote noch einen Brief, in dem er einer Witwe mit fünf Kindern, deren Mann und Vater fürs Vaterland gefallen ist, Geld zuspricht. Überall ist Blut, auf dem Laken und auf den Papieren; das Messer liegt am Boden. Der tote Christus ist durch den toten Marat ersetzt, und das einzige, was ihn hätte entstellen können, seine scheußliche Hautkrankheit, wurde weggelassen. Das Küchenmesser hat einen Griff aus Elfenbein erhalten.

Der Kunstkritiker Kenneth Clark schreibt, alle totalitäre Kunst müsse eine Form von Klassizismus sein. Der Staat, auf Gesetz und Ordnung gründend, fordert eine Kunst der Unterwürfigkeit und nicht der Revolte des romantischen Individuums. Die klassische Kunst, hell und klar, realistisch und auf Verehrung ausgerichtet, kann die Forderungen des Staates erfüllen. Es war das Verdienst Davids, ein Kunstwerk daraus zu machen, das für alle Zeiten im Sitzungssaal des Konvents aufgehängt werden sollte. Tausende von Stichen sollten danach gefertigt werden, desgleichen ein Gobelin. Doch es kam anders, und der Maler erhielt einige Jahre später sein Bild zurück. Nach der Revolution, die auch David ins Gefängnis brachte, stellte er sich in den Dienst Kaiser Napoleons, den er als Hannibal beim Überqueren der Alpen verewigte. Nach der Restauration der Monarchie wurde er nach Brüssel verbannt, denn für einen Hofmaler der Revolution und des Kaiserreichs war kein Platz mehr. Seine Witwe verkaufte seine Gemälde, und so hängt Marats Bild heute im Palais des Beaux Arts in Brüssel.

Die Apotheose Marats fand am 21. September 1794 statt, einem revolutionären Feiertag. Ein Bediensteter der Volksversammlung klopfte an die Türen des Panthéons und verlas mit lauter Stimme den Beschluß, der Marat die

Krone der Unsterblichkeit zuerkannte. Unter Chorgesang wurde der Sarg beigesetzt, Reden wurden gehalten, und ein Loblied auf die Märtyrer der Freiheit, vertont von Cherubini, beschloß die Feierlichkeit. Während der jüngste Held der Revolution beigesetzt wurde, entfernte man die Überreste des ersten, Mirabeaus, Verteidiger des dritten Standes gegen die königlichen Truppen. Marat selbst hatte nicht viel von der neuen Heldenverehrung gehalten, die durch die Republik in Gang gesetzt worden war, wenngleich er begriff, daß die Republik Stammväter brauchte, die in der Gunst des Volkes standen. Seine Überreste sollte die Volksgunst nicht lange ruhen lassen. Keine drei Jahre später, als die Schreckensherrschaft ein Ende gefunden hatte, beschloß die Volksversammlung, niemanden mehr im Panthéon beizusetzen, der weniger als zehn Jahre tot war. In verschiedenen Theatern stürzte Marats Büste vom Sockel, eine Puppe mit seinem Gesicht wurde öffentlich verbrannt und die Asche in einem Nachttopf herumgetragen. Im Februar 1795 wurde Marats Sarg aus dem Panthéon entfernt und auf dem nahegelegenen Friedhof beigesetzt; dieser wurde Anfang des vorigen Jahrhunderts geräumt, um einem Elektrizitätswerk Platz zu machen. Der Arzt Auguste Cabanes, der der Revolution um 1900 eine Fülle medizingeschichtlicher Betrachtungen widmete, meint, dies sei ein geeigneter Platz für den Forscher und Arzt Marat, Verfasser zahlreicher Bücher über Elektrotherapie.

Damit ist aber noch nicht alles gesagt. 1885 befindet sich Marats Wanne im Besitz eines bretonischen Geistlichen, der sie auf einer Auktion versteigern läßt. Das Pariser Wachsfigurenkabinett, kurz zuvor von Grévin gegründet, war Madame Tussauds Etablissement in London voraus, und zu Recht. Madame Tussaud hatte ihr Handwerk in Paris bei ihrem Onkel, dem Arzt Curtius, gelernt und hatte zahlreiche Totenmasken von unter der Guillotine gefallenen Köpfen angefertigt. Zusammen mit ihrem Onkel war sie David vermutlich mit einem Wachsmodell des toten Marat als Vorlage für dessen Gemälde behilflich gewesen. Sie übersiedelte nach der Revolution mit ihrer Sammlung nach London. Das Panthéon, die ehemalige Kirche der heiligen Genoveva, Schutzpatronin der Stadt Paris, ist heute nahezu leer. Die Überreste der Heiligen sind während der Schreckensherrschaft exhumiert und öffentlich verbrannt worden, ihr Sarkophag ist leer. Pascal und Racine ruhen hier noch, und Victor Hugo wurde 1885 beigesetzt. Die letzte Revolution fand hier 1870 statt, als es für kurze Zeit Hauptquartier der Pariser Kommune wurde. Simone Evrard, Marats treue Freundin und seit dessen Tod die Witwe Marat, führte danach ein zurückgezogenes Leben und starb, sechzig Jahre alt, nach einem Sturz. Marats Schwester Albertine, die schon zum Zeitpunkt des Mords bei ihm gewohnt hatte, nahm die Hinterlassenschaft des Märtyrers für die Freiheit in Verwahrung und richtete ihr Zimmer als Museum ein. Sie wurde von Schriftstellern und Historikern als Zeugin befragt und hütete die Papiere ihres Bruders. Sie starb 1841 im Alter von dreiundachtzig Jahren, nachdem sie verschiedenen Besuchern Teile der Hinterlassenschaft überlassen hatte. Einer dieser Besucher, Oberst Maurin, war ein leidenschaftlicher Sammler von Erinnerungsstücken der Revolution; er erhielt einige Seiten des *l'Ami du Peuple,* Marats Zeitung, geschenkt — blutbefleckt. Sie hatten angeblich auf dem Schränkchen neben der Wanne gelegen, als Charlotte Corday zustach. Nach dem Tod des Obersten gingen sie auf einen Grafen über, der diese Gruselstücke jedoch nicht haben wollte und sie dem Vater des Schriftstellers Anatole France in Verwahrung gab, der sie schließlich erbte. Auf der Pariser Weltausstellung von 1900 tauchten die Zeitungsblätter wieder auf, zusammen mit einem gebundenen Buch Marats, in dem ein Stück Zeitung mit acht blutbefleckten Seiten stak. Es war an einem Bücherstand an der Seine erworben worden, mit einem Schutzumschlag versehen, auf dem in der Handschrift seiner Schwester Albertine stand, daß es zu Marats Papieren gehört habe, die zum Zeitpunkt des Mordes auf dem Schränkchen neben seiner Wanne gelegen hätten. Cabanes zufolge sind beide Ausgaben vom Dreizehnten des Monats, der dem verhängnisvollen 13. Juli 1793 vorausging.

Marat und Charlotte Corday sind fast zweihundert Jahre tot und so gut wie vergessen. Manchmal werden sie noch aus der Mottenkiste der Geschichte hervorgeholt, um etwas zu rechtfertigen oder zu illustrieren. Die einen sehen Marat als Erlöser der Verdammten dieser Erde, die anderen als Kellerratte aus den Kloaken von Paris und Charlotte Corday als zweite Jeanne d'Arc, die Frankreich retten wollte, oder als bigotte Mörderin. Marat selbst wäre der entfesselten Gewalt der Guillotine vermutlich ebensowenig entronnen wie seine Kampfgefährten Danton und Robespierre, denn zum Schluß frißt die Revolution ihre eigenen Kinder. Auf die französische Revolution folgte die russische und die chinesische mit eigenen Helden, verehrt wie Marat und zu guter Letzt geschmäht für ihren Blutdurst, der Millionen das Leben kostete, Dünger auf den Äckern der Zukunft, geträumt in einer Ideologie der Gleichheit, die nicht in Freiheit erworben wird, sondern mit Gewalt erzwungen.

Marat war in Worten und Taten bereit, Tausende sterben zu lassen, und dabei war ihm die Feder, durch die Druckerpresse tausendfach verstärkt, die wichtigste Waffe. Er war in Person und Schrift *l'Ami du Peuple,* die Personifikation der Volkswut und des Blutdursts. Er stirbt nicht auf der Barrikade, sondern im Bad, nicht durch das Schwert, sondern durch das Küchenmesser, mit dem Gänsekiel in der Hand. Der Schreibtischmörder wird neben seinem Schreibtisch niedergestochen, an seiner Zeitung klebt Blut, nicht an den Händen. Das wahre Rätsel des 13. Juli bleibt Charlotte Corday, von der mit Ausnahme der letzten Woche ihres Lebens so wenig bekannt ist. Sie wollte ihr Leben durch einen Tyrannenmord opfern. Es sei besser, wie der Hohepriester Kaiphas zum Hohen Rat sagte, der Jesus verurteilte, daß ein Mensch für das Volk stürbe, als daß das Volk umkäme. Marats Tod sollte der Preis für den Frieden Frankreichs sein, und sich selbst sah sie dabei nur als Instrument. Es spielt keine Rolle, daß ihre Tat das nicht erreichte; sie hat dieses Opfer gern gebracht, genauso wie sie ihre Jugend dem Haushalt und ihr Erwachsenenleben dem Kloster und einem dienenden Dasein geopfert hatte. Es gibt auch die Ansicht, an jenem warmen Sommerabend vor dem großen Terror seien an der Wanne in der Rue des Cordeliers zwei Fanatiker aufeinandergestoßen, der Mann, der zweihunderttausend Köpfe für die große Sache rollen ließ, und die Frau, die *ein* Symbol auslöschen wollte, das den Bürgerkrieg in ihrem Land verkörperte. Zwei extreme Persönlichkeiten, beide bereit, bis zum Äußersten zu gehen. Das Resultat war ein perfektes Verbrechen: Die Unschuld tötet den Terror, eine Revolution in der Französischen Revolution.

Die Anatomievorlesung

Der Tod hat viele Gesichter, heute wie in der Vergangenheit. Eine kunstgeschichtliche Analyse des Todes in Plastik und Malerei ergäbe ein aufschlußreiches, leicht makabres Bild vom Wandel der Einstellung zum Tod in der abendländischen Gesellschaft. Das siebzehnte Jahrhundert in den Niederlanden, das auch das Goldene genannt wird, kennt eine charakteristische Darstellung des Anatomieunterrichts, aus der man wenig über die Anatomie toter Menschen und viel über deren Betrachter erfährt.

Rembrandt schuf zu Beginn seiner Amsterdamer Karriere als Porträtmaler die berühmte *Anatomie des Dr. Tulp.* Zu dieser Zeit, 1632, hatte die Anatomie ihren Höhepunkt bereits erreicht, und man kannte alles, was das bloße Auge sehen konnte. Vier Jahre zuvor hatte der Engländer Harvey den Mechanismus des Blutkreislaufs beschrieben, und der anatomische Ruhm Tulps sollte gegen den des Linsenschleifers Antonie van Leeuwenhoek verblassen, der in jenem Jahr in Delft geboren wurde und mit

Hilfe des Mikroskops das Unsichtbare sichtbar machen sollte. Der Bau des toten Körpers war bekannt, neues Forschungsgebiet sollte die Funktion des lebenden werden.

Die *Anatomie* zeigt in erster Linie den medizinisch-administrativen Komplex des Todes. In der blühenden niederländischen Republik entwickelten sich aus groben Barbieren die Wundärzte zu einer eigenen Gilde, die vom Magistrat Räume und Ausbildungsmöglichkeiten zugewiesen bekam. Um zu verhindern, daß sie, wie Galen, die Autorität der Antike, es ausdrückte, wie Blinde im Holz arbeiteten, sollte ihnen Unterricht in Anatomie erteilt werden — eine Aufgabe für die Obrigkeit. In vielen holländischen Städten wurde ein großes, kühles Gebäude, häufig die Kirche, dafür zur Verfügung gestellt, wobei Leiden und später auch Amsterdam einen eigenen Seziersaal erhielten. In Amsterdam war dies die Waage, die auch der Gildenhalle Raum bot. Der Unterricht wurde von einem Praelector oder Vorleser erteilt, der vortrug, was er präparierte, und im Grunde der Vorläufer des Medizinprofessors war. Der Dozent wurde von der Stadtverwaltung angestellt, wobei häufig Ärzte unter den Mitgliedern des Magistrats diese Aufgabe übernahmen. Nicolaas Tulp war der dritte Bürgermeister von Amsterdam, der gleichzeitig Dozent der Anatomie war. Die Leiche war stets die eines hingerichteten Verbrechers, wobei die Strafen für Vergehen, die später um so vieles milder beurteilt werden sollten, reichlich hart ausfielen. Amsterdam hatte am 9. Januar 1632, auch heute noch der Jahrestag seiner Universität, gerade sein *Atheneum Illustre* als remonstrantische Konkurrenz zum orthodoxen Leiden eröffnet. *Die Anatomie des Dr. Tulp* sollte einige Wochen später demonstrieren, daß sich auch die Amsterdamer Anatomie sehen lassen konnte. Es war eine öffentliche Angelegenheit, der Mitglieder des Magistrats, Wundärzte, Ärzte und andere Interessierte beiwohnten. Aus verständlichen Gründen fand die Demonstration, die mehrere Tage in Anspruch nehmen konnte, im Winter statt. Die Ironie wollte es, daß die Sektion an einem Leidener vorgenommen wurde, den man in Amsterdam wegen wiederholten Kleiderdiebstahls gehenkt hatte. Dieser Aris Kindt nimmt auf dem Bild leichenblaß die Mitte ein, doch die Aufmerksamkeit des Betrachters gilt Nicolaas Tulp. Dieser trägt den schwarzen Doktorenhut und doziert, eine Pinzette in der Hand, mit der er Muskeln und Sehnen des linken Unterarms anhebt. Sieben Altermänner der Wundarztgilde sehen zu; in der rechten unteren Ecke befindet sich ein Anatomiebuch. Die Darstellung entspricht nicht der Realität. Eine anatomische Vorlesung begann stets mit der Freilegung der inneren Organe, die bekanntlich als erste verwesen, und nie beim Arm. Rembrandt läßt hier die Leiche uneröffnet, um sie weniger grauenvoll wirken zu lassen und um die Aufmerksamkeit auf Tulp zu lenken. Vermutlich besteht ein Zusammenhang zwischen dem Anatomiebuch und der sinnbildlichen Bedeutung von Tulps Sektion.

Ein Jahrhundert zuvor hatte Andreas Vesalius durch Untersuchungen am Körper den Grundstein zur modernen Anatomie gelegt; die Geschichte der Medizin beginnt mit seinem Atlas, *De humanis corporis fabrica,* über den Bau des menschlichen Körpers, dessen Text und Holzschnitte eine neue Welt eröffnen. Dreizehn Jahrhunderte lang hatte man den Texten Galens blinden Glauben geschenkt, da die Wissenschaft tote Körper nicht verletzen durfte. Galen mochte zwar als Gladiatorenarzt in Pergamon von innen und außen so manche anatomischen Details festgestellt haben, doch sein Wissen stammte von Schweinen oder Affen, und die Deutung seiner Beobachtungen basierte auf einer Theorie ohne Überprüfung. Seine Autorität, ebenso wie die der Kirche im Mittelalter, sollte die Anatomie bis Vesalius auf eine falsche Fährte setzen und dort auch halten. In allen Vesalius-Ausgaben ist der Verfasser selbst zu sehen, auf einem Holzschnitt, wie er die präparierte Hand und den Arm einer Leiche festhält. Die Hand war der erste Teil des Körpers, den Vesalius seziert und beschrieben hatte, die Hand des Anatomen war das erste Instrument des Arztes. So ist Tulp dargestellt als der Amsterdamer Vesalius, dessen Buch möglicherweise in der rechten Bildecke zu sehen ist. Tulps Leidener Lehrmeister hatte jedenfalls bei Vesalius in Padua studiert und bewunderte ihn. Diese Tradition führt Tulp bei seiner öffentlichen Vorlesung fort: Obduzent des Menschen.

Der Auftrag zu einem Gemälde wie diesem kam von der Wundarztgilde, die ihren Versammlungsraum damit schmückte, eine Ahnengalerie bedeutender Anatomen, von namhaften Künstlern porträtiert. Es war Rembrandts erster und sehr ehrenvoller öffentlicher Auftrag seit seiner Übersiedlung nach Amsterdam; das Gemälde wurde wie die spätere *Nachtwache* ein aus dem Rahmen fallendes Gruppenporträt. Das gilt sowohl für die pyramidenförmige Anordnung der Zuschauer als auch für die Beleuchtung des Leichnams. Bildmittelpunkt ist die Hand des Anatomen, die auf das Präparat deutet. Die Darstellung des Unterarms halten Anatomen nach der Art der abgebildeten Muskeln und Sehnen für unrealistisch; sie scheint unabhängig von der Sektion nach einem Holzschnitt oder Präparat im Atelier des Malers entstanden zu sein. Die Anatomievorlesung ist auch ein Sinnbild der Vergänglichkeit, doppelbödig wie so viele Gemälde des Goldenen Jahrhunderts. Das Alltägliche erinnert an eine höhere Wirklichkeit, die Bestrafung der Sünde verweist den vergänglichen Menschen auf Gott.

Auch Vondel dichtete zur Anatomie, daß die Weisheit Gottes unsere Sehnen und Adern durchflute. Der Mediziner Jan Swammerdam erblickte einige Jahre später den Finger Gottes in der Anatomie einer Laus, und sein Buch über die Eintagsfliege ist gespickt mit religiöser Poesie. Ebenso zierten die Seziersäle in Holland Skelette mit Fahnen in der Hand, auf die Sprüche wie *»homo bulla«*, der Mensch ist eine Seifenblase, als Mahnung an die Lebenden gemalt waren.

Die Anatomievorlesung führte Betrachtern jedoch nicht nur die Vergänglichkeit vor Augen. Der Tote war kein beliebiger Mensch, sondern einer, der sein Leben durch ein Verbrechen verwirkt hatte und nun für das Böse büßen konnte, indem er der guten Sache des medizinischen Anschauungsunterrichts diente. Der Magistrat lieferte so Leichnam, Anatom und Lebenslektion in einem. Das bestätigt sich in der Personalunion von Bürgermeister und Anatom in der Gestalt Nicolaas Tulps. Dieser war wie Rembrandt eine bekannte Persönlichkeit in Amsterdam. Er war ein guter Anatom, beschrieb verschiedene neue Entdeckungen, pries das neue Teekraut als Allheilmittel an und stellte das erste Arzneibuch zusammen, an das sich die Apotheker bei der Arzneiherstellung zu halten hatten. Er hatte einen großen Patientenkreis, um den er sich per Kutsche und Pferd kümmerte, sowie eine Praxis im Parterre eines Hauses an der Keizersgracht. Er saß ein halbes Jahrhundert im Rat von Amsterdam und war bei all diesen Aktivitäten ein aufgeschlossener Arzt, dessen in der Praxis gemachte Beobachtungen besonderer und auch bizarrer Fälle, in Latein abgefaßt, ihm zu großem Ruhm verhalfen. Er war kein Leeuwenhoek oder Boerhaave, nach der Charakterisierung Busken Huets jedoch ein kluger, praktisch denkender Beobachter, der, mochte er sein Fach auch nicht groß vorangebracht haben, doch so manchem Zeitgenossen die Augen öffnete. Er wäre heute vergessen, hätte Rembrandt ihn nicht als den Vesalius von Amsterdam verewigt.

Dem wahren Vesalius war es anders ergangen. Mit der Veröffentlichung seines Meisterwerks über die Anatomie des Menschen im Alter von achtundzwanzig Jahren wurde er zum Begründer der neuen Wissenschaft, wenngleich nicht ganz unangefochten. Seine Kritiker trauten, gestützt auf Galens Autorität, ihren eigenen Augen nicht und übten heftige Kritik an seiner Arbeit und seinen Methoden. Verbittert gab er die Wissenschaft auf, verbrannte seine Aufzeichnungen und wurde Leibarzt bei Karl V. und Philipp II. Am spanischen Hof behandelte er einmal einen Edelmann mit einem rätselhaften Leiden, bei dessen Tod er um die Erlaubnis bat, die Leiche öffnen zu dürfen. Der Legende zufolge eröffnete er die Brusthöhle und sah das Herz noch schlagen. Dieses Gerücht brachte ihn als Sünder wider Gott und die Menschen vor die spanische Inquisition, die ihn zum Galgen verurteilt hätte, wenn der König nicht eingeschritten wäre. Als Buße erlegte man ihm eine Pilgerreise nach Jerusalem auf; auf der Rückfahrt erlitt er Schiffbruch und starb 1564 auf Sakinthos, einer Insel vor der Küste des Peloponnes. Mag diese Geschichte auch möglicherweise nicht wahr sein, so ist sie doch schön erdacht: Der Begründer der Anatomie irrt sich hinsichtlich der Grenze zwischen Leben und Tod.

Die Entwicklung der Medizin hat zur Folge, daß die öffentliche Anatomievorlesung verschwindet. Der Arzt, im Goldenen Jahrhundert ein Gelehrter ohne praktische Ausbildung, beobachtete und versuchte Leiden zu lindern. Das achtzehnte Jahrhundert bemühte sich um praktische Erfahrungen, das Bezwingen von Epidemien, die öffentliche Gesundheitsfürsorge und die Enträtselung von Krankheiten bei Lebzeiten. Dennoch blieb die Anatomie Grundlage für das tägliche Handwerk der Wundärzte beim Knochenrichten, Aderlassen, Schienen und Verbinden. So erhielt die britische Wundarztgilde das Monopol auf Obduktionen an gehenkten Verbrechern, was aber bei Amputationen oder Blasensteinen wenig nützte. Die Patienten wurden bei vollem Bewußtsein auf Holztischen von schmuddeligen Wundärzten operiert und mit schmutzigen Lappen verbunden. Das Prinzip der Wundinfektionen war noch nicht bekannt, und so verliefen diese häufig tödlich. Der Medizinstudent Charles Darwin nahm, nachdem er Zeuge zweier Operationen in Edinburgh geworden war, Abstand von seinem Plan, Arzt zu werden. Um 1800 waren Krankenhäuser Orte, wo man krank und arm starb, Hospitale des Todes für Verwundete, Kranke und Wöchnerinnen. Soviel auch zu Lebzeiten des Patienten herumexperimentiert werden mochte, nach dem Tod gestatteten die Krankenhausverwaltung und der Staat die Autopsie nur noch in Ausnahmefällen: Die sterblichen Überreste wurden von den Angehörigen gegen Bezahlung unversehrt abgeholt oder kamen ins Armengrab. Die Wundärzte hatten zu Lebzeiten des Patienten ihre anatomische Chance und verursachten durch primitive Gewalt und mangelhafte Hygiene eine hohe Sterblichkeit unter ihren armen Versuchspersonen, mit deren Tod dann freilich auch die ärztlichen Bemühungen endeten. Nur zum Tode Verurteilte konnten als zusätzliche Schande ihren toten Körper der Wissenschaft hinterlassen, die diesen nicht einmal zu bestatten brauchte.

Im achtzehnten Jahrhundert baten Ärzte und Professoren den Amsterdamer Magistrat um die Erlaubnis, mindestens vier Leichenschauen im Jahr an Patienten vornehmen zu dürfen, die im Hospital verstorben waren. Aber mochte der Staat auch der Ansicht sein, daß Arme während ihrer Krankheit vom Hospital profitierten und ihre Schuld nach dem Tod mit einem Anschauungsunterricht in Anatomie abgelten konnten, so schob die Krankenhausverwaltung dem für gewöhnlich einen Riegel vor. Man hatte mit Unterricht und Ausbildung ohnehin wenig im Sinn, und die Ausbildung zum Wundarzt, die häufig für die Seefahrt betrieben wurde, interessierte offenbar wenig. Es ging der Verwaltung darum, auf möglichst einfache Weise für die Armen zu sorgen, denn große Kosten durften dabei nicht entstehen. In diese Überlegungen spielte, wenngleich sehr verwässert, auch die christliche Überzeugung mit hinein, die den toten Körper bis zum Auferstehungstag unversehrt bewahrt sehen wollte. Die irdische Hülle hatte zwar ausgedient, sollte jedoch nicht zerschnitten werden, es sei denn, man hatte als Verbrecher das Eintrittsbillett für die Ewigkeit ohnehin schon verspielt. Erst als nach 1800 die medizinische Ausbildung, Forschung und Krankenpflege zur Entstehung der modernen Klinik führten, erhielt die Anatomie in der Krankheitslehre einen gebührenden Platz. An die Stelle von Spekulationen über Bau und Funktion des menschlichen Körpers trat die Beobachtung und Beschreibung von Anomalien am Krankenbett und der physiologischen Grundlage auf dem Seziertisch. Einer der Begründer der Wiener Schule, der Pathologe und Anatom Rokitansky, sollte während seiner Laufbahn über 60 000 Sektionen vornehmen. Seine Studenten, darunter Semmelweis, pendelten zwischen Seziertisch und Krankenbett hin und her, weil der Tod ihnen half, das Leben zu begreifen. Dabei übertrugen sie freilich auch das häufig tödliche Wochenbettfieber, der Schrekken armer Mütter, die im Krankenhaus entbanden. Die Gefahren des anatomischen Unterrichts wurden von Semmelweis erkannt und ihre Vermeidung durch Händewaschen demonstriert, doch er fand damit kein Gehör und starb umnachtet als Randfigur der medizinischen Welt.

Die britischen Anatomen des achtzehnten Jahrhunderts waren wie anderswo auch auf die Leichen Gehenkter angewiesen, benötigten dafür jedoch die Zustimmung der Behörden. Gehenkt wurde freiweg und schon bei geringen Vergehen. Die vielen Anatomieschulen erhielten wie die Wundarztgilde jedoch nicht genügend Material und bestachen zum Tode Verurteilte, Henker und Helfer, um einer Leiche habhaft zu werden. Die Öffentlichkeit, die zwischen Sensationslust und Abscheu schwankte, hielt nichts von einer zusätzlichen Bestrafung durch Sektion. Das Schauspiel des gewaltsamen Todes nährte auch den Aberglauben, das Blut eines Hingerichteten könne bei epileptischen Anfällen und Aussatz Heilung bringen. Das Berühren der Leiche heilte angeblich Drüsentuberkulose, Geschwüre und Geschwulste. So dürfte auf der Galgenstätte ein beträchtlicher Andrang geherrscht haben. Frisches Blut war Lebenssaft, der tote Spender hatte sein Begräbnis verdient.

Eine andere, einfachere Methode, an Lehrmaterial heranzukommen, war der Diebstahl von Leichen. Arme wurden in der Regel in einem Gemeinschaftsgrab bestattet, aus dem sich Leichen mühelos entwenden ließen. Die Gilden der Wundärzte zahlten gut. In London gab es ganze Banden sogenannter Resurrektionisten, die zu festen Preisen Leichen aus den Armengräbern stahlen. In solche Geschäfte waren auch die berühmten Ärzte John und William Hunter verwickelt. John Hunter gelang es durch Bestechung des Bestattungsunternehmers, der Leiche eines irischen Riesen habhaft zu werden, der sich zu Lebzeiten als Jahrmarktsattraktion in London einen Namen gemacht hatte. Viele Anatomen waren erpicht auf seine Leiche und sei es nur für ihr Raritätenkabinett, und trotz des Wunsches des Verstorbenen nach einer Seebestattung geriet er in Hunters Hände. Der Bedauernswerte steht heute noch als Ausstellungsobjekt am Eingang des Royal College of Surgeons in London — ein Blickfang für die Hunter-Sammlung, die dort aufbewahrt wird.

Der versierte Leichendieb ging nachts ans Werk, in aller Stille, brachte das Grab wieder in Ordnung, lieferte die Leiche ab und hielt den Mund. Wurde er ertappt, so drohte ihm nur eine geringe Strafe, denn die Leiche war niemandes Eigentum, so daß Diebstahl, Kauf oder Verkauf juristisch keinerlei Bedeutung hatten. Da vor allem die Gräber der Armen betroffen waren, regte sich wenig Widerstand. Die Reichen kauften sich als eine Art posthumen Tresor patentierte Särge aus Gußeisen mit Hängeschlössern oder ließen ihren Holzsarg in einen Metallkäfig versenken. Die Historikerin Ruth Richardson, die ein gruseliges und lehrreiches Buch darüber geschrieben hat, meint, daß jahrzehntelang kein Armengrab in einer englischen oder schottischen Universitätsstadt vor Leichenräubern sicher war und daß der Marktwert einer Leiche von den dunklen Vereinbarungen zwischen Dieb und Arzt abhing.

Der öffentliche Abscheu nahm mit der Zahl der Diebstähle zu, und in Aberdeen wurde 1832 ein neues anatomisches Institut in Brand gesteckt, als herauskam, daß gestohlene Leichen dort wie Abfall behandelt wurden. Das Unterhaus setzte eine Untersuchungskommission ein, als sich zeigte, daß große Krankenhäuser arme Patienten in einem Scheinbegräbnis bestatteten, nur um sie sich bei Nacht und Nebel für den Seziersaal wiederzuholen. Ärzte von Rang und Namen vertraten die Ansicht, die Medizin könne ohne Anatomiekenntnisse keine Fortschritte machen, da sich die Funktion aus der Struktur ergebe. Die Legitimierung der Anatomie lautete, daß sie den Lebenden nütze, und dieses Ziel heilige auch weniger wählerische Mittel. Wenn Einwände dagegen bestünden, so solle der Gesetzgeber gefälligst für Abhilfe sorgen. Der Mann, der dies in die Hände nahm, war Jeremy Bentham, der die Philosophie des größtmöglichen gesellschaftlichen Nutzens vertrat; er glaubte, durch eine Gesetzesreform ließe sich das größtmögliche Wohl für möglichst viele Menschen erreichen. Als typischem Vertreter der Aufklärung stand für ihn die wissenschaftliche Notwendigkeit der Anatomie fest, und so hatte er bereits mit einundzwanzig Jahren seinen Körper im Todesfall der Wissenschaft versprochen. Bentham unterstellte, daß Patienten in Hospitalen, das heißt Arme, die ihre Pflege dort nicht bezahlen konnten, ihrer Obduktion nach dem Tod stillschweigend zugestimmt hätten. Danach sollten sie ein christliches Begräbnis erhalten, was eine erhebliche Verbesserung gegenüber der bisherigen Praxis bedeutete.

Während die Untersuchungskommission des Unterhauses sich ans Werk machte, geschah in Edinburgh etwas, das die Debatte über die gängigen Praktiken gewaltig entfachen sollte. Eine mittellose Irin, auf der Suche nach einem verschollenen Sohn in Edinburgh, bettelte in einem Wirtshaus und wurde von einem der dort Anwesenden, einem Mann namens Burke, mit nach Hause genommen. Sie bekam auf einer feuchtfröhlichen Feier zu essen und zu trinken und wurde noch in derselben Nacht von Burke ermordet. Das wurde am nächsten Tag entdeckt, und er gestand. Sechzehn arme Landstreicher hatte Burke zusammen mit seinem Komplizen Hare umgebracht, nachdem er sie von der Straße in sein Haus gelockt und betrunken gemacht hatte. Ihre Leichen hatte er zu einem ansehnlichen Stückpreis bei dem berühmten Arzt und Anatomen Robert Knox abgeliefert. Burke wurde auf das Geständnis seines Komplizen Hare hin vor den Augen einer jubelnden schottischen Menge öffentlich gehenkt. Zur Strafe wurde seine Leiche zur Sektion verurteilt, und sein Skelett sollte auf richterlichen Beschluß hin zur Erinnerung an seine Verbrechen aufbewahrt werden. So wurde der Leichenlieferant nun selbst vom Richter für eine Anatomievorlesung angeboten, die von zweitausend Studenten und tags darauf von dreißigtausend neugierigen Edinburghern besucht wurde.

Knox schwieg, wenngleich er hätte vermuten können, daß all diese frischen Toten, ungewaschen und teilweise mit den Anzeichen eines gewaltsamen Todes behaftet, nicht auf die übliche Art und Weise aus Hospitalen, Gasthäusern oder von armen Angehörigen bezogen worden waren. Eine Untersuchungskommission konnte oder wollte seine Mitschuld nicht beweisen, und so kam er ohne Strafe davon.

Die öffentliche Hinrichtung Burkes und die Sezierung seiner Leiche hatte die Anatomievorlesung demonstrativ als straferschwerend bei Kapitalverbrechen ins Licht gerückt. Das erleichterte nicht gerade die Verabschiedung eines neuen Anatomiegesetzes, das die Sektion vom Verbrecher auf den Armen abwälzen wollte. Wo ersterer jegliches Recht auf Respekt im Tode verwirkt hatte, sollte der Arme dieses Recht als Gegenleistung für seine kostenlose Versorgung während der Krankheit abtreten. Das Parlament lehnte eine erste Fassung mit der Begründung ab, daß Arme keine Verbrecher seien und ein Recht auf ein christliches Begräbnis hätten. Die durch Raub und Mord ausgelöste allgemeine Unruhe ließ ein derartiges Gesetz im Augenblick als nicht erstrebenswert erscheinen, zumal Arme ohnehin schon so vieler Rechte beraubt waren. Einige Ärzte drängten auf eine freiwillige Zustimmung zur Sektion im Todesfall. Eine Reihe von ihnen ging selbst mit gutem Beispiel voran; doch fast jeder Engländer, der etwas auf sich hielt, fand es absurd, nach seinem Tod wie ein armer Schlucker oder Schurke behandelt zu werden. 1832 verabschiedete das Parlament nach langen Diskussionen das Anatomiegesetz, wonach Krankenhausverwaltungen und Armenhäuser die Leichen mittelloser Patienten legal und kontrolliert ohne Begräbnis dem Seziersaal zur Verfügung stellen konnten. Das ersparte der betreffenden Einrichtung die Bestattungskosten und versorgte die Anatomie mit Material. Es war eines der vielen Gesetze, die versuchten, die sozialen Gegensätze zu überbrücken und die Macht des Stärkeren mit Hilfe von Recht und Gesetz einzuschränken. Das Gesetz verlagerte die Anatomievorlesung als posthume Strafe auf die Recht- und Mittellosen als nützlichen und schuldigen Ausdruck des Dankes für die genossene Pflege.

Während das Anatomiegesetz in letzter Lesung behandelt wurde, starb der geistige Vater einer gesetzlichen Regelung der Sektion, der Philosoph und Reformer Bentham. Er war ein berühmter Mann mit vielen Anhängern, und es war bekannt, daß er seinen Körper der Wissenschaft vermacht hatte. In London wurden Freunde und Verwandte zu einer Anatomievorlesung eingeladen, die gemäß dem Wunsch des Verstorbenen von dessen Freund, dem Anatomen Southwood Smith, an seinem Körper gehalten werden sollte. Das Testament hatte Southwood Smith zum Empfänger von Benthams Leiche gemacht. Er sollte sie sezieren, das Skelett präparieren und bekleiden und den Kopf trocknen. Der Verstorbene war schon seit zwanzig Jahren im Besitz der Glasaugen, die seinen getrockneten Schädel beleben sollten. Er betrachtete seine eigene Leiche einerseits als von vorübergehendem Nutzen für die Sektion, andererseits aber, falls gut konserviert, als Standbild seiner selbst oder, wie er schrieb, als Auto-Ikone.

Die Leichenrede Southwood Smiths, gehalten während eines heftigen Gewitters, muß phänomenal gewesen sein, denn er war nebenbei auch Laienprediger, der seine betuchten Zuhörer auf das gute, vernünftige Beispiel seines toten Freundes hinwies, der leibhaftig unter ihnen sei. Es war eine Anatomievorlesung vor Besitzenden und für Besitzende. Danach präparierte er mit äußerster Sorgfalt das Skelett, fixierte die Gelenke mit Kupferdraht und trocknete den Kopf im Ofen. Das Endprodukt entsprach wegen mangelnder Ausdruckskraft nicht ganz den Erwartungen, und so fertigte ein französischer Arzt ein ausdrucksvolleres Wachsmodell an. Benthams echter Kopf wird Ruth Richardson zufolge, deren Buch ich viele Details entnommen habe, noch heute im Tresor des Londoner University College bewahrt. Diesem College hatte Southwood Smith seinen rekonstruierten Freund geschenkt, das ihn in ein Hinterzimmer stellte.

Inzwischen ist Jeremy Bentham ein berühmter Theoretiker des Pragmatismus und kein Exzentriker des achtzehnten Jahrhunderts mehr — etwas, wogegen die Engländer im übrigen nichts einzuwenden hätten —, aber erst 1981 kam er so richtig zu Ehren, als Textilexperten die Gelegenheit gegeben wurde, ihn aufzumöbeln. Bentham selbst sah in der Autoikone eine nützliche Figur. Er stellte sich mit Autoikonen guter und schlechter Menschen gefüllte Tempel in Alleen vor, sozusagen eine Art anatomische Moralpredigt; er machte sich Gedanken über ihre Konservierung und sah sie sogar in historischen Theaterstücken auftreten. Den Nutzen der Toten für die Lebenden sah er ganz als rational denkender Mensch der Aufklärung, nicht etwa als religiöses *memento mori*. Er wollte seine eigene Reliquie sein, die von Bewunderern besucht werden konnte und anderen ein nachahmenswertes Beispiel sein sollte. Indem er sich selbst einem fähigen, verläßlichen Anatomen vermachte, entging er zudem der Sammelwut von Wundärzten und Leichenräubern. Seine Initiative fand jedoch keine Nachahmer; denn das neue Gesetz lieferte genügend Leichen von Armen, so daß die Reichen nicht mit gutem Beispiel voranzugehen brauchten, und so nagte an seiner Ikone schon bald der Zahn der Zeit. Inzwischen ist Bentham bildschön restauriert worden, die Kleider sind chemisch gereinigt, die Mottenlöcher gestopft, Gehrock und Hosenträger wieder in Ordnung. Angetan mit sauberen weißen Gamaschen und Halskrause, Hut auf dem Kopf und Spazierstock in der Hand, sitzt er heute wieder in einem Kabinettschrank aus Mahagoni im University College. Die Glastür wird täglich kurz zum Lüften geöffnet, und er kann jederzeit Besucher empfangen. Diese könnten den Kopf über seine posthume Egozentrik schütteln, ihn aber auch dafür bewundern, daß er noch heute freiwillig und vorurteilsfrei die Anatomievorlesung als eine nützliche Sache und nicht als Strafe oder Ermahnung propagiert.

Anatomen von heute bezeichnen die Obduktion als die letzte Konsultation. Sie erfolgt zu Lehrzwecken, da sie die klinische Diagnose überprüft, die oft genug unzutreffend oder unvollständig war. Aus vielerlei Gründen hat sich nicht ihre Bedeutung, wohl aber ihre Praxis stark gewandelt. Eine bessere Diagnostik durch Betrachtung des Krankheitsbilds, Gewebeuntersuchungen und Laborbefunde lassen dem Zweifel weniger Raum, und so liefert der in der Regel betagte Verstorbene nach langem Krankenlager und mannigfaltigem Leiden nach seinem Tod meist keine überraschende Antwort auf schwierige Fragen. Vielmehr ist es eher verwunderlich, daß ein solch ausgemergelter, abgewirtschafteter Körper bis vor kurzem noch lebte. Anatomen sind oft nicht gerade fasziniert von der Obduktion, einer relativ primitiven Art zu schauen, und ziehen subtilere, mikroskopische Techniken vor. In den Niederlanden hat der Gesetzgeber den Menschen zum Eigentümer seines Körpers erklärt, über den andere, der Staat eingeschlossen, ohne seine Zustimmung nur begrenzt verfügen können. Danach würde der verstorbene Körper den Erben zufallen, die im Rahmen der gesetzlichen Beschränkungen und der vom Verstorbenen getroffenen Verfügungen damit tun können, was sie wollen. Für eine Leichenschau ist daher die Zustimmung der Angehörigen erforderlich, und diese wird manchmal nicht eingeholt oder, falls doch, oft verweigert. Das lange und häufig einschneidende ärztliche Bemühen, das vor der Wiege begann und bis über das Grab hinausreicht, wird emotional nur schwer akzeptiert, zumal nicht so kurz nach dem Tod, wenn man der Ansicht ist, nun reiche es eigentlich. Die Autopsiequoten in Universitätskliniken sind auf unter dreißig Prozent aller Verstorbenen gesunken, und viele machen sich Sorgen über die Qualitätskontrolle ärztlichen Handelns durch die für erforderlich gehaltene persönliche Inaugenscheinnahme, die Leichenschau. Nur im Falle eines nicht natürlichen Todes, bei Verdacht auf Fehler, Unfälle oder Verbrechen kann die gerichtliche Obduktion angeordnet werden, nicht zur Instruktion der Ärzte, sondern zur Ermittlung einer Schuld. Die Anatomie ist wieder mit dem Verbrechen gekoppelt.

Das alles hat mit der Natur unseres Todes und der Art und Weise zu tun, wie wir mit ihm umgehen. Früher starb man, heute ist man verschieden. Ersteres glich einem aktiven Prozeß. Man wußte bei akuter Krankheit um seinen bevorstehenden Tod, bereitete sich darauf vor und rief zum Abschied Freunde und Verwandte zu sich. Wenn möglich, schloß man Frieden mit Gott und den Menschen, machte die Augen zu, hauchte den Atem aus und starb, das heißt erstarrte im eigenen Bett, im eigenen Haus, wo man aufgebahrt blieb, bis man zu Grabe getragen wurde, in Erwartung irgendeiner Form ewigen Lebens als Wiedergutmachung für ein mitunter kurzes und oft erbärmliches Leben. Das Sterben war auch eine Lebenslektion, ein Beispiel des Abschiednehmens und der Hoffnung. Auf manch einem Klosterfriedhof steht auf dem Grabstein nicht das Geburtsdatum, sondern nur das Sterbedatum, denn das ist der Beginn des neuen Lebens.

Dieser Glaube ist seit Jeremy Bentham und schon früher zum großen Teil verschwunden, und aus dem Sterben läßt sich keine Lehre mehr, sondern allenfalls Nutzen ziehen. Unsere Organe oder Teile davon, von der Hornhaut bis zum Herzen und von der Niere bis zur Leber, sind als Transplantate geeignet, anderen zum Tode Verurteilten eine neue Lebenschance zu schenken.

Indessen ist es für uns wie in der Legende über Vesalius' letzte Leichenöffnung immer noch schwer, den Tod während des Sterbeprozesses festzustellen. Herz- und Atemstillstand als klassische Merkmale des Todes haben sich als umkehrbar erwiesen, ihre Funktion kann zum Teil und für eine gewisse Zeit von außen, von Apparaten, übernommen werden. Unser Tod als Person ist folglich an das Gehirn gebunden, das auf Blut- und Sauerstoffmangel empfindlich reagiert. Dieser Hirntod wurde inzwischen weiter präzisiert und auf die fehlende Funktion des Hirnstamms festgelegt, die Durchgangsstation sämtlicher vitalen Reize vom und zum Großhirn. In den angelsächsischen Ländern glaubt man, jeder Arzt könne den Hirnstammtod mit einfachen Mitteln am Krankenbett feststellen — an der Atmung, an Reflexen und Pupillen. Die Franzosen sind sich da weniger sicher und verlangen Elektroenzephalogramme, die mehrmals den Beweis für den totalen Ausfall der Hirnrinde erbringen müssen; die Deutschen wünschen sogar noch auf dem Sterbebett eine Röntgenuntersuchung mit Kontrastmittel als Nachweis dafür, daß das Gehirn nicht mehr durchblutet wird. Das alles kommt einem wie eine akademische Diskussion zwischen Freisinnigen und Orthodoxen vor, wobei die Niederländer es mit keinem verderben wollen. Wer die Diagnose Hirntod nicht stellt, braucht normalerweise lediglich einen Tag lang auf den Ausfall aller Regelsysteme zu warten: Das ist der wahre Tod.

Für die Transplantationsmedizin hat das jedoch bedeutsame Konsequenzen, wenn der Patient jung und zuvor noch gesund war. Die Feststellung des Hirntods, wie auch immer man diesen definiert, ist das Startzeichen für erhebliche Aktivitäten. Es gibt einen potentiellen Spender, und es gibt Empfänger. Unser medizinisches Wissen braucht nicht, wie bei Tulp, am toten Körper demonstriert zu werden, sondern nur am unsichtbaren toten Hirnstamm. Da über uns nicht verfügt werden kann, wird um Organspenden gebeten, aber wie bei den Londoner Armen gilt auch hier die stillschweigende Annahme, daß ein Sterbenskranker sich für seine Versorgung dadurch erkenntlich zeigen kann, daß er anderen seine brauchbaren Körperteile schenkt, die sonst verlorengehen würden. Es herrscht Mangel an Spenderorganen, man wartet auf Verkehrstod oder Hirnblutung.

Da dieser Tod des Hirnstamms nur für Eingeweihte erkennbar ist, fällt er nicht mit dem für die Umstehenden erkennbaren Tod zusammen, die noch immer denselben Patienten an Monitor und Beatmungsgerät sehen. Häufig wird Abschied im Leben genommen, wo der Tod unsichtbar bereits eingetreten ist. Die Anatomievorlesung über den Hirntod spiegelt die Müßigkeit jedes weiteren ärztlichen Bemühens um den Betroffenen, schenkt den noch Lebenden jedoch eine neue Lebenschance. Die Transplantationsteams machen sich bereit. Was übrigbleibt, ist eine sterbliche Hülle, die ausgedient hat, für sich selbst und vielleicht auch für andere. Sie wird eher verbrannt als begraben. Das eifrige Propagieren der Leichenverbrennung ist in den Niederlanden schon mehr als ein Jahrhundert alt und hat einmal ebensoviel Entrüstung wie der Leichenraub erregt. Die erste Kremation 1914 brachte die Angehörigen des Verstorbenen vor Gericht; demnächst wird die Beerdigung vielleicht als Umweltverschmutzung gelten.

So wandelt sich unsere Einstellung zum Tod, zum toten ausgedienten Körper und auch zu der Anatomievorlesung, die uns immer wieder etwas anderes und doch das gleiche lehren will: Der Tod ist der Spiegel des Lebens.

Ewige Jugend

Der stämmige, bärtige Professor, der am 1. Juni 1889 vor seiner gelehrten Pariser Zuhörerschaft sprach, genoß die gleiche internationale Berühmtheit wie seine Kollegen Pasteur und Charcot. Er war der Nachfolger Claude Bernards, des Schutzpatrons aller Forscher, auf dem Lehrstuhl für Experimentalmedizin am Collège de France. Er hatte in Harvard und New York an der Erforschung des zentralen Nervensystems gearbeitet und gemeinsam mit Charcot und anderen der Neurologie in Frankreich durch Versuche und klinische Forschung zu einer internationalen Spitzenposition verholfen. Paris war das Mekka der Neuropsychiatrie, wo auch Freud 1885 mit einem kargen Reisestipendium sechs Monate arbeiten und von dort mit neuen Erkenntnissen nach Wien zurückkehren sollte.

Der gelehrte Redner sprach in seinem Vortrag ausschließlich von sich selbst. Sein Name war Brown-Séquard — jede Generation Medizinstudenten lernt noch das nach ihm benannte Syndrom der halbseitigen Rückenmarksverletzung. An jenem Sommernachmittag in Paris sprach er von etwas anderem. Er sei, von französischen und ausländischen Akademien mit Lorbeeren bedacht, inzwischen 72 Jahre alt und habe sich alt und müde gefühlt, habe nur noch wenige Stunden hintereinander in seinem Labor arbeiten können und habe Schwierigkeiten beim Treppensteigen gehabt. In der zweiten Maihälfte habe er sich nach einer Reihe von Tierversuchen acht Injektionen verabreicht, die alsbald eine verjüngende Wirkung gezeigt und ihm die Kräfte wiedergegeben hätten, die er während der letzten zehn Jahre nach und nach verloren habe.

Brown-Séquard war kein Phantast, sondern ein gewissenhafter Forscher, auch wo es um ihn selber ging. Er maß die vermehrte Muskelkraft mit einem Dynamometer, einer Metallfeder, die mit der Hand zusammengedrückt wird, notierte seinen Urinstrahl vor und nach Injektionen bei gleich großer Nahrungs- und Flüssigkeitszufuhr und führte Buch über seinen Stuhlgang. Seine geistige Aktivität nahm zu, er konnte stundenlang ohne Pause im Labor arbeiten sowie Treppen hinauf- und hinunterrennen. Er fühlte sich wie Sechzig dank der acht subkutanen Injektionen von Hodenextrakten. Dafür nahm er Hoden von Hunden oder Meerschweinchen samt Blut und Sperma, Samensträngen und Nebenhoden und zerrieb sie in einer Glyzerinlösung. Diese ließ er einen halben Tag stehen, gab destilliertes Wasser dazu und filtrierte das Ganze. Das einem Viertel Hoden entsprechende Filtrat injizierte er sich schließlich subkutan.

Er hatte sich dem Experiment in der Überzeugung unterzogen, daß sich dadurch die Funktion des zentralen Nervensystems und des Rückenmarks verbessern ließe. Letzteres schien angesichts der vermehrten Blasen- und Darmtätigkeit auch der Fall zu sein. Er glaubte an die Rolle der Hoden für die Lebenskraft des Menschen und verwies auf die Folgen funktionsbeeinträchtigter oder funktionsunfähiger Hoden bei Eunuchen, alten Männern sowie bei großem Samenverlust infolge von Masturbation oder exzessivem Geschlechtsverkehr. Er hatte auch schon vorgeschlagen, alte Männer mit Injektionen männlichen Samens wieder vital zu machen. Bei aller Offenherzigkeit war er jedoch ein echter Viktorianer, der sich über die Auswirkungen seiner Entdeckung auf das eigene Geschlechtsleben ausschwieg.

Sein Bericht über den Selbstversuch war sachlich und schloß mit einem Appell an die Kollegen, zu untersuchen, ob er reproduzierbar sein. Brown-Séquard schloß Autosuggestion nicht aus, maß dem Schritt vom Labor zum Menschen jedoch so große Bedeutung bei, daß er sich bereitwillig als erste Versuchsperson zur Verfügung stellte. Er hatte schon früher Versuche mit Hodenextrakten bei Kaninchen und Meerschweinchen unternommen und war von deren Ungefährlichkeit überzeugt; eine Wirkung war jedoch schwer festzustellen, so daß der Schritt zum Selbstversuch nahelag.

Selbstversuche bei Ärzten haben eine lange Tradition und haben mitunter reiche Frucht getragen. So schob sich der junge Assistent Forßmann 1929 einen Katheter durch eine Armvene bis ins rechte Herz, machte zum Beweis ein Röntgenfoto und erhielt 1956, inzwischen vergessener Landarzt, den Nobelpreis dafür, daß er als erster eine Herzkatheterisierung durchgeführt hatte. Unbeirrbare Überzeugung, Faszination, das Fehlen eines geeigneten Versuchstiers, Eigensinn und Experimentierkunst haben Dutzende von Forschern dazu veranlaßt, Arzneimittel an sich selbst zu testen, merkwürdige Diäten zu befolgen, sich selbst zu infizieren oder zu impfen und so die Welt von der Wirkung, der Unschädlichkeit oder der Bedeutung ihrer Methode in wenigstens diesem einen Fall zu überzeugen.

Freud hatte kurz vor seinem Pariser Aufenthalt im Labor das Kokain kennengelernt, das erst kurz zuvor aus den Blättern des Kokastrauchs isoliert worden war. Es war Teil der Suche nach einem Mittel, das bei Morphinabhängigkeit, Alkoholismus und starker Ermüdung genommen wurde. Bayrischen Soldaten hatte man es ohne deren Wissen bei Manövern verabreicht, um ihre Ermüdung zu bekämpfen; und ein italienischer Neurologe hatte es an sich selbst ausprobiert und eine Stärkung der Vitalfunktionen wie Atmung und Kreislauf festgestellt. Freud begann es selbst einzunehmen und maß die Wirkung wie Brown-Séquard mit dem gleichen Dynamometer, notierte seine Reaktionszeit und stellte fest, daß es Zunge und Lippen betäubte. In seiner von Sorgen und Armut beschwerten Assistentenzeit hob Kokain seine Stimmung und linderte seine Magenkrämpfe. Die Beobachtung der lokalen Betäubung der Schleimhäute gab Freud an einen befreundeten Augenarzt weiter, der durch Versuche nachweisen sollte, daß Kokain tatsächlich ein ideales lokales Betäubungsmittel bei Augenoperationen ist. Freud beschrieb seine Selbstversuche und Beobachtungen und empfahl Kokain bei einer Reihe von Erkrankungen; damit leistete er einen bedeutenden Beitrag zur Pharmakologie des Nervensystems, allerdings um den Preis einer eigenen jahrelangen Abhängigkeit. Kurz nach diesen Experimenten lernte Freud in Paris den Nervenarzt Charcot kennen, von dessen präziser Beobachtungsgabe, die die Klinik über die Theorie stellte, er höchst beeindruckt war. Freud sollte seiner bis an sein Lebensende voll Ehrfurcht gedenken und seinen ältesten Sohn nach ihm nennen. Zu einem privaten Empfang bei dem berühmten Mann eingeladen, traute er sich — als junger Assistent, schlecht gekleidet und des Französischen nur mangelhaft mächtig — erst nach einer Dosis Kokain hin. Pflanze wie Tier waren also in der Lage, neue Vitalität zu schenken.

Inzwischen hatte Brown-Séquards Botschaft, gestützt durch dessen Ruf, die medizinische Welt erreicht, die eifrig an Kranken, Schwachen und Alten herumzuexperimentieren begann. Es kam zu Entzündungen an der Einstichstelle, Wirkungen blieben häufig aus, und trotzdem wuchs das Interesse an Organextrakten. Es stellte sich nämlich heraus, daß Organe nicht nur äußerlich Lymphe, Magensäure oder Urin absonderten, sondern auch durch innere Sekretion wichtige Stoffe ins Blut ausschütteten. Die biologische Existenz hing nicht nur oder in erster Linie von der Koordination des Nervensystems ab, sondern auch von chemischen Stoffen, die 1902 vom britischen Physiologen Starling erstmals als Hormone bezeichnet wurden. 1885 entfernten Joseph von Mering und Oskar Minkowski in Straßburg die komplette Bauchspeicheldrüse eines Hundes zu Untersuchungszwecken. Der Hund blieb am Leben, aber einem Studenten fiel auf, wie viele Fliegen sich auf seinen Urin stürzten, in dem Minkowski eine hohe Zuckerkonzentration feststellte. Der

Hund litt an Zuckerkrankheit, weil mit der Entfernung der Bauchspeicheldrüse die Hormonproduktion eines blutzuckerregulierenden Stoffes, des später entdeckten Insulins, ausgeschaltet worden war. Einige Jahre später stellte sich heraus, daß sich aus dem Schilddrüsenextrakt von Schafen ein Präparat herstellen ließ, das Menschen mit ausgefallener Schilddrüsenfunktion heilen konnte. So war das von Brown-Séquard entfachte Interesse an der Organtherapie die Geburtsstunde der modernen Endokrinologie. Es sollte zwar noch Jahre dauern, bevor praktische Anwendungsmöglichkeiten vom Insulin bis zum Wachstumshormon, vom Schilddrüsenextrakt bis zum Cortison zur Verfügung standen, doch die experimentelle Grundlage war da. Brown-Séquards Lebenselixier hingegen war schon damals verfügbar und wurde in allen möglichen Labors hergestellt, die sich Nutzen und Einkünfte davon versprachen.

Die Organtherapie verschwand innerhalb weniger Jahrzehnte aus dem medizinischen Arsenal, da die primitiven Extrakte keine nachweisbare Wirkung zeigten. Die Zusammensetzung ihrer Wirkstoffe war ebenso unbekannt wie deren Aufnahme im Körper. Die biochemische Regulation des Körpers mußte noch auf die biochemische Reinigung der Präparate warten, und mit seinem Hodenextrakt war Brown-Séquard seiner Zeit zu weit voraus. Es sollte noch bis in die dreißiger Jahre dauern, bis dem Amsterdamer Pharmakologen Laqueur die Isolierung des Wirkstoffs Testosteron gelang.

Daß Lebenskraft, Virilität und sexuelle Potenz an die Hoden gebunden waren, war bereits seit der Antike mit ihren Eunuchen bekannt. Tierhoden in Wein oder Honig wurden als Stimulanzien angeboten, wie sich in manch altem Arzneibuch nachlesen läßt. Das Tierexperiment als Grundlage medizinischer Forschung, zur Klärung von Krankheitsmechanismen oder Herstellung von Arzneimitteln und Impfstoffen liefert am Ende des neunzehnten Jahrhunderts die Möglichkeit zur kontrollierten wissenschaftlichen Forschung und verdrängt die Anekdote und die Alchimie. Erstmals steigt die durchschnittliche Lebenserwartung durch bessere Ernährung, Hygiene und Wohnverhältnisse, und mehr Menschen erreichen das mittlere Lebensalter oder werden sogar noch älter.

In der Belle Époque mit ihrem gesteigerten Lebensgefühl entwickelt sich das Bedürfnis, die Vitalität bis zum Lebensende zu bewahren und den Altersverfall zu bekämpfen. Diese Vitalität ist an die Hoden gebunden, und sie sind dank ihrer Lage außerhalb des Körpers gut zugänglich. Daß alle Verjüngungskuren dem Mann und seiner Virilität galten, hing natürlich in erster Linie mit der untergeordneten Stellung der Frau in Familie und Gesellschaft zusammen. Der Mann eignete sich als geriatrisches Untersuchungsobjekt und Versuchskaninchen auch besser als die Frau, deren Eierstöcke sich nicht gefahrlos erreichen oder manipulieren ließen; das sollte noch ein Jahrhundert dauern.

Der erste, der Brown-Séquards Versuche aufgreift, ist ein junger Wiener Physiologe namens Eugen Steinach, Direktor des biologischen Laboratoriums der Akademie der Wissenschaften. Seine Hypothese lautet, daß die Jugend durch die Pubertätsdrüse, die Hoden, zu körperlicher und geistiger Entwicklung gebracht werde. Diese Hodenfunktion könne im Alter ein zweites Mal — zu zweiter Jugend — geweckt werden. Er beginnt 1912 mit alten Ratten, die räudig, apathisch, mager, träge und mit brünstigen Weibchen nicht zu locken sind. Ihre Samenblasen sind schlaff und leer, aber Steinach wird sie durch Unterbindung des Samenstrangs und der abführenden Gefäße zu beiden Seiten im Leistenkanal reaktivieren. Die Folge ist eine Hypertrophie der Zellen aus den Geweben, die Testosteron produzieren, während die Bildung von Samenzellen nach kurzer Zeit aufhört. Die männlichen Geschlechtsmerkmale bleiben, aber die Unterbindung des Samenleiters bewirkt Sterilität. Steinach war jedoch der Meinung, durch die Unterbindung werde die Durchblutung der Hoden proportional zur ansteigenden Hormonproduktion zunehmen. Seine männlichen Ratten gaben ihm recht. Sie nahmen an Gewicht und Behaarung zu, wurden flinker und aggressiver, und auch ihr sexuelles Interesse kehrte wieder, sogar wenn die Unterbindung nur einseitig erfolgt war. Steinach nannte das die autoplastische Altersbekämpfung mit körpereigenen biologischen Mitteln. Schlug die Behandlung fehl, so verpflanzte er die Keimdrüsen anderer, junger Ratten in die Bauchhöhle oder Bauchwand der alten Tiere und konnte so doch noch gewisse Resultate verzeichnen. Die Ratten lebten ein Jahr länger als die ihnen in der Regel zugemessene Lebenszeit von drei Jahren.

Für Steinach Grund genug, mit Hilfe des Wiener Chirurgen Lichtenstern den Schritt zum Menschen zu wagen. Am 1. November 1918 war es soweit. Ein erschöpfter, abgemagerter und apathischer Wiener Arbeiter unterzog sich als erster der doppelseitigen Unterbindung der Samenleiter, doch in den ersten beiden Monaten tat sich wenig. Kurz danach erholte er sich zusehends, hatte mehr Appetit, entwickelte wieder Muskeln und konnte seine Arbeit wieder aufnehmen. Haut und Haare glänzten, und wie neugeboren ging der erste Kronzeuge der Verjüngung durch Wien. Die Steinach-Operation, ein simpler Eingriff, der die Wirkung eines Lebenselixiers versprach, kam im Randbereich der Alltagsmedizin in Mode. Ältere Herren, die es sich leisten konnten, suchten gewisse Chirurgen auf, die den Eingriff vornahmen. Versierte Chirurgen publizierten ihre Erfahrungen, auch wenn sie erst nach Monaten eine positive Wirkung feststellten, und selbst das meist nur bei einem Drittel ihrer Patienten. Steinach wurde von vielen als Scharlatan betrachtet. Er selbst war sich der Grenzen seiner Experimente wohl bewußt, denn das Gebiet des Alterns und dessen hormonale Beeinflussung war zu komplex für einen einzelnen mittellosen Forscher. Er hoffte, daß andere unter besseren Voraussetzungen, in besser ausgestatteten Forschungseinrichtungen, sein Werk fortführen würden. Das geschah auch, als Serge Voronoff, ein exzentrischer Russe, der in Paris studiert und sich in Afrika umgesehen hatte, schließlich die Nachfolge Bernards und Brown-Séquards als Chef des Laboratoriums für experimentelle Chirurgie am Collège de France antrat. Er hatte gründliche Erfahrungen in der Transplantationschirurgie von Haut, Schilddrüse, Knochen und Eierstökken bei Versuchstieren gesammelt, sollte die Welt jedoch mit Hodenverpflanzungen beim Mann in Erstaunen versetzen. Einzellige Organismen ließen sich im Pariser Institut Pasteur endlos weiterzüchten, aber die komplexen menschlichen Gewebe verfestigten sich mit zunehmendem Alter und bedurften einer Unterstützung, um vital und jung zu bleiben. Als

Chirurg in Nordafrika hatte er ein Interesse an kastrierten Jungen entwickelt, die er geistig und körperlich zurückgeblieben fand. Er stellte fest, daß Patienten, die wegen Tuberkulose in den Geschlechtsorganen kastriert worden waren, nach einigen Jahren an Gedächtnisschwäche und Konzentrationsverlust litten, und er hatte noch keinen Eunuchen erlebt, der älter als sechzig geworden war. Daraus zog er den naheliegenden Schluß, daß der Verlust der inneren Sekretion der Hoden den Altersprozeß beschleunigt und die Lebenserwartung verkürzt. Die alten Hoden bedurften einer Unterstützung, aber die Steinach-Operation schien ihm nicht genügend Erfolg zu garantieren. Ebensowenig half die Verpflanzung junger Hoden unter die Bauchhaut, denn das Gewebe starb, wie Voronoff experimentell eindeutig bewiesen hatte, ohne ausreichende Durchblutung rasch ab. Die Gefäßchirurgie war noch nicht so weit entwickelt, daß kleine Verbindungen hergestellt werden konnten. Voronoff ging anders vor. Er nahm Hodengewebe, schnitt es in dünne Scheiben und pflanzte diese in die fleischige Umkleidung der alten Hoden ein. Dieses Polster ritzte er mit einem Skalpell oder Nagel ein, so daß sich durch diesen Reiz neue kleine Gefäße bildeten, die das Transplantat versorgen konnten, von dem er vier kleine Stücke neben beiden Hoden einpflanzte. Am spektakulärsten war dabei der Spender. Hatten die Wiener Chirurgen für die Transplantation noch die Hoden junger Männer verwendet, die sich während der Pubertät nicht genügend gesenkt hatten, so nahm Voronoff nun Affendrüsen.

Er hatte sich durch Hunderte von Operationen an Böcken und Stieren experimentell gut vorbereitet, wie sein 1926 erschienenes Buch über die Verjüngung mit den bemerkenswerten Fotos von Mensch und Tier vor und nach der Behandlung zeigt. Seine Position an dem berühmten Labor trug ihm von vielen Seiten Unterstützung ein. Zwischen 1913 und 1915 hatte er zwei Jungen mit angeborener Schilddrüsenunterfunktion und der damit einhergehenden Verzögerung der geistigen und körperlichen Entwicklung bereits die Schilddrüse eines Schimpansen eingepflanzt, des Tiers, das dem Menschen am verwandtesten ist. Da diese Affen jedoch nicht in ausreichender Zahl zur Verfügung standen, entnahm er bei den nächsten Fällen den Müttern der betreffenden Patienten einen Schilddrüsenlappen, fand aber, die zuvor verwendeten Schimpansentransplantate seien bei weitem vorzuziehen.

Im Juni 1920 führte Voronoff seine erste Hodentransplantation durch, der in den nächsten fünf Jahren dreihundert weitere, von ihm selbst oder von seinen Schülern in der ganzen Welt vorgenommen, folgen sollten. Ob das

Transplantat anwuchs, ließ sich nur mikroskopisch feststellen, und wer würde die wiedergewonnene Jugend schon auf dem Altar der Wissenschaft opfern wollen? Ein tapferer Schneider, der sich dieser Operation 1922 unterzogen hatte, willigte ein, zwei der vier transplantierten Gewebestücke wieder entfernen zu lassen; das Gewebe erwies sich unter dem Mikroskop als intakt.

Das Spenderproblem jedoch schien unlösbar, bis man herausfand, daß auch kleine Affen wie die Makaken dazu geeignet waren. Makaken leben in Horden in Nordafrika und lassen sich leicht einfangen. Dennoch warnt Voronoff bereits 1926, sparsam mit ihnen umzugehen, diesem Quell von Lebensenergie, die sich auf den Menschen übertragen läßt, und sie notfalls wie Strauße zu züchten. 1923 hat Voronoff 43 Operationen durchgeführt, die Hälfte davon bei unter sechzigjährigen Patienten. Es sind Professoren und Kollegen darunter, Architekten, Schriftsteller und Industrielle; viele fühlen sich wie neugeboren und lassen sich für das Buch vor und nach dem Eingriff fotografieren. Jahrelang führen sie Buch über ihre Gesundheit, ihr Aussehen und ihr sexuelles Interesse.

Wo Brown-Séquard ein kritischer Forscher ist und Steinach mit dürftigen Beweisen von der Ratte auf den Menschen extrapoliert, ist Voronoff ein schillernder Missionar, der Wunderdoktor für alte Böcke. So wird er von der offiziellen Medizin auch kaum ernst genommen, doch das mehrt seinen Ruhm nur noch. In den Labors der Pharmaindustrie und der Universitäten geht die Suche nach dem reinen Hormon weiter, denn niemand verspricht sich viel von dem chirurgischen Eingriff oder der Verwendung artfremden Gewebes. In den zwanziger Jahren werden das Insulin und das Nebenschilddrüsenhormon isoliert. In den dreißiger Jahren werden die wichtigsten männlichen und weiblichen Geschlechtshormone entdeckt, wobei sich zeigt, daß der Mann auch weibliche und die Frau auch männliche Hormone produziert. Testosteron und seine Verbindungen lassen sich synthetisch herstellen, aber kaum einsetzen, außer in den seltenen Fällen, in denen die Eigenproduktion infolge einer Krankheit oder Anomalie versagt. Als Heilmittel zeigt es ernsthafte Nebenwirkungen. In den fünfziger Jahren werden Derivate gefunden, die den Eiweißaufbau stärker stimulieren als das Testosteron und dabei weniger stark virilisieren. Sie werden bei Erschöpfung, nach großen Operationen oder bei Knochenerweichung kurzfristig eingesetzt, zeigen aber nur mäßige Wirkung und viele Nebenwirkungen. Die anabolen Steroide kommen größtenteils im Leistungssport zum Einsatz, da ihre Anwendung in kurzer Zeit die Muskelkraft erhöht, allerdings auch die Chance auf Leberschäden, Sehnenrisse und Unfruchtbarkeit. Das Lebenselixier ist im Verlauf der biochemischen Reinigung verdampft.

Dennoch bleibt der Wunsch, jung zu bleiben, auch wenn das Ende in Sicht ist. Der irische Dichter William Butler Yeats war 1934 neunundsechzig Jahre alt und allein. Er hatte den Nobelpreis gewonnen, aber die Gönnerin verloren, die ihn vierzig Jahre lang unterstützt und gefördert hatte, in der Poesie ebenso wie im politischen Kampf. Er litt an hohem Blutdruck und Herzschwäche, und seine Kreativität schien zu versiegen. Yeats war ein Mystiker, der die kalte Wissenschaft verabscheute. Als er gerüchteweise von einer Verjüngungsoperation hörte, fand er in der Harley Street einen australischen Sexologen, der ihn zum Entsetzen seiner Freunde im Frühjahr 1934 nach der Steinach-Methode operierte. Die Operation schien Erfolg zu haben. Yeats berichtet in Briefen vom Wiederaufleben der sexuellen Begierde und verliebt sich in eine junge Dichterin. Die Dubliner nennen ihn den *»gland old man«*, und er schreibt neue Gedichte. Eines davon, *The Spur,* lautet:

You think it horrible that lust and rage,
should dance attention upon my old age.
They were not such a plague when I was young.
What else have I to spur me into song?

Er gibt das *Oxford Book of Modern Verse* heraus und arbeitet an einer Gedichtsammlung, als hätte er einen neuen Pakt mit dem Leben geschlossen. Fünf Jahre später stirbt er an der Riviera an Herzversagen. Was die Steinach-Operation für seine Dichtkunst bewirkt hat, wird auf ewig ein Rätsel bleiben, aber immerhin erlebte sie im späteren Alter eine zweite Blüte. Je weiter die Endokrinologieforschung vorankommt, desto weniger scheint das Lebenselixier für den Mann menschlichen oder tierischen Hoden zu entspringen, und auch der Frau wird die ewige Jugend wichtig. Das weibliche Hormon Östrogen soll als synthetisches Präparat ersetzen, was mit der Menopause vom eigenen Körper nicht mehr produziert wird; es scheint das Allheilmittel gegen Falten, Osteoporose, Wallungen und Depressionen zu sein. Die Organotherapie mit Geweben und Zellen bleibt zwar ein Randgebiet der Medizin, entwickelt sich jedoch zum Zentrum der mondänen Quacksalberei. Der Schweizer Chirurg Niehans, der anfänglich von den Drüsentransplantationen fasziniert war, begann 1931 damit, Zellen aufzulösen, die zumeist aus den Organen junger Schlachttiere stammten, und sie Patienten zu injizieren. Speziell fetale Zellen sollten die Fähigkeit besitzen, kranke oder alte Organe zu verjüngen. Werden fetale Zellen von Schafen gefriergetrocknet, so entstehen Zellsuspensionen, die subkutan oder muskulär aufgenommen werden. Blutzellen bauen die Zellteile ab und transportieren die so entstandenen Makromoleküle zu den entsprechenden Organen — von der Leberzellsuspension zur Leber, die sie regenerieren sollen.

Die Zelltherapie wurde in der Nachkriegszeit vor allem in den deutschsprachigen Ländern propagiert, und zwar für die verschiedensten Leiden, insbesondere jedoch bei frühzeitigem Altern. Niehans, der große Missionar, war ein derart seriöser Schweizer, daß man zögerte, das Wort Scharlatan in den Mund zu nehmen. Seine Klinik in der Schweiz hatte denn auch prominente Kunden wie Adenauer, Papst Pius XII. und das Ehepaar Windsor. Einen anderen Wallfahrtsort gegen das Altern gibt es in Rumänien, wo Frau Aslan alten Menschen durch Injektionen mit Procain, einem örtlich wirksamen Betäubungsmittel, die Jugend wiederschenkt, und auch dorthin pilgert die Gerontokratie Osteuropas, um am Leben und bei guter Gesundheit zu bleiben. In der Nähe von Rom wird Niehans' Werk von dem Transplanteur Barnard fortgeführt, der zwar als Chirurg nicht mehr arbeiten kann, in der ewigen Stadt jedoch wie ein Magnet diejenigen anzieht, die die ewige Jugend suchen.

Solange Menschen alt werden, wollen sie jung bleiben, und die einzige Frage ist, wieviel ihnen das wert ist, denn es ist eine Illusion, die durch eine andere Illusion aufrechterhalten werden muß. Die Suche nach dem Lebenselixier, von Brown-Séquard so gewissenhaft begonnen, ist daher auch keineswegs zu Ende, denn man hat wenig gefunden, was sich bewährt hätte. Als einziges Nebenprodukt hat sich die Unterbindung der Samenleiter, die Vasektomie, behauptet. Es ist ein endgültiger Eingriff, da wir uns dann nicht mehr in unserer Nachkommenschaft verjüngen können.

Viva il coltello

Vater Mozart schätzte seine Brotgeber, die Erzbischöfe von Salzburg, wenig, denen er als zweiter Kapellmeister und Musiker ohne große Aussicht auf Beförderung achtunddreißig Jahre lang dienen sollte. So war er über die Hälfte der Zeit mit seinem Wunderkind Wolfgang Amadeus auf Reisen, dem Liebling der Fürstenhöfe und der Quelle seines Einkommens. 1770 führt eine zweite Reise sie nach Italien, wo der Junior, dreizehn Jahre alt, für ein Konzert in Bologna das Zehnfache erhält wie sein Vater. Der Graf, bei dem sie logieren, gibt ihnen Empfehlungsschreiben für den Vatikan mit, und der Papst zeichnet Wolfgang mit dem Orden vom Goldenen Sporn aus. Seine Fingerfertigkeit am Klavier, aber auch die mühelos entstehenden Improvisationen und Kompositionen setzen das immerhin sehr verwöhnte italienische Publikum in Erstaunen. Als sie auf der Rückreise wieder in Bologna sind, wird Wolfgang Amadeus auf Fürsprache des Geistlichen Martini und nach Ablegung einer Kompositionsprüfung in die Accademia Filharmonica aufgenommen. Pater Martini bezahlt die Aufnahmegebühr aus der eigenen Tasche, denn er, ein mittelmäßiger Komponist und Chordirigent, erkennt das Genie, ebenso wie später Salieri in Wien. Mozart ist, wie ein anderer Prälat schreibt, nachdem er ihn in Neapel gehört hat, ein kleines Wundertier, und das wird er für alle Zeit bleiben.

Der kurze Aufenthalt in Bologna ist ein Erfolg inmitten vieler Musikliebhaber, doch Mozart ist dort nicht die einzige Berühmtheit. In einer schönen klassischen Villa lebt ein altes Wundertier, der Busenfreund Pater Martinis und der bekannteste Einwohner Bolognas. Der junge Mozart reist von Fürstenhof zu Fürstenhof, den alten Mann hingegen suchen Kurfürst wie Kaiser persönlich auf und sprechen mit ihm über seine glorreiche Vergangenheit, die ihm den Ruf als größter Sänger Europas eingetragen hat — eine Legende wie Callas oder Caruso. Als der Applaus für den heranwachsenden Mozart zu ertönen beginnt, ist er für ihn bereits verklungen. Vielleicht hat er Mozart in Bologna gehört oder ist ihm dort begegnet, wenngleich das aus der späteren Korrespondenz zwischen Mozart und seinem Bewunderer Pater Martini nicht hervorgeht. Der Sänger heißt Farinelli, wird spottend alter Kapaun genannt und ist der berühmteste Kastratsänger der Musikgeschichte.

Der Aufstieg und Untergang des Kastratentums ist keine rein italienische Angelegenheit. Zu seinen geistigen Urhebern gehören die Musen, viele Päpste und der Apostel Paulus. Letzterer war nicht gerade der frauenfreundlichste unter allen Aposteln, wird aber für mehr gescholten, als uns heute berechtigt scheint. Stets unterwegs, um den jungen christlichen Gemeinden beizustehen, hinterließ er in seinen Briefen schriftliche Instruktionen, so etwa den Rat, Frauen in Gemeinde und Gottesdienst das Schweigen aufzuerlegen. Er meinte, in der Theologie gebe es keinen geeigneten Platz für die Frau — eine Meinung, die heute noch von manchen geteilt wird, auch wo es ums Schachspielen, Komponieren oder die höhere Mathematik geht. Die Kirche hatte diesen Rat verabsolutiert und die Frau in der Kirche nicht nur mit einem Sprech-, sondern auch mit einem Singverbot belegt, wodurch Kirchenmusik zu einer Sache von Männern und Knaben wurde. Die Ehrbarkeit gebot auch, daß Frauen nicht auf der Theater- oder Opernbühne auftraten, doch außerhalb der Kirchenmauern ist es der kirchlichen Obrigkeit kaum gelungen, dieses Verbot durchzusetzen.

Wer singt, setzt seine Stimme über eine längere Zeit und ein umfangreicheres Register ein als jemand, der spricht. Die beiden Stimmbänder in der Kehle, die von der ausströmenden

Atemluft in Schwingungen versetzt werden, produzieren sowohl Sprache als auch Gesang, je nach Atembewegung und deren Kontrolle. Mund- und Rachenraum bilden eine Resonanzhöhle, während durch die Bewegung des Kehlkopfs und des Zwerchfells hohe und tiefe Töne entstehen. In der abendländischen Musikgeschichte löst sich die Stimme von der Sprache und wird zu einem Instrument, dessen Reichweite und Lautstärke zunehmen. Die — gregorianische — Kirchenmusik des Mittelalters war schlicht und ließ sich von Männerkehlen gut produzieren. Die Vokalmusik der Renaissance dagegen mit ihrer komplexen Mehrstimmigkeit bewirkte eine fast vollständige Trennung von Text und melodischer Umrahmung und setzte ein harmonisches Verweben der Stimmen voraus, zu denen Knabensoprane kaum in der Lage waren. Und um die Zeit, zu der dieses Können erlangt war, setzte der Stimmbruch ein. Eine Weile war es Mode, Falsettsänger aus Spanien zu importieren, die mit der Kopfstimme einen unnatürlich hohen Ton hervorbringen konnten. Diese spanischen Sänger waren dank einer speziellen Technik in der Lage, die Stimmlage eines Alts oder Soprans fließend zu Gehör zu bringen, wenngleich diese Technik vermutlich chirurgisch und nicht musikalisch erworben war. Die Sixtinische Kapelle verfügte bereits im sechzehnten Jahrhundert über einen Kastraten aus Spanien; der letzte, Alessandro Moreschi, sang noch zu Beginn des zwanzigsten Jahrhunderts. Seine Stimme, durch Alter und die damalige Aufnahmetechnik blaß geworden, ist noch auf einer Gedenkschallplatte von *His Master's Voice* zu hören. Und es hatte tatsächlich der Stimme des Herrn, Papst Clemens VIII., bedurft, damit mehr Kastraten in die Sixtinische Kapelle aufgenommen werden konnten, denn die spanischen Falsettsänger protestierten aus Brotneid heftig. Obwohl die Kirche die Kastration ausdrücklich verbot, dem Täter mit ewiger Verdammnis und den Helfern mit der Exkommunikation drohte, nahm man es in der Praxis nicht so genau. War das Unheil im Verborgenen geschehen, so konnte man ja aus der Not eine Tugend machen und das Opfer zur Ehre Gottes singen lassen. Dem Chor der Sixtinischen Kapelle hat es seither nicht mehr an schönen Alt- und Sopranstimmen gemangelt, und der fahle Altmännerchor, der heute dort singt, dürfte ein blasser Schatten jener Glanzzeit sein.

Widerstand gegen die komplexe Verzierung des polyphonen Gesangs unabhängig vom Text regte sich bei den Italienern, die den Sologesang als Rezitativ wieder zu Ehren bringen wollten. Die *Vox humana* wurde wichtiger als eine Begleitung, die dem Text folgte und ihm die entsprechende Stimmung verlieh. Erste Beispiele dafür waren die Opern von Monteverdi, das Entstehen des Belcanto mit seinem nahtlosen Stimmübergang und runden Ton, seiner disziplinierten Diktion und Verzierung. Kastraten erfüllten die Anforderungen des Belcanto, bei dem es mehr auf virtuose Lyrik als auf Drama ankam. Ihre Knabenkehle, von männlichen Hormonen unbeeinträchtigt, bewahrte sich eine *voce bianco* mit einem fast vier Oktaven umfassenden Register. Dazu bot ihnen der Brustkorb des erwachsenen Mannes eine spezielle Atemstütze, wodurch eine Note laut und fast eine Minute lang gehalten werden konnte. Die große Geschmeidigkeit und der große Stimmumfang gab ihnen einen Vorsprung gegenüber anderen Sängern, vor allem wenn die Ausbildung früh begonnen hatte. Diese besonderen Möglichkeiten der Stimme waren nicht nur ein ästhetischer Hochgenuß, sondern ermöglichten auch vokale Höchstleistungen. Ihnen hatte Farinelli seinen Ruf zum Teil zu verdanken. Hervorragend ausgebildet bei dem berühmten Neapolitaner Gesangspädagogen und Komponisten Porpora, hatte er sich in den Salons von Neapel bereits einen Namen gemacht, einer der Gesangsmetropolen im Europa der Aufklärung. Sein großes Debüt kam jedoch erst in Rom, in einer Oper seines Lehrmeisters, in der er als Frau auftrat. Ein deutscher Trompeter hatte derartig Furore gemacht, daß die Theaterdirektion den Komponisten gebeten hatte, nachträglich noch eine Arie für Sopran und Trompete einzufügen. Bereits bei den ersten Aufführungen schien sich ein Wettstreit zwischen den beiden Solisten zu entspinnen, wer den schönsten Ton am längsten halten könne. Die Reinheit, die Natürlichkeit, die beispiellose Leistung und die herrlichen Triller Farinellis versetzten das Publikum in Ekstase und machten den jungen Sopran berühmt. Er schloß auch Freundschaft fürs Leben mit dem als Dichter und Librettist in ganz Europa berühmten Pietro Metastasio. Dessen Texte bildeten die Libretti vieler Gluck-, Händel-, Haydn- und Mozartopern. Zwischen dem Komponisten, dem Sänger und dem Textdichter entstand eine enge Interessengemeinschaft und Freundschaft; fortan trat die italienische Oper ihren Siegeszug durch Europa an. In der Oper gab es eine klare Rangordnung: Erst kam der Sänger, dann der Komponist und zum Schluß der Librettist. Opern und Libretti gab es zu Dutzenden, Wegwerfprodukte, die dazu dienten, die Gesangskunst einer Primadonna oder eines Kastraten zur Geltung kommen zu lassen. In deren Dienst standen der Komponist wie auch der Textdichter, wobei sowohl Scarlatti als auch Händel Opern eigens für Kastraten schrieben. Händels berühmtes Largo aus *Xerxes,* aber auch das *Che farò* aus Glucks *Orpheus* sind für Kastraten geschrieben, und

Mozart scheint sogar erwogen zu haben, den bösen Baß Osmin aus der *Entführung* zu entmannen.

Wir können uns heute die Begeisterung für Kastraten kaum mehr vorstellen. Der kritische Hörer und Musikliebhaber des achtzehnten Jahrhunderts — und deren gab es viele — hatte genügend Vergleichsmaterial und ließ sich nicht nur vom vokalen Feuerwerk bestechen, sondern auch von der einzigartigen Schönheit dieser Stimmen. Deren Angebot wurde von der Nachfrage bestimmt.

In Neapel, aber auch anderswo, wo die menschliche Stimme, die einzigartiger und persönlicher als jedes Instrument ist, hochgeschätzt wurde, verband man das gesellschaftlich Nützliche mit dem musikalisch Angenehmen auf ganz besondere Weise. Die Chorschulen der Stadt nahmen auch mittellose Knaben auf. Besaßen sie eine schöne Stimme, so verließen sie für einige Zeit diskret die Schule und kehrten kastriert zurück, um ihre Ausbildung fortzusetzen. Genauso wie beim *Abortus provocatus* vor dessen Liberalisierung gab es Adressen, wo derartige Eingriffe vorgenommen wurden. Der Knabe, zwischen sieben und zwölf Jahre alt, wurde in ein warmes Bad gesteckt und mit Opium betäubt, woraufhin ihm die Hoden entfernt wurden, von einem Wundarzt oder den Eltern. Manche versuchten, bereits Babys oder Kleinkinder zu kastrieren, aber der Eingriff an sich ergab natürlich noch keine Singstimme. Der Verlust der Hoden wurde in der Regel einem Unfall, wie zum Beispiel einem Sturz oder Biß, zugeschrieben.

Der Verlust der Hodenfunktion beeinflußte nicht nur die Stimme. Das Haupthaar sproß üppig, dafür aber kein Bart, und es entwickelte sich ein mächtiger Brustkorb. Kastraten waren oftmals groß, später dick, mit einer eigenartigen Motorik und knabenhaften Stimme. Manchen schwollen die Brüste, und ihr Äußeres war täuschend weiblich. Sie trugen auch manchmal Frauenkleider und traten in androgynen oder weiblichen Opernrollen auf. Hatten sie damit Erfolg, so verdienten sie viel und waren für ihre Eltern eine gute Investition für das Alter. Wenn ein Kastrat nicht singen konnte, war das eine Katastrophe, denn dann war das Opfer für die Kunst umsonst gebracht. Die Alternative war eine Karriere als Lustknabe, obwohl Homosexualität unter Kastraten recht selten gewesen zu sein scheint. Sie waren wie die Eunuchen der Antike ein ungefährlicher Umgang für Frauen, die sie zwar lieben, aber nicht schwängern konnten. Sie konnten auch weder standesamtlich noch kirchlich heiraten und mußten sich mit Liebschaften begnügen, häufig mit angesehenen Damen, die aus Langeweile und Neugier ein Abenteuer suchten. Viele Kastraten galten als dem Pomp zugetan, eitel oder anspruchsvoll, doch das sind Eigenschaften, die sie mit Opernsängern gemein haben, die noch im vollen Besitz ihrer endokrinen Funktionen sind. Einige, wie Farinelli, wurden für ihre Freigebigkeit, Hilfsbereitschaft, ihr Wesen und ihre Kultiviertheit gepriesen. Anders zu sein als alle anderen, ungewollt und mit nur einem Talent ausgestattet, mochte dazu geführt haben, daß ihr Auftreten Selbstschutzcharakter hatte.

Farinelli, ursprünglich Carlo Broschi, wurde im Königreich Neapel als Sohn einer Kaufmannsfamilie geboren, in der die Musik eine wichtige Rolle spielte. Sein ältester Bruder wurde ein geachteter Komponist. Carlo besaß schon als kleiner Junge eine herrliche Stimme. Ein Sturz vom Pferd diente als Vorwand für den Eingriff, der dem singenden Engel einen Ausbildungsplatz bei dem berühmten Gesangslehrer Porpora eintrug, der selbst Schüler von Scarlatti gewesen war. Porpora erkannte wie Vater Mozart das Genie in dem Kind und ließ ihm die strengste und umfassendste musikalische Ausbildung zuteil werden, die zu jener Zeit möglich war. Als Farinelli alles gelernt hatte, folgte das Debüt in Rom und danach ein Triumphzug durch Italien, später Wien und die deutschen Fürstentümer. Es war die erste Stufe auf der Leiter zum Erfolg, häufig mit einem Koffer voller Bravourarien, die der jeweiligen Rolle als Erkennungsmelodie beigefügt wurden. Die italienische Oper war ein Konzert in Kostümen, dazu bestimmt, den ersten Sänger beziehungsweise die erste Sängerin glänzen zu lassen und deren Ruf durch Mundpropaganda weiterzuverbreiten. Das Reisen und Umherziehen endete oft mit einer festen Anstellung bei Hofe als Sänger oder Musiklehrer, und wer gut verdient und gespart hatte, hatte für sein Alter ausgesorgt. Wem das nicht gelang, der war dazu verurteilt, weiterhin in Chor oder Kapelle zu singen; von den Tausenden, die alljährlich kastriert wurden, brachten es nur wenige zu größerem Wohlstand.

Die Italiener waren hingerissen von ihren Kastraten. Sie hatten als einzige die Kastration für ihren Belcanto genutzt und exportierten diese Erfindung in alle Opernhäuser Europas. Nach einer gelungenen Vorstellung riefen sie *»Viva il coltello«*, es lebe das Messer, doch sie waren nicht die einzigen. Als Farinelli 1734 in London eintraf, noch keine dreißig Jahre alt, lag die Stadt ihm zu Füßen. London war die große Welt im Vergleich zur italienischen Provinz oder den deutschen Fürstenhöfen, und er wurde königlich empfangen. Der Prinz von Wales schenkte ihm eine Schnupftabaksdose und Geld, das Publikum geriet in Ekstase, und so blieb er fast drei Jahre in England. Vielleicht wäre er bis an sein Lebensende geblieben, wenn er nicht eine von Elisabeth Farnese, der italienischen Gemahlin des spanischen Königs Philipp V., ausgesprochene Einladung angenommen hätte, nach Madrid zu kommen. Philipp, der als erster Bourbone von Ludwig XIV. auf den spanischen Thron gesetzt worden war, war ein depressiver Mann, der sich zuletzt nicht mehr wusch, anzog oder das Bett verließ. Er litt unter Wutanfällen, bei denen er auf Königin, Beichtvater und Leibarzt einschlug, lebte in ständiger Angst, vergiftet zu werden, und vernachlässigte die Staatsgeschäfte. Königin Elisabeth hatte Farinelli einmal in ihrem Geburtsland gehört und hoffte auf ein Wunder. Sie bat ihn, an den düsteren spanischen Hof zu kommen, um den König aus seiner Melancholie zu erwecken, so wie David einst Saul mit der Harfe auf andere Gedanken brachte.

Sie ließ Farinelli in einem Raum neben dem königlichen Schlafgemach singen, und das Wunder trat ein. Der König geriet in Verzückung durch die Musik, fragte nach dem Sänger und wollte ihn belohnen. Von der Königin instruiert, bat dieser den König, sich zu erheben, zu rasieren, zu waschen und anzukleiden. Das geschah. Der König zeigte wieder gewisse Lebenszeichen, doch dazu mußte Farinelli ihn täglich aufs neue ermuntern. Fast zehn Jahre lang sang er abends immer wieder dieselben vier Arien heute vergessener Komponisten — als Antidepressivum seines Fürsten. Die Texte sind erhalten geblieben, einer ist die Imitation einer verliebten Nachtigall, ein Glanzstück für Kastraten, voller Schnörkel und Triller. Farinelli wurde reich entlohnt, führte das Leben eines Höflings, gab dafür aber mit zweiunddreißig Jahren seine europäische Gesangskarriere auf, um in endloser Wiederholung dem bizarren spanischen Hof als Nachtigall zu dienen. Der König blieb so sonderbar wie zuvor, der Hof war eine Schlangengrube voller Intrigen, doch der Sänger blieb, vertraut, hochgeachtet und befreundet mit vielen. Als Philipp starb und Ferdinand VI. ihm auf den Thron folgte, erhielt Farinelli die Freiheit, sich zu entfalten. Er gründete eine Operngesellschaft, die sehr berühmt in Europa wurde, bildete Sänger aus, richtete Theater ein und übte sich als Mittler zwischen Hof und Regierung in Diplomatie. Als Höfling erwarb er sich mit der Zeit den gleichen Ruf wie als Sänger — dank seines Takts, seiner Freundlichkeit und seiner Kompetenz. Die Kanalisierung des Tajo, die Zucht von Rassepferden, die Leitung der Oper und der königlichen Kapelle nahmen ihn voll in Anspruch, und jedermann rühmte ihn ob seiner Lauterkeit. Er warb Sänger und Kulissenmaler für seine Oper nach Madrid an, wurde zum Ritter geschlagen für seine Dienste bei der Vermählung der Kronprinzessin und wurde als spanischer Grande gemalt. Was Haydn und Mozart von ihren fürstlichen Auftraggebern vorenthalten wurde, fiel ihm mühelos zu. Zu verdanken hatte er das nicht seinem Gesangstalent, sondern seiner Diplomatie, seinem Feingefühl und seiner Freundlichkeit.

Als Ferdinand 1769 stirbt, wird Karl III. sein Nachfolger, der Musik haßt und wenig von Farinelli hält. »Kapaune sehe ich am liebsten auf meinem Teller«, sagt Karl, als der berühmteste Kastrat Europas dem neuen Fürsten seine Aufwartung macht. Farinelli verläßt mit gebrochenem Herzen und einer großzügigen Pension, 54 Jahre alt, den spanischen Hof und zieht sich in seine Villa bei Bologna zwischen seine Erinnerungen und Sammlungen zurück. Fast ein Vierteljahrhundert trauert er da noch, aufgesucht von Fürsten, Komponisten, Prälaten und Regenten, ein Narziß, der sich in seiner Vergangenheit sonnt, die Sehenswürdigkeit von Bologna, bis er 1782 schließlich stirbt. Im selben Jahr beschließt Mozart, die Partie des bösen Haremswächters Osmin in seiner Oper *Die Entführung aus dem Serail* nicht von einem Kastraten singen zu lassen. Die Oper als Singspiel oder kostümiertes vokales Feuerwerk hat sich überlebt, und kleine Jungen können in Italien wieder ruhig schlafen. Nur die Cappella Sixtina bedient sich ihrer noch diskret zum Ruhme Gottes, bis auch das Anfang dieses Jahrhunderts ein Ende hat.

Kastration ist leider so alt wie die Schöpfung. In der Götterfamilie auf dem Olymp entmannen Urväter, Brüder und Söhne einander gegenseitig. In der Antike wurden Kriegsgefangene zur Demütigung kastriert, und abgeschnittene Geschlechtsorgane galten als Siegestrophäe. Der junge David, der König Sauls Tochter zur Frau nehmen will, muß erst seinen Mut beweisen: Er soll als Brautgeschenk die Geschlechtsorgane von hundert Philistern mitbringen. Aus lauter Eifer und Verliebtheit tötet David die doppelte Zahl und bringt, selbst unversehrt, deren Geschlechtsorgane mit, für Saul ein sicheres Zeichen, daß der Herr auf seiten Davids war, denn der Herr liebt, wie der Amerikaner, keine Verlierer. Diese alttestamentarische Sitte hat sich bis zum heutigen Tag in Kolonialkriegen in Asien und Afrika erhalten.

Griechen und Römer dachten da praktischer und beschränkten sich auf den Import kastrierter Sklaven aus fernen Ländern als Zwangsarbeiter. Diese genossen mitunter großes Ansehen und Vertrauen in den Häusern der Adligen, und aus ihrer Not wurde eine Tugend gemacht: Sie dienten den Frauen als Begleiter. Der kastrierte Sklave als Haustier der Reichen war bis ins späte byzantinische Kaiserreich nichts Ungewöhnliches. Von dort war es nur ein Schritt über die Kirchenschwelle, um den byzantinischen Ritus durch Chorgesang zu verschönern.

Die Kirche hat die Kastration zu allen Zeiten verboten, sich zugleich aber dankbar der Kastraten bedient — zum höheren Ruhme Gottes. Für diesen wurden schließlich viele physische Opfer gebracht, vom Zölibat bis zur Selbstkasteiung und dem selbstgewählten Hungertod. Die Theologie hat stets gelehrt, daß die niedere Natur unterhalb der Gürtellinie einem höheren Ziel geopfert werden müsse. Bei einigen Sekten und beim armen Kirchenvater Origenes ging das sogar bis zur Selbstkastration, das Phallusopfer als Eintrittspreis ins Königreich Gottes.

Ohne Beispiel dagegen ist der italienische Brauch, kleine Jungen der Muse zu opfern. Die Armut kinderreicher Familien dürfte Eltern dazu gebracht haben, einen begabten Chorknaben zu kastrieren, bedeutete es doch für ihn selbst Karriere und für die Eltern ein gewisses Einkommen — Ausweg aus der Verarmung. Einer fragwürdigen Biographie zufolge stand auch das Schicksal des Chorknaben Joseph Haydn sozusagen auf des Messers Schneide, wenn sein Vater dem Chordirigenten des Stephansdoms in Wien nicht den Eingriff in letzter Minute verboten hätte. Zumindest zeugte diese Praxis von größerer Fürsorge, als Kinder auszusetzen oder sie zum Betteln zu schicken.

Man wußte wenig über die Biologie der Fortpflanzung, doch schon Aristoteles hatte gemeint, die Stimmbänder würden sich entspannen, wenn man das Gewicht der Hoden wegnähme; und seitdem reichte die Erfahrung aus, um die Folgen abzuschätzen. Die Psychiatrie war noch lange der Meinung, Vergewaltiger, Kinderschänder und Homosexuelle durch diesen Eingriff ändern zu können. Eine einmalige Verstümmelung galt als Investition vertretbar, um jahrelangen Nutzen davon zu haben. Wahrscheinlich hat es Kastraten fast ausschließlich in Italien gegeben, zur Glanzzeit der italienischen Oper und der kirchlichen Gesangskultur, als die Chorschule das gleiche war wie unser heutiges Sportinternat.

Die Aufgabe des Kastraten bestand wie die seiner Nachfolgerin, der Primadonna, darin, mit diesem einen Talent, der goldenen Stimme, aus dem Nichts ins Rampenlicht zu treten, ein Schritt zu Anerkennung und Ruhm. Für die meisten bedeutete dies eine harte Kletterei auf der gesellschaftlichen Stufenleiter, deren Spitze nur wenige erreichten. Dort gibt es, wie es sich für Kirche und Oper gehört, stets nur Intrigen, Skandale und Streit — neben der Erhaltung der künstlerischen Qualität.

Die menschliche Stimme, und insbesondere der Sopran, weckt größere Emotionen als irgendein Instrument, vielleicht aufgrund des flüchtigen, unverwechselbaren Charakters der Leistung, vielleicht aber auch durch die Mitteilung. Musik hat an sich keine Handlung, Vokalmusik dagegen basiert auf einem Text, der, mag er auch noch so dürftig sein, durch Musik zur Mitteilung wird. Dabei ist es mitunter schwer, Interpret und Interpretation voneinander zu trennen. Klaviervirtuosen wie Liszt, Rubinstein oder Horowitz waren nicht nur phänomenale Pianisten, sondern auch farbige, von einem wahren Kult umgebene Persönlichkeiten. Bei Sängern ist dies nicht anders, und Caruso, Callas oder Pavarotti kennt selbst der Musikhasser.

Etwas ist jedoch, zumal im Musiktheater, an einer vollendeten Sopranstimme, was auch vernünftige, ruhige Menschen in Entzücken versetzen kann — und hier kann ich mitreden. Frederica von Stade steht allein, im samtenen Wams und mit offenen Haaren, als Cherubino auf der Bühne der Pariser Opéra und singt wie ein verliebter Teenager *»Voi chè sapete«*. Meine Seele schmilzt dahin, der Saal tobt, Chagalls Decke fällt herab, und Mozart dreht sich verwundert in seinem Armengrab um. Elisabeth Schwarzkopf ist auf einer Platte von 1956 die traurige Gräfin aus dem *Figaro,* und beim *»Dove sono«* bleibt kein Auge trocken, denn nie zuvor ist eine Frau so schön betrogen worden. Was macht Jessye Norman und Kiri te Kanawa zu solchen Primadonnen, daß sie dem Jahrestag der Französischen Revolution und der königlichen Hochzeit in Großbritannien Glanz verleihen dürfen? Warum bricht der belgische Aufstand nach einer mäßigen Brüsseler Opernaufführung aus? In der menschlichen Stimme ist Schatten und Substanz, Show und Botschaft. In letzterer liegt eine direkte Kommunikation, die das Herz berührt, und wer das nicht spürt, muß aus Holz sein.

Der zeitgenössische niederländische Komponist Peter Schat hat einmal gesagt, wer am Donnerstagabend ins Concertgebouw zieht, habe keine Seele, sondern einen kleinen gelben Ballon, der bei Brahmsmusik feucht wird. Wie unser Musikus glaube auch ich nicht an die Seele, wohl aber an diesen kleinen gelben Ballon, ein verborgenes Organ, das von einem reinen Sopran so zum Vibrieren gebracht wird, daß man einen kurzen, aber einzigartigen Augenblick der Glücksempfindung erlebt. Diese Empfindung läßt sich wunderbarerweise durch Konservierung wiederholen, und zwar so, daß wir mit einem Laserstrahl die Rillen der jüngsten Vergangenheit abtasten können. Es ist ein demokratischer Luxus, den kein Fürst, Prälat oder Mäzen je besaß. Andererseits werden wir nie die Faszination der Kastratenstimme mit ihrem nahtlosen Register, ihrer unvergleichlichen Virtuosität, ihrem Volumen und ihrer

Kraft nachempfinden können, da diese italienische Messermode durch eine andere ersetzt wurde, auch wenn wir mit der Vergangenheit die Musik teilen. Darum ist die Geschichte von Farinelli ebenso traurig wie schön. Für kurze Zeit ist die vokale Emanzipation erreicht, doch der Preis von zwei Hoden für vier Oktaven erweist sich als zu hoch. Das Messer ist untauglich für den »Bart in der Kehle«, wie die Niederländer so schön zum Stimmbruch sagen.

EXTREME MIT GOTT UND GEBOT

Parthenogenese

In der vergleichenden Religionswissenschaft ist nichts heilig und alles schon einmal dagewesen. Dazu gehört auch die Geburt Jesu aus der Jungfrau Maria, jenes Vorkommnis, das eine dem Christentum entfremdete Welt zu Weihnachten feiert und mit dem unsere abendländische Zeitrechnung beginnt. Es ist keine wertfreie Kalenderweisheit, sondern die Menschwerdung Gottes, bei der die Geschichte von vorne zu zählen beginnt. Die Jungfrauengeburt war in der antiken Mythologie eine alltägliche Sache, aber auch in der Realität. Vor Gott Vater gab es Gott Mutter, die Erdgöttin. In einem kurzen, unsicheren Dasein mit hoher Kindersterblichkeit war Fruchtbarkeit die einzige Waffe gegen die Abnutzungsschlacht der nackten Existenz. Die wenigen Figuren aus dem Steinzeitalter sind denn auch fruchtbare, anonyme Frauengestalten mit ausgeprägten Geschlechtsmerkmalen und dickem Bauch.

Das weibliche Geschlechtshormon Östrogen fördert die Fettansammlung in Brüsten, an Hüften, Gesäß und Oberschenkeln. Das uns heute so überflüssig vorkommende Körperfett war der unerläßliche Energievorrat für Schwangerschaft und Stillzeit, und auch biologisch kommt dem gespeicherten Körperfett eine regulierende Rolle bei der Fruchtbarkeit zu. Frauen, die freiwillig oder gezwungenermaßen — bei Anorexie oder Nahrungsmangel — hungern, verlieren ihre Fruchtbarkeit. Die Menstruation wird unregelmäßig oder hört ganz auf, und bei einer dennoch eintretenden Schwangerschaft kann das Kind nicht von der Mutter genährt werden. Die Fettsucht der Fruchtbarkeitsgöttinnen war keine mythologische Deformation, sondern eine biologische Notwendigkeit. Erst wenn Nomaden seßhaft werden und der Mann als Jäger oder Ackerbauer neben der fruchtbaren Mutter ebenfalls eine Rolle zu spielen beginnt, entstehen männliche Götter, die zunächst als Kinder oder Liebhaber der Muttergöttin untergeordnet sind, mit der Zeit jedoch den religiösen Emanzipationskampf für sich entscheiden. Bis weit nach Asien und in den Mittleren Osten hinein gilt der erste Kult einer lebensspendenden Muttergöttin. Das Tor zu ihr, Venushügel und Schamlippen, wurde denn auch sehr betont dargestellt.

So beginnt in der griechischen Mythologie die Erschaffung der Welt aus dem Tohuwabohu mit der Erdmutter Gäa, die im Schlaf den Sohn Uranos gebiert. Als Herrscher des

Himmels befruchtet er sie mit Regen und bringt als ihr Sohn die Erde zum Blühen. Gäa läßt Uranos nach einem Familienstreit kastrieren, und erst nach der Vermählung von Bruder und Schwester wird Zeus geboren. Die Legende siedelt diese Geburt in Kreta an, in einer Grotte, wo eine Ziege auf das Neugeborene achtgab. Das archaische Bethlehem ist für den Touristen per Esel zu erreichen — die Parallelen zur Geburtsgrotte im Heiligen Land sind unübersehbar.

In allen Metamorphosen der klassischen Mythologie kam es zu wundersamen Geburten, wenn Götter sich mit Sterblichen einließen. Bacchus und Apollo sind Produkte von Zeus' amourösen Abenteuern, bei denen er sich als Mensch oder Vogel tarnte, um Nymphen und Königstöchter zu schwängern. Göttliche Abstammung setzte eine Jungfrauengeburt voraus und war dazu angetan, Sterblichen den Glanz der Unsterblichkeit zu verleihen. So glaubten Zeitgenossen, daß Alexander, Platon und Pythagoras durch Jungfrauengeburt auf die Welt gekommen seien, auch wenn die Tatsachen dem widersprachen. Himmel und Erde vereinigen sich, bis das Wunder geboren wird.

Unsere Zeitrechnung beginnt mit der Geburt Christi, und die westliche Kultur ist trotz allen Widerstands im Denken und Handeln bis auf den heutigen Tag ein Produkt des Christentums. Die Kirche, gleich welcher Konfession, hat dabei an der Geburt aus einer Jungfrau festgehalten und diese tausendfach verehrt, angerufen und bildnerisch dargestellt. Sie ist zum Symbol der Frau schlechthin geworden, an dem sich unsere Einstellung bemessen läßt, und wird neben einer männlichen Dreieinigkeit zunehmend mit der gleichen oder sogar noch größeren Frömmigkeit verehrt. Sie ist eine mythologische Gestalt im Alltagsleben, Ausgeburt von Aberglauben und Idolatrie, aber auch Sinnbild der Reinheit und des Erbarmens, Produkt einer unerschöpflichen Phantasie. Ihre Verehrung ist räumlich wie zeitlich die größte, die die Menschheit in der Projektion einer Frau je gekannt hat, von der so gut wie nichts bekannt ist. Sie ist ein Mythos, gegründet auf dünne Luft, geschaffen aus dem Gespinst von Legende und Kultus, das sich im Verlauf von Jahrhunderten gebildet hat.

Es ist ein langer Weg von Bethlehem bis zum universalen Ave-Maria. Die ältesten Schriften des Neuen Testaments, die Briefe des Apostels Paulus, erwähnen sie kaum. Im Markusevangelium, dem frühesten der vier, verhält Christus sich Mutter und Brüdern gegenüber gleichgültig, und nur Matthäus, der Altes und Neues Testament miteinander verbindet, erwähnt Marias Schwängerung durch den Heiligen Geist, die Geburt und die Flucht nach Ägypten sowie den von Herodes befohlenen Kindermord, die Parallele zum Kind Moses, der Erlösergestalt des Alten Testaments. Das Lukasevangelium, fast hundert Jahre nach dem Ereignis geschrieben, enthält die eigentliche Weihnachtsgeschichte samt Ankündigung der Geburt, Besuch des Engels, Magnifikat, Krippe und Hirten. Gott wird aus dem Menschen geboren, nicht als mythologischer Zwischenfall, sondern als Erfüllung alter Weissagungen und Wiederholung messianischer Motive. Das letzte Evangelium, das des Johannes, kennt keine Weihnachtsgeschichte und beschreibt Maria als besorgte Mutter bei der Hochzeit zu Kana und am Fuße des Kreuzes. Die Jungfräulichkeit Marias wird lediglich von Matthäus deutlich, wenngleich indirekt erwähnt, als er auf den Propheten Jesaja verweist, der gesagt habe, daß eine Jungfrau schwanger werden und einen Sohn gebären werde, den man Immanuel, »Gott mit uns«, nennen werde. Texte verselbständigen sich; »Gott mit uns« zierte einmal den Rand des niederländischen Guldens und die Schnalle des deutschen Koppels. Schriftgelehrte sind heute der Ansicht, Matthäus, der sich auf die griechische Fassung der hebräischen Texte stützte, habe einen Übersetzungsfehler begangen, da das griechische *parthenos*, Jungfrau, eine zu wörtliche Übersetzung des hebräischen *alman*, heiratsfähiges Mädchen, sei.

Mag die Jungfrauengeburt auch auf einem Irrtum der Gelehrten beruhen, in der römischen Welt war sie das Merkmal göttlicher Herkunft und allgemein akzeptierter Mythos, und den späteren Kirchenvätern fiel es sehr schwer, den christlichen vom heidnischen Mythos zu trennen. Sie stützten sich auf ein apokryphes Evangelium des Jakobus, des Bruders Jesu. Es ist eine orientalische Geschichte aus dem zweiten Jahrhundert, die eine ausführliche Chronik der heiligen Familie liefert, aus dem biblischen Kanon jedoch ausgeschlossen wurde. Der Text führte ein wechselvolles Dasein, wurde um weitere apokryphe Geschichten ergänzt und fand Eingang in die mittelalterlichen Legendensammlungen. Es zeigte sich, daß das Heiligenleben stärker war als die kirchliche Lehre. Maria bekam Eltern, Joachim und Anna, die wie Heilige verehrt wurden und deren Reliquien sich in ganz Europa verstreut finden. Die magere Evangeliengeschichte wird zu einem reichen orientalischen Mythos aufgebauscht, der zahlreiche Anspielungen und Verweise aufs Alte Testament wie auf heidnische Kulte enthält.

Genährt wurde der Mythos von der Jungfrauengeburt durch die herrschende Unkenntnis in bezug auf die Fakten der Fortpflanzung. Aristoteles glaubte, die Frau besitze die materielle Basis fürs Leben in ihrem Menstruationsblut, Form und Bewegung jedoch stammten vom Mann. Der Mann besitze das immaterielle, formgebende Lebensprinzip in seinem Samen, die Frau, das Niedere, biete das ungeformte Material dar. Das war die Auffassung, der man in Ermangelung eines Mikroskops bis zu Harvey und van Leeuwenhoek anhing. Der Heilige Geist konnte demnach als lebensspendender Geist die niedere Materie in der Frau zu Form und Bewegung erwecken, ein *Deus*, der die Maschine in Gang setzte. Der Himmel macht die Erde fruchtbar durch den Regen.

Von der britischen Historikerin Marina Warner gibt es ein wunderbares Buch über die Marienverehrung. Sie meint, die Aufwertung der mythologischen Maria sei die notwendige Ergänzung zum Glauben an Christi Wiederauferstehung gewesen. Geboren in einer Grotte und in Tücher gewickelt, kam Er zur Welt, und die Geburt aus einer Jungfrau bewies Seine Göttlichkeit und Reinheit. Als Verbrecher gestorben, in Tücher gewickelt und in einer Grotte begraben, wird Er als der wiedererstandene Erlöser wiederkehren.

Daß Geschlechtliches dem Göttlichen, Irdisches dem Himmlischen geweiht wurde, war auch in antiken Religionen keine Seltenheit. Rituelle Entjungferung, Tempelprostitution und jungfräuliche Priesterinnen wie bei Vesta und dem Parthenon der Pallas Athene sind Beispiele dafür, wie Sakrales und Sexuelles sich vermischen. Es geschieht zum ersten Mal im Christentum, bei Augustinus und den Kirchenvätern, daß Jungfräulichkeit zur Flucht aus der Sünde erhoben wird. Maria wird zur zweiten Eva, zur Urmutter, die Gott gehorcht und nicht die verbotene Frucht pflückt, um aus dem Paradies vertrieben zu werden.

Schon früh in der Kirchengeschichte stirbt sie, wird aber leibhaftig in den Himmel aufgenommen, wo sie Fürsprecherin bei Gott ist. Sie wird angebetet, verehrt, und die Kirche des Mittelalters baut ihr Kapellen und erschafft ein Bild als Madonna, Jungfrau und Schmerzensmutter, Königin des Himmels, Fruchtbarkeitsgöttin und Schutzpatronin bei Kreuzzügen und Religionskriegen. In Lourdes und Fatima erscheint sie mit Botschaften, und sie ist Namensgeberin von Millionen. Der Volksglaube erstarrt in Dogmatik, als sie für unbefleckt, das heißt ohne Erbsünde empfangen und schließlich auch zur Miterlöserin erklärt wird. Sie inspiriert Maler und Holzschnitzer, Komponisten und Dichter, Baumeister und Bildhauer zu den sublimsten Schöpfungen und wird auch in der orthodoxen Kirche und selbst im Islam verehrt. So windet sich ein nicht enden wollender Rosenkranz von Bittgebeten und Anrufungen um Unsere Liebe Frau. Der gegenwärtige Papst zeigt seine tiefste Frömmigkeit, wenn er vor ihrer Ebenholzfigur in Polen betet und ihr die Sorgen der Welt anempfiehlt.

Der Marienmythos hat aber auch noch eine andere, weltlichere Seite. Er ist der theologische Aufhänger, an dem man die christliche Geringschätzung der Frau als dem Manne Ebenbürtige bis auf den heutigen Tag festgemacht und die Sexualität zur Ursünde erklärt hat. In der Kirche ist für die Frau kein Platz. Sie soll, dem Manne untertan, Kinder gebären, auch wenn sie es nicht will, denn das ist ihre natürliche Pflicht. Ihre Sexualität dient einzig und allein der Fortpflanzung und ist nach der Jungfräulichkeit zweite Wahl. Die Menstruation macht sie unrein. Maria ist daher nicht das Urbild der Frau oder Mutter. Sie ist das Sinnbild einer christlichen Lehre, die das irdische Dasein für sündig erklärt, die Sexualität leugnet und alles Weibliche verachtet. Es ist eine Welt voll Schuld und Sünde, die davon nur durch den Verzicht auf die Biologie, das heißt sich selbst, befreit werden kann. Mag Maria auch möglicherweise nie gelebt haben, die Kirche mußte sie erfinden. Die Marienverehrung von heute ist verblaßt und scheint Gutgläubigen und Fetischisten vorbehalten, es sei denn, die Kirche verstünde es, Marias stets wechselnder Gestalt auch das Bild der Ersten Feministin mitzugeben. Ihre Verehrung hat neben tiefster Frömmigkeit auch Schuldgefühl und Verzweiflung geweckt, und ihr jungfräulicher Fruchtbarkeitsritus steht der Geburtenbeschränkung auf der ganzen Welt im Weg. In dem Maße, wie die Ungleichheit zwischen Mann und Frau abnimmt, wird sie ihre Rolle als willige Mutter immer mehr verlieren. Ihre Fürsprache im Himmel ist wenig hilfreich, wenn dieser sich als leer erweist, ihre Wunder und Erscheinungen erregen nur südeuropäische Dörfer. Die Kunst sucht sich andere weibliche Symbole, flüchtigere und irdischere, und die Jugend pilgert heute zu einer anderen Madonna.

Die Jungfrauengeburt oder Parthenogenese, mit der jede Mariologie beginnt, ist biologisch älter als das religiöse Symbol. Sie kommt bei zahlreichen Insekten, Würmern und Eidechsen vor. Letztere sind für das Verständnis der Rollenverteilung von Mann und Frau mindestens ebenso lehrreich.

Amerikanische Biologen haben Versuche mit der Dornschwanzeidechse angestellt, die in verschiedenen Arten vorkommt. Bei einigen gibt es männliche und weibliche Exemplare, bei einer Art jedoch nur weibliche. Beide Arten zeigen jedoch das gleiche Paarungsverhalten. Die eine Eidechse leckt die andere, besteigt den weiblichen Partner, und dann führen sie ihre äußeren Geschlechtsorgane zusammen. Bei der eingeschlechtlichen Art verhält sich ein Teil der

Eidechsen männlich, denn bei vielen Tieren ist das Liebesspiel eine Voraussetzung für die erfolgreiche Paarung. Eizellen reifen unter Hormonreizen heran, und ein solcher Reiz ist das Männchen mit seinem Verhalten. Das Reifen der Eizelle in der ersten Zyklushälfte wird vom weiblichen Geschlechtshormon, dem Östrogen, beeinflußt. Ist die Eizelle reif für die Befruchtung, so sinkt der Östrogenspiegel bei gleichzeitigem Ansteigen des Progesteronspiegels, was die Einnistung der Eizelle ermöglicht.

Weibliche Dornschwanzeidechsen legen lediglich in der zweiten Zyklusphase ein männliches Verhalten an den Tag. Ihr Progesteron wird im Hirnstamm, im vorderen Hypothalamus, an Rezeptoren gebunden. Das Gehirn ist bei Mensch und Tier von der Anlage her doppelgeschlechtlich. Es enthält einen Regelkreis von Nervenzellen und Rezeptoren, in dem der vordere Hypothalamus männliche Hormone bindet und damit zu männlichem Verhalten anregt. Im hinteren Kern werden weibliche Geschlechtshormone gebunden. Welche Regelkreise im embryonalen und im späteren Leben benutzt werden, hängt vom genetischen Geschlecht ab. Der männliche Fötus produziert männliche Hormone, der weibliche tut das nicht. Eingeschlechtliche Eidechsen besitzen die gleichen doppelten Regelkreise wie ihre Geschlechtsvorfahren. Sie können den männlichen Regelkreis, auch beim genetisch weiblichen Geschlecht, benutzen, indem sie ihre männlichen Rezeptoren für das weibliche Hormon Progesteron empfänglich machen. Ohne Mann oder männliche Hormone kann das Eidechsenweibchen in der ersten Hälfte seines Zyklus ein weibliches und in der zweiten Hälfte ein männliches Verhalten an den Tag legen, wodurch eine Pseudobegattung ermöglicht wird. Diese bewirkt das Heranreifen der Eizelle, die sich ohne Verschmelzung mit dem männlichen Samen teilt. Die Natur kann sich unter Umständen auch ohne Samen oder Befruchtung selbst erhalten, und für männliches Verhalten kann das weibliche Geschlecht durch die Aktivierung eines ruhenden männlichen Regelkreises selbst sorgen. Was Mann und Frau biologisch äußerlich unterscheidet, ist nicht ganz unwesentlich, andererseits aber auch nicht von fundamentaler Bedeutung.

Die Natur macht Mann und Frau biologisch gleichwertig, voneinander abhängig und komplementär; sie kann den Fortbestand sogar mit nur einem Geschlecht erreichen, dem weiblichen, das das männliche Verhalten imitieren kann — zumindest bei manchen Eidechsen. Die Mythologie dagegen kennt eine andere Wirklichkeit, die idealisiert, bedichtet und personifiziert wird. In diesem Sinne ist Maria eine wirkliche Dienerin, aber sie dient nicht dem

Herrn, sondern der christlichen Theologie. Aus einer beiläufigen Erwähnung in der Bibel hat man sie groß gemacht, denn die Kirchenväter brauchten sie, um Juden, Griechen und Heiden die gleichzeitig göttliche und menschliche Natur ihres Sohnes klarzumachen. In ihr wurde Irdisches himmlisch, Besudeltes rein und das Sexualleben zur sündigen Kehrseite der Jungfrauengeburt. Alles Vergängliche dieses Daseins, von Goethes *Faust* bis zu Mahlers mystischem Chor in der achten Sinfonie, ist nur Symbol. Menschliche Unzulänglichkeit, das Unbeschreibliche, wird vom Ewig-Weiblichen erfüllt.

In unserer abendländischen Kultur war dies Maria, im Bilde dargestellt, besungen und verehrt als Jungfrau und Mutter, Himmelskönigin, Dienstmagd und Erlöserin, sich wandelndes Symbol einer christlichen, überwiegend männlichen Phantasie, die die Erde gegen den Himmel, das trübe Erdendasein gegen eine makellose Ewigkeit eintauschen will. Metapher für diesen Tausch ist die Jungfrau Maria.

Diese Mythologisierung der Frau ist für viele zur Verleugnung und Unterdrückung der Frau im wirklichen Leben geworden, doch damit ist es allmählich vorbei. Andere Göttinnen — die der Vernunft, der Leinwand oder der Popmusik — nehmen ihren Platz ein, von Madonna bis Mutter Teresa, von Madame Curie bis Marilyn Monroe. In einer pluriformen, religiösen Symbolen nicht verhafteten Gesellschaft erschafft jeder für sich, aber Gott nicht für uns alle, ein Bild vom Ewig-Weiblichen. Dieses Bild ist selten Jungfrau oder Mutter. Wir blikken verwundert auf, wie Eidechsen in der Sonne.

Ketzer

Ketzer sind Menschen, die von der rechten christlichen Lehre abweichen und darum von der Kirche bekehrt oder bekämpft werden müssen, manchmal sogar verfolgt. Das kommt uns wie eine simple Feststellung vor, doch was ist die rechte Lehre, warum wird jemand zum Ketzer? Warum wird er bis in den Tod hinein verfolgt, ist aber auch bereit, für seine Überzeugung zum Märtyrer zu werden? Unser Wort Ketzer leitet sich von den Katharern her, der ersten großen Ketzerbewegung des Mittelalters, im Süden Frankreichs. Nach dem griechischen Wort *katharós* waren es Reine; ihre Geschichte währte keine hundert Jahre, und doch sind sie ein Schulbeispiel für Ketzerei und deren Bekämpfung.

Christen waren selbst einmal Ketzer im Römischen Reich und wurden verfolgt. Unter Kaiser Konstantin fielen Kirche und Staat sich in die Arme, und wer von der Heilslehre abweichen wollte, mußte nicht nur mit dem Fluch der Kirche, sondern auch mit der Verfolgung seitens des Staates rechnen. Aus den Verfolgten wurden Verfolger, und der Kirchenvater Augustinus ist der erste Inquisitor, dessen *Civitas Dei* einer Zwangsgemeinschaft gleicht. Wer darin nicht aufgehen will, wird verfolgt, wofür Augustinus in Wort und Tat eine Rechtfertigung fand. Die christliche Lehre war eine totalitäre Lehre, die dem sündigen, böswilligen Menschen durch Gottes Gnade Erlösung aus dem Tränental bot; der christliche Staat hatte darüber zu wachen, daß jeder, der von der Lehre abwich, aufgespürt wurde, sich bekehrte oder anderenfalls ausgestoßen wurde. Mit Augustinus erlischt das Licht der klassischen Welt, und es beginnt das dunkle Mittelalter mit dem Ideal *eines* christlichen Reichs, *eines* Gottes und *einer* Kirche, die die Wahrheit für sich gepachtet hat.

Die frühchristliche Kirche sah sich mit vielen Ketzereien — von Glaubensvarianten bis zu heidnischen Einflüssen — konfrontiert, mit mancherlei gesellschaftlichen Folgen. Als sich allmählich eine Orthodoxie, eine Kirchengemeinschaft und eine Lehrautorität entwickelten, schienen die Ketzereien zu verschwinden. Wo es im frühen Mittelalter Häresie gab, handelte es sich häufig um die Verirrung eines Einzelnen, die eher toleriert als bekämpft wurde. Erst nach dem Jahr 1000 tauchen wieder Ketzer auf, die wegen der Unruhe, die sie in der Gesellschaft stiften, mit weltlichen oder kirchlichen

Reaktionen rechnen müssen. Die Kirche hatte sich eine mächtige Position in der Gesellschaft erobert; aber die Kollaboration zwischen geistlicher und weltlicher Macht erregte auch Abscheu, da die evangelischen Werte hinter Habsucht, Reichtum und Macht verschwanden. In Westeuropa bilden sich kleine Gruppen mit antiklerikaler, puritanischer Überzeugung; bei den Katharern jedoch handelt es sich bereits um einen tiefverwurzelten Glauben, der nicht mehr als christlich bezeichnet werden kann. Er ist der persischen Lehre des Mani, dem Manichäismus, verwandt, in dem ursprünglich auch Augustinus aufwuchs. Nach dieser Lehre gibt es zwei Prinzipien, das Gute und das Böse. Das Böse ist die gesamte Materie, Stoff, und diese Welt ist das böse Reich Satans. Der Mensch ist ein Fremdling auf dieser Erde, das einzige Gute, das in ihm ist, ist seine Seele, die sich aus dem Kerker des sterblichen Körpers befreien muß, um durch mehrfache Wiedergeburt ins Reich des Geistes, Gottes, zurückzukehren. Die greifbare Wirklichkeit ist die zeitliche, vom Bösen beherrschte, die wahre Wirklichkeit die unsichtbare.

Katharer lebten ihrer Überzeugung entsprechend. Sie lehnten Kirche und Gottesdienst ab und kannten nur eine sakramentale Handlung, das Consolamentum. Die einfachen Gläubigen konnten dies nicht empfangen, allenfalls auf dem Sterbebett. Eine kleine Gruppe »Vollkommener«, die in strenger Abstinenz und Weltentsagung lebte, empfing dieses Consolamentum, eine tröstende Weihe, und bildete die geistige Vorhut. Die Lehre der Katharer hatte auch anderenorts und schon früher Anhänger gefunden, in Bulgarien, im Rheinland und in Norditalien. Ihre große Blüte setzte im Lande Okzitanien, dem Südwesten Frankreichs, um die Mitte des zwölften Jahrhunderts ein. Okzitanien war ein reiches Land mit ausgedehnten Handelsbeziehungen zum Mittleren Osten, einer offenen Gesellschaft mit einer eigenen Sprache, der *langue d'oc,* mit Troubadouren, einer eigentümlichen Lyrik und blühenden Städten wie Carcassonne und Toulouse, unter der toleranten Herrschaft der Grafen von Toulouse. Die französischen Könige vermochten hier nichts auszurichten, und die Kirche war in Auflösung begriffen. Im Languedoc fand der neue Katharerglaube zunächst Anhänger unter einfachen Leuten, die sich von ihrer Kirche abwandten, später jedoch auch in den höheren Schichten. Dieser Glaube war friedliebend, nüchtern und gab Frauen ebensoviel Raum wie Männern. Er kannte keine Hierarchie, wollte weder Besitz noch Macht und entsagte einer Welt, die die Kirche zu gewinnen suchte. Die *bonshommes,* die »Vollkommenen«, zogen durch Stadt und Land, um zu predigen, das Consolamentum auszuteilen, und waren um ihres einfachen, aufrechten Lebenswandels willen geachtet. Dieser war durchaus beeindruckend, denn sie drangen zu Fuß und per Esel bis in alle Winkel Südfrankreichs vor. Sie stammten aus allen Bevölkerungsschichten, einige waren als Wanderprediger dank ihrer Redekunst zu großer Berühmtheit gelangt. Ihr großes Vorbild war Guilhebert de Castres, der dreißig Jahre lang durch die Lande zog und überall großes Ansehen genoß.

Die Kirche unternimmt anfänglich wenig gegen die Ketzerei, auch wenn sie darüber beunruhigt ist. Die Grafen von Toulouse sind nicht darauf erpicht, gegen einen bedeutenden Teil ihrer eigenen Untertanen vorzugehen. Doch dann besteigt 1198 ein neuer, junger Papst, Innozenz III., den Stuhl Petri und schreitet zur Tat. Er ernennt päpstliche Legaten, die ihm direkt verantwortlich sind und ausgesandt werden, um durch Predigt, Bekehrung und Verwarnung an die Adresse von Ketzern und lokalen Prälaten den wahren Glauben im Languedoc wiederherzustellen. Einige Prälaten versuchen die weltliche Macht dazu zu überreden, die Ketzer durch Zwang von ihrem Irrglauben abzubringen, finden jedoch wenig Unterstützung. Dann zieht im Sommer des Jahres 1206 ein spanischer Geistlicher, Dominique de Guzmán, mit seinem Bischof über die

Pyrenäen und hört die entmutigenden Berichte der päpstlichen Legaten, die bei ihrer Mission kaum Erfolge verzeichnen können. Dominikus sieht den Grund ihres Scheiterns in ihrem autoritären Auftreten, ihrem Reichtum und ihren Machtgelüsten. Er empfiehlt ihnen, wie ihre Widersacher in evangelischer Armut durch die Lande zu ziehen, um den wahren Glauben zu predigen, und geht selbst mit gutem Beispiel voran. Neun Jahre lang wird er es nun im Streitgespräch und in Predigten mit den *bonshommes* aufnehmen. Er wird der Begründer des Dominikanerordens, der Prediger der Kirche.

1207 findet auf Schloß Montreal eine öffentliche Debatte zwischen den päpstlichen Gesandten, darunter Dominikus, und den Katharerpredigern, unter ihnen Guilhebert de Castres samt Mitstreitern, nach den Regeln eines theologischen Turniers statt — mit Helfern, Schiedsrichtern und Zuhörern, zwei Wochen lang und in der Volkssprache. Die Kirche versucht, mit Argumenten zu überzeugen, und der Legende zufolge haben sich nach diesem Streitgespräch 150 Ketzer bekehrt. Die Argumente werden schriftlich festgehalten, um vom jeweiligen Gegner studiert werden zu können.

Da die Schiedsrichter nach dem langen Wortgefecht keinen Sieger ermitteln können, soll das Gottesurteil entscheiden. Dominikus' Papiere werden ins Feuer geworfen, aber sie verbrennen nicht. Seine Glaubensrechtfertigung steigt unversehrt aus den Flammen empor und hinterläßt einen Brandfleck an einem der Schloßbalken, der heute noch in der nahegelegenen Kirche von Fanjeaux zu sehen ist. Die Papiere der Gegner verbrennen in den Flammen, und nicht lange danach werden Dominikus' Anhänger die Katharer ins Feuer werfen lassen. Wo Bücher verbrannt werden, werden bald auch Menschen verbrannt. Das Wunder hat seine Wirkung offenbar nicht verfehlt, rund zweihundert Jahre später wird der Dominikanermaler und -mönch Fra Angelico es verewigen.

Nach dem Streitgespräch von Montreal ändert sich wenig. Einer der päpstlichen Abgesandten, der jetzt, da Argumente versagt haben, für die Anwendung von Gewalt gegen die Ketzer plädiert, wird ermordet, möglicherweise auf Geheiß des Grafen von Toulouse. Papst Innozenz sinnt auf Rache und läßt seine Abgesandten die weltlichen Herren zu einem Kreuzzug gegen die Ketzer zusammentrommeln. Auch der Graf von Toulouse darf nach einer Buße von Peitschenhieben auf den bloßen Leib daran teilnehmen, und so überquert im Sommer des Jahres 1209 ein Heer von Rittern, Bischöfen, Söldnern und Abenteurern, an die 300000 Mann, die Rhône, um das Languedoc der Kirche zu unterwerfen.

Nun folgt ein Kapitel der französischen Geschichte, das lange in Dunkel gehüllt wurde. Es ist der kirchlich organisierte Genozid an einem Volk und einer Kultur, der lange Schatten auf die europäische Geschichte warf. Als erstes wird die Stadt Béziers eingenommen, wo alle Einwohner, etwa 30 000 an der Zahl, ermordet werden, 9000 allein in der Kirche. Danach fällt Carcassonne; kleine Städte und Festungen werden belagert und unter der Führung Simon de Montforts eingenommen; er ist ein grausamer Schlagetot, dessen Kopf während der Belagerung von Toulouse von einem Stein zertrümmert wird, den eine katharische Frauenhand mit einem Katapult abgeschossen hat. Auch Innozenz stirbt, und die Gewalt läßt vorübergehend nach.

Einige Jahre darauf beginnt der zweite Kreuzzug, nun mit Unterstützung des französischen Königs, der auf eine Gebietserweiterung hofft. Der Adel des Languedoc unterwirft sich, allen voran der Graf von Toulouse. In Toulouse selbst tritt ein Konzil zusammen, das die Verfolgung der Ketzerei in den unterworfenen Gebieten regeln soll.

Die Inquisition greift 1233 ein, als der neue Papst Gregor IX. die Ketzerverfolgung den Dominikanern direkt überträgt, ohne die Möglichkeit der Berufung und außerhalb der Jurisdiktion der örtlichen Geistlichkeit. Für die

Katharer ist der Friede bedrohlicher als der Krieg während der beiden Kreuzzüge. Sie verstecken sich oder ziehen sich in nahezu uneinnehmbare Festungen zurück, können ihren Glauben aber nicht mehr öffentlich verkünden. Sie sammeln sich, unterstützt von ketzerischen Adligen und einer sympathisierenden Bevölkerung, im Bergkastell Montségur und anderen Burgen; das mangelnde Engagement des Grafen von Toulouse bot der Inquisition wenig Unterstützung.

Unterdessen wurden Ketzer in Stadt und Land gehetzt, verraten und vor Gericht geschleppt. Der Inquisitor erhob Anklage, die Untersuchung war geheim, und für die Anklage genügte schon ein Gerücht. Die Schuld stand von vornherein fest, und sein Leben konnte nur der retten, der der Ketzerei abschwor und Buße tat. Den gesuchten Beweis erlangte man durch Irreführung und Folterung, während der Angeklagte keinerlei Recht hatte. Die Kirche selbst lehnte die Folterung als im Widerspruch zu den christlichen Geboten stehend ab, überließ sie indes — wie auch die Vollstreckung des Urteils, Tod auf dem Scheiterhaufen — gern der weltlichen Macht. Die Inquisition brauchte die öffentliche Hinrichtung des Ketzers, um ihre Schreckensherrschaft lebendig zu erhalten. Bereits verstorbene Ketzer wurden sogar wieder ausgegraben, um sie nachträglich noch zu verbrennen. Wichtiger waren jedoch Abschwörung, Bekehrung und Buße als sichtbarer Triumph der Kirche über die Verirrung. Wer Buße tat, verlor seinen Besitz, wurde ausgepeitscht, ging auf Kreuzzug und trug als äußeres Kennzeichen ein großes, gelbes Kreuz auf Brust und Rücken, jahrelang, drinnen wie draußen, Vorläufer des Judensterns, von Dominikus erdacht. Den *bonshommes* wurde zur Strafe ein drittes Kreuz auf die Mütze genäht.

Was wir über diese frühen Ketzer und ihr Schicksal wissen, verdanken wir zum großen Teil ihren Verfolgern, die über ihr Treiben präzise Buch führten. Dem französischen Historiker Le Roy Ladurie gelang es, das Ketzerdorf Montaillou nach dem Inquisitionsregister des dortigen Bischofs zu rekonstruieren, der später Papst wurde, nachdem er die letzten Katharer ausgerottet hatte.

Widerstand gegen die dominikanische Inquisition blieb nicht aus. Als ein berüchtigtes Gericht auf der Durchreise in einem Schloß Quartier macht, wird es von einer Widerstandsgruppe aus der Burg von Montségur abgeschlachtet. Adel und Volk sagen sich von König und Kirche los, werden jedoch abermals mit harter Hand zur Unterwerfung gezwungen. Was bleibt, sind ein paar katharische Festungen, Synagogen des Satans genannt, in der kahlen Berglandschaft am Fuße der Pyrenäen, deren wichtigste die Burg von Montségur ist. Ritter, Waffenknechte, »Vollkommene« und einfache Gläubige hatten dort mit Frauen und Kindern Zuflucht gesucht, an die fünfhundert gehetzte Menschen. Der kahle Berg ist auch heute noch ein eindrucksvoller Kalksteinkamm in der Landschaft, dessen Spitze vom langen Schiff der Burgruine gekrönt wird. Der dritte und letzte Kreuzzug gegen die restlichen Katharer beginnt im Sommer 1243 unter der Führung des Erzbischofs von Narbonne. Die steilen, abweisenden Hänge erschweren die Belagerung, und nachts wird die Burg über verborgene Pfade mit Nachschub versorgt. Schließlich gelingt es den Belagerern, einen Stützpunkt dicht unterhalb der Festung zu erobern, und nun sind die Burgmauern dem Trommelfeuer der Steinwerfer ausgesetzt. Die Belagerten erleiden Verluste, werden immer erschöpfter und willigen schließlich in die Übergabe ein. Wer Ketzer war und bleibt, wer das Consolamentum auch während der Belagerung empfangen hat, auf den wartet der Scheiterhaufen.

Im März 1244 werden an einem einzigen Tag 210 Menschen auf einem riesigen Scheiterhaufen am Fuße des Berges verbrannt. Von ihren »Vollkommenen« angeführt, gehen Männer, Frauen und Kinder dem Feuer entgegen und werden in einem Gehege aus Stroh und Zweigen unter Aufsicht des Inquisitors bei lebendigem Leibe verbrannt. Damit hat die Ketzerei der »Reinen« ein Ende und auch die Kultur und Sprache Okzitaniens, das ein französisches Kronland wurde. Davor und danach wurden noch weitere Ketzerherde aufgespürt und ausgemerzt, doch das Masada der Katharer ist eingenommen. Die Geschichte wird am Ort des Geschehens lebendig gehalten, ebenso wie in anderen Katharerfestungen, wo das gleiche geschah. Wie die Basken und Bretonen empfinden auch die heutigen Bewohner des Languedoc den Wunsch, ihre frühere Sprache und ihre Wurzeln zu pflegen; Franzosen sind sie gezwungenermaßen, nicht mit dem Herzen.

Was lehrt uns diese alte, geheimnisvolle Ketzergeschichte aus lange vergangener Zeit? Es war die erste nennenswerte Volksketzerbewegung, und sie wurde binnen eines Jahrhunderts durch die Kollaboration von weltlicher und geistlicher Macht ausgemerzt. Die Geistlichkeit benötigte eine Legitimation, denn drei gegen die Bürger des eigenen Landes gerichtete Kreuzzüge und eine Inquisition waren immerhin neu und ungewohnt. Toleranz ist alles andere als ein christlicher Begriff, und wer den Weg zum Himmel kannte, wollte den Irrenden notfalls mit Zwang in die richtige Richtung schicken. Die Wiederherstellung einer kirchlichen Hierarchie mit päpstlicher Macht und politischen Allianzen machte um 1200 den ohnehin langen

Arm der Kirche noch länger, erregte aber auch Abscheu durch die Arroganz und Lebensweise des Klerus. Und doch muß es noch eine andere Erklärung geben als nur das Streben nach kirchlicher Einheit, die durch die Ausstoßung von Andersgläubigen gestärkt wird. Eine Legitimation für die Ketzerverfolgung fand sich bei den Ketzern selbst, sprich in dem Bild, das man von ihnen zeichnete. Sie waren anders, in der Lehre ebenso wie im Leben, zumeist aufrecht und wehrlos und eine Provokation für Kirche und Obrigkeit. Ihre Überzeugung wurde als gefährlich und ansteckend abgestempelt, da sie andere durch ihr Beispiel hätte infizieren können. Ein weiterer Aspekt war, daß sich die Ketzerbewegung zahlenmäßig zu einem Machtfaktor entwickelt hatte und eine Gefahr hätte bedeuten können, wenn dem nicht Einhalt geboten worden wäre. So wurde der Ketzer zum Sündenbock für alles mögliche Unheil gemacht, wurde geheimer, blutiger Rituale bezichtigt, ohne die Möglichkeit, sich zu verteidigen, gebrandmarkt für eine Anklage. Wer nicht in den Schoß der Kirche zurückkehrte, mußte in die Finsternis gestürzt werden. Die Entwicklung der gesellschaftlichen Ordnung in den Städten, die Entstehung eines gebildeten Standes und der Einfluß von Klosterorden gaben der Kirche die Instrumente der Inquisition in die Hand, eine Scheinjurisdiktion, die die Ausrottung der Ketzer legalisierte. Parallelen sind historisch gesehen heikel, aber vor einem Nürnberger Tribunal wäre der Mord an den Katharern als Genozid verurteilt worden und der Dominikanerorden als kriminelle Vereinigung. Europa entwickelte sich dem englischen Historiker Moore zufolge nach dem Jahr 1000 zu einer Verfolgungsgesellschaft auf der Suche nach wehrlosen Opfern. Hier waren es die Katharer, von den großen Kreuzzügen an die Juden; aber auch Aussätzige und Huren wurden verfolgt und ausgestoßen. Ihnen folgten Hexen und Protestanten, Freidenker und Wiedertäufer, bis Kolonisierung, Sklavenhandel und Krieg die Aufmerksamkeit auf andere Gruppen ablenkten.

Die aktive Verfolgung durch die päpstliche Inquisition war ein Mittel zur Stärkung der geistlichen und weltlichen Macht. Das bedeutete die Ausrottung der Katharer in Frankreich, die Vertreibung der Juden und Mauren aus Spanien und die Vernichtung von Protestanten in Italien. Dafür war es nötig, den Ketzer, Juden oder Aussätzigen zu dämonisieren, geheimer Riten, Orgien, Kinderopfer und der Teufelsanbetung zu beschuldigen. Die Gefahr für die Kirche wurde übertrieben und die Zahl der Ketzer überschätzt, um das gewalttätige Vorgehen zu rechtfertigen. Nur die Kirche kann uns retten, hieß es, und das galt auch für das irdische Leben.

Der englische Hochschullehrer Cohn legte 1975 eine umfassende, detaillierte Geschichte der europäischen Hexenjagd im fünfzehnten und sechzehnten Jahrhundert vor, in der er aufzeigte, daß es keinerlei faktische Grundlage für die Hexenverfolgung gab. Hexen — zu anderen Zeiten Juden, Ketzer oder Aussätzige — waren Projektionen der Phantasien, Mythen und Obsessionen einer Gesellschaft, Europas innere Dämonen, wie der Titel seines Buches lautet. Die Vorwürfe des Kindermords und Kannibalismus, der Orgien und Teufelsanbetung waren die Kehrseite einer streng religiösen Interpretation des Lebens, nach der Geist über Materie, Gebote über Freiheit und Entsagung über Leidenschaften gingen. Die völlige Vereinnahmung der Gesellschaft durch das Christentum löste bösartige, animalische Reaktionen aus, eine kollektive Phantasie, die andere zu Trägern des Bösen machte. Der innere Dämon wurde ausgetrieben und auf die Katharer, Mauren oder Juden projiziert, die sich als Kinder des Satans entweder zu bekehren hatten oder die Folgen tragen mußten.

Die Inquisition verschwand, als die Kirche nach der Reformation ihre Allmacht verlor und der kirchliche Bannfluch die Rationalisten und Agnostiker der Aufklärung nicht mehr schreckte. Im zwanzigsten Jahrhundert verschwand sogar ihr Name, war die päpstliche Inquisition doch zum reinen Papiertiger geworden, der Bücher auf den Index setzte und so manchem katholischen Theologen das Leben vergällte. Der Brandgeruch war bereits seit Jahrhunderten verflogen. Die europäischen Dämonen der Obsession und des Wahns sind zwar katholisch getauft, aber nicht katholisch geblieben. Der Holocaust fand statt und wurde in einem aufgeklärten, dem Christentum entfremdeten Europa toleriert, in dem Staaten und Kirchen sich wie Pilatus die Hände in Unschuld wuschen, und gegen das Reich des Bösen wurden neue Kreuzzüge organisiert, in Vietnam und anderswo. Südamerikanische oder südafrikanische Todesschwadronen vernichten diejenigen, die sich der Macht nicht beugen.

Neue Minderheiten, von Immigranten bis zu Homosexuellen, werden als Brutstätten von Verbrechen und Krankheit verketzert, ihr Anderssein als bedrohlich dargestellt. Die Geschichte Europas scheint eine liberale zu sein, ein Ringen um die Freiheit des Denkens, Glaubens und Handelns, der Selbstentfaltung des Einzelnen. Aber es ist auch die Geschichte kollektiver Phantasien und Wahnvorstellungen in bezug auf Menschen, die anders leben, eine Welt der Apartheid und der Verfolgung. Das liegt vielleicht weniger an der Dominanz der europäischen Kultur als an der menschlichen Natur, die ihren Göttern Menschenopfer darbringen will. Kain, der Ackermann, tötet Abel, den Schäfer, dessen Opfer eher angenommen wird als sein eigenes, und ein Viertel der Menschheit stirbt aus religiösem Neid und ebensolcher Besessenheit. Abraham will seinen Sohn Isaak opfern; der Hohe Rat sieht lieber, daß ein Mann, Christus, stirbt, anstatt daß ein ganzes Volk durch einen verlorengeht, der es in die Irre führt; die griechische Mythologie kennt Götter, die Menschen verschlingen; die Azteken reißen als rituelle Handlung jungen Männern das Herz aus der Brust.

Die Kirche verbrennt Hexen und Ketzer; der Staat sieht Menschenopfer als Dünger auf den Äckern der Zukunft. Die wahre Lehre fordert mehr Opfer als Öl oder Gold. Die Altäre brennen, wo der Mensch dem Menschen nicht Wolf, sondern Opferlamm ist.

Anorexia religiosa

Dem Buch Genesis zufolge schuf Gott den Menschen nach seinem Ebenbild, und so wandelten Adam und Eva in nackter Vollkommenkeit unter den Tieren im Garten Eden umher. Der Genuß des verbotenen Apfels gab ihnen das Bewußtsein von Gut und Böse, von Schuld und Sterblichkeit. Ihr nackter Körper wurde mit einem Feigenblatt notdürftig bedeckt, und mit der Vertreibung aus dem Paradies entstand auch die Scham über diesen Körper oder Teile von ihm. Als ein paar Kapitel weiter im Buch Genesis Erzvater Noah sich mit den Erträgen seines ersten Weingartens betrinkt und nackt in seinem Zelt liegt, lacht einer seiner Söhne darüber. Die beiden anderen legen rückwärts gehend ein Kleid über ihren betrunkenen Vater, um dessen Blöße nicht zu sehen. Wieder nüchtern, preist Noah diese beiden Söhne und verflucht den dritten, der sich über ihn lustig gemacht hat.

Die Genesis-Geschichte als Allegorie der Schöpfung beschreibt den menschlichen Körper nicht mehr als unschuldig und vollkommen, als die Krone der Schöpfung, sondern als ein Werkzeug, mit dem die Existenz unter Schweiß und Tränen gesichert werden muß, und als Quelle der Scham. Die symbolische Bedeutung des menschlichen Körpers hat seither manchen Wandel erfahren, ist aber nie ganz verlorengegangen. Die weibliche Figur wird zum Symbol abstrakter Tugenden wie Freiheit, Recht oder Weisheit, vom Parthenon bis zu jener Statue im New Yorker Hafen, die Millionen von Auswanderern als erstes zu Gesicht bekommen. Die gleiche weibliche Figur stellt — geschmückt oder stilisiert — die Musen, Madonna oder die Sirenen als Personifikation der Kunst, Erlösung oder Verführung dar. Die Republik der Sieben Vereinigten Niederlande wird ebenso wie die Mutter Gottes als Jungfrau dargestellt, rein und sanft, von der Hecke eines Rosengartens umschlossen, wehrloses Symbol einer anderen Wirklichkeit.

Die weibliche Figur kann durch Verbergen und Verhüllen, durch Mutterschaft und Jungfräulichkeit mehr Bedeutungen annehmen als der männliche Körper. Mode ist den Anthropologen zufolge ein Spiel mit sekundären Geschlechtsmerkmalen, und mit diesen ist die Frau besser bedacht. Die männliche Vorherrschaft in der westlichen Kultur hat sich, abgesehen von homoerotischen Akzenten in der klassischen Bildhauerei, auch auf die weibliche Figur ausgedehnt, die sich dem männlichen Geschmack anzupassen hatte. Die vom Schöpfer ursprünglich gewählte Form erwies sich als unzulänglich und verbesserungsfähig — in endlosen Variationen. Der Beginn aller Malerei liegt in der primitiven Bemalung des Körpers, die erste Bildhauerkunst in der Verformung des Penis oder der Schamlippen. Fettsucht wird zum Zeichen von Reichtum, Körperbehaarung eine Art von Schmuck, und wo die Natur versagt, helfen Perücken, Korsetts, Schuhe, Uniformen oder Schmuck. Der russische General unterscheidet sich darin nicht vom New Yorker Fotomodell — trotz unterschiedlicher Idealvorstellungen. Die ärmsten Nomaden Südafrikas, die Hottentotten, streifen nackt am Rande der Kalahari-Wüste umher, aber die Frauen haben als Schönheitsideal riesige Fettpolster am Steiß, als Schmuck und Energiereserve wie der Kamelhöcker zur Trockenzeit. Durch besondere Manipulationen können sie ihre Schamlippen zu einer Schürze dehnen. Niederländische Kolonisten haben sie als Tiere betrachtet und mitunter als Sehenswürdigkeit in europäische Zirkusse geschickt. Eine dieser Unglücklichen war Saartje Baartman, die Hottentotten-Venus, die in England und Frankreich als Sensation zur Schau gestellt wurde. Nach ihrem Tod nahm der berühmte Biologe Baron Cuvier eine Sektion vor, die die Anatomie ihres Unterleibs klärte.

Die geheimnisvolle Schürze erwies sich als zwei extrem gereckte innere Schamlippen. Saartjes Genitalien werden in den Kellern des Musée de l'Homme in Paris noch heute in einem Glas aufbewahrt.

Die weibliche Figur hat eine durch Vererbung, Arbeit, Fortpflanzung und Ernährung natürliche Geschichte. Es gibt auch eine unnatürliche — durch Manipulation, Mode, sexuelle Unterdrückung, Verstümmelung und Mißbildung. Das heutige Schönheitsideal — groß, schlank und braun — ist die Kehrseite der blassen, üppigen Frauengestalten bei Rubens oder Rembrandt.

Eine heutige Allegorie der weiblichen Figur scheint im Krankheitsbild der *Anorexia nervosa* zu liegen. Es ist dies eine Erkrankung, die hauptsächlich, wenn auch nicht ausschließlich, bei jungen Mädchen während der Pubertät auftritt. Sie scheint an Häufigkeit stark zuzunehmen. Oft ist das eine optische Täuschung, weil nur die Faszination für das Phänomen wächst, doch sofern es — aus englischen Mädchenschulen oder amerikanischen Ballettstudios — verläßliche Zahlen gibt, scheint diese Zunahme echt zu sein. Die höchste Zuwachsrate findet sich in der sozialen Oberschicht. Die Krankheit wird zu den Eßstörungen gezählt, doch die selbstauferlegte Aushungerung ist ein Mittel und kein Ziel. Der Versuch, sich selbst zu Tode zu hungern, führt zu extremem Gewichtsverlust, da das Körperfett aufgezehrt wird. Guter Rat, Drohungen oder Belohnungen helfen wenig oder gar nicht, da der Abmagerungsprozeß selbst starke Befriedigung verschafft und das Erreichen eines möglichst niedrigen Körpergewichts zum einzigen Ideal geworden ist. Früher oder später treten körperliche Begleiterscheinungen hinzu. Die Menstruation bleibt aus, die Haare verändern sich, der Herzschlag verlangsamt sich, und trotz physischer Schwäche kommt es zu Phasen starker Aktivität, manchmal im Wechsel mit Phasen von Freßsucht und selbst herbeigeführtem Erbrechen. In extremer Form ist *Anorexia nervosa* lebensbedrohlich, wobei schon eine banale Infektion tödlich sein kann. Die Krankheit beginnt in der Regel während der Pubertät mit einer Abmagerungsdiät und intensiver körperlicher Ertüchtigung, einer dem Anschein nach gesunden Änderung der Lebensgewohnheiten also, wie Millionen junger Frauen sie sich vergebens vornehmen. Als Grund fürs Hungern wird meist angegeben, daß die Patientin jemandem gleichen will, der schlanker ist, oder daß sie wegen ihres Übergewichts gehänselt wird. Manchmal wird das veränderte Eßverhalten durch ein belastendes Ereignis ausgelöst, eine akute Krankheit, den Verlust von Freunden oder Angehörigen oder ein Schulexamen. Konflikte mit den Eltern werden oft genannt, sind als Pubertätsphänomen jedoch kaum spezifisch. Das anfänglich normale Gewicht sinkt infolge der zunehmenden Nahrungsverweigerung auf etwa 40 Kilo ab, die Menstruation bleibt aus, und das Aussehen verändert sich zum Entsetzen der Umgebung, die im guten wie im bösen versucht, zum Essen zu mahnen. Die Patientin verliert das Interesse an ihrer Umgebung, verschließt sich Kontakten, schläft schlecht, friert und konzentriert sich auf eine einzige Sache: nicht zu essen. Sie leugnet das Gewichtsproblem und möchte weiter abnehmen, weil sie sich immer noch für zu dick hält. Sie möchte ihre Autonomie in dem Bemühen abzunehmen beweisen, weil ihre Selbstachtung an das Erreichen ihres Magersuchtideals gebunden ist. Obsessionen in bezug auf Essen und Nahrung nehmen zu, und der ausgehungerte Körper wird weiterhin als zu dick betrachtet, denn je magerer die Patientin wird, desto weiter wird das angestrebte Gewicht herabgesetzt. Obwohl die Hormone aus dem Hypophysenvorderlappen, die den Menstruationszyklus regulieren, nur in geringen Konzentrationen, wie bei einem Kind, im Blut vorhanden sind, ist dies in der Regel sekundär. Auch bei erzwungener Aushungerung tritt dieses Phänomen auf, und bis zum heutigen Tag ist eine endokrine Störung als Ursache des Syndroms unbewiesen und unwahrscheinlich.

Die Erklärungen für dieses Verhalten hängen vom Blick des Beobachters ab und sind zumeist widersprüchlich, unzureichend oder unbewiesen. Das Krankheitsbild ist nicht neu, sondern wurde bereits vor gut hundert Jahren von namhaften Klinikern in England und Frankreich ausführlich beschrieben. Es trat häufig auf und wurde *Anorexia hysterica* genannt. Eine Voraussetzung für ihr Entstehen schien in den Familienverhältnissen zu liegen, und der berühmte französische Nervenarzt Charcot meinte, Isolation und ein strenges Regime böten die besten Aussichten auf einen Behandlungserfolg. Ihm ging es darum, wer über das Eßverhalten zu bestimmen hatte, und ausgehungerte Mädchen im fortgeschrittenen Stadium der Anorexie boten dem autoritären Professor, dessen hysterische Patienten den Merkmalen bereitwillig entsprachen, die er für ihre Anomalien aufgestellt hatte, offensichtlich keinen ernst zu nehmenden Widerstand. Mit dem Wort Hysterie, heute ein schillernder Begriff, war so mancher Nervenarzt nur allzu schnell bei der Hand.

Von Freuds sechs ausführlich dokumentierten Analysepatienten wiesen zwei, Anna und Emma, neben vielen anderen Symptomen auch Eßstörungen auf. Freuds mehrmonatiger Aufenthalt in Charcots Klinik veranlaßte ihn zu der Diagnose »hysterische Gefühlsstörung«. Sexualität und Appetit seien miteinander gekoppelt, und die Nahrungsverweigerung sei die durch verborgene Traumata in der Kindheit ausgelöste Angst vor der eigenen Sexualität.

Der französische Psychiater Janet, ein Zeitgenosse Freuds, sah neben der unaufhaltsam fortschreitenden Magersucht auch die Euphorie und körperliche Aktivität, die damit einhergingen, eine Art von erhöhtem Bewußtsein, gekoppelt an die Unterdrückung physischer Bedürfnisse wie Hunger, Müdigkeit oder sexuelles Verlangen, als schiene die Anorexie einen höheren oder tieferen Sinn zu haben. Die Entwicklung der somatischen Medizin blockierte eine Generation lang weitere Forschungen zur Psychogenese, bis bei einer ausgemergelten jungen Frau, die nach der Schwangerschaft gestorben war, Anomalien der Hypophyse festgestellt wurden, und dies auch noch von einem berühmten Endokrinologen. Eine hormonale Störung schien wahrscheinlich, bis sich herausstellte, daß die Auszehrung von Frauen nach der Geburt auf extremem Blutverlust beruhte, gefolgt von einer Schädigung der durch die Schwangerschaft angegriffenen Hypophyse. Das Simmonds-Syndrom war also offenbar doch etwas anderes als *Anorexia nervosa.*

Danach verlagerte sich das Interesse an der Entstehung der *Anorexia nervosa* vom Patienten auf seine Umgebung. Autoritätskonflikte mit den Eltern, das Bedürfnis, dem Schlankheitsideal einer bestimmten Mode zu entsprechen, die Suche nach der eigenen Identität, nach Selbständigkeit und Vollkommenheit angesichts strenger, von der Familie und der Schule auferlegter Normen bestimmten angeblich den Kardinalkonflikt, wobei das Streben nach Autonomie der Zweck und die eigene Aushungerung das Mittel waren. Es wirkt wie ein Übergangsritus vom gehorsamen Kind zur erwachsenen Frau, extrem erlebt und demonstriert, in dessen Verlauf die Patientin aus dem goldenen Käfig ihrer Umgebung auszubrechen versucht. Die Spekulationen über den Entstehungsmechanismus der *Anorexia nervosa* sind nicht ohne Belang, da sie die spätere Behandlung mitbestimmen. Neben einer mehr oder weniger zwangsweisen Ernährung, um dem lebensbedrohlichen Gewichtsverlust Einhalt zu gebieten, wird es auf Verständnis und Geduld im Umgang mit diesem noch immer rätselhaften Syndrom ankommen. Die Psychotherapeuten van Deth und Vandereycken weisen in ihrer fesselnden historischen Übersicht über die *Anorexia nervosa* auf einen ganzen Komplex von Faktoren hin, die für deren Auftreten und Zunahme in den letzten hundert Jahren von Bedeutung sein könnten. Sie weisen auf die Ohnmacht der idealen Familie hin, ihr Erziehungsideal gegen die Autonomiebestrebungen des Kindes in der Pubertätskrise durchzusetzen. Das sexuelle Heranreifen und die Entscheidungsfreiheit bezüglich Rolle und Verhalten sowie das sich wandelnde Schönheitsideal der Figur trügen kulturhistorisch gesehen zu Unsicherheit während einer kritischen Lebensphase bei, in der das Mädchen, beziehungsweise die junge Frau ihr eigenes Leben in den Griff zu bekommen versucht — mit Eßstörungen als Ausdruck dieses Kampfes. Das alles mag plausibel erscheinen, aber es fragt sich, ob es als Erklärung ausreicht. Frauen in westlichen Ländern machen sich in vielen Lebensphasen Sorgen über ihr Gewicht oder ihr Aussehen und sind bereit zu allen möglichen Diäten, Anstrengungen oder Medikamenteneinnahme. Zu einem guten Teil ist es ein Luxusproblem inmitten eines für jedermann zugänglichen Überangebots an Nahrungsmitteln und Süßigkeiten. Was freilich nicht recht zu erklären vermag, weshalb junge Mädchen in der Blüte ihres Lebens den Wunsch haben, sich zu Tode zu hungern, dies oft über Jahre durchhalten und oft auch nur zum Teil psychisch wieder gesunden. Zusätzlich zur Zwangsernährung angebotene Therapien vermögen kaum etwas auszurichten. Der Therapeut kann eigentlich nicht viel mehr tun, als die Patientin auf einem unbegreiflichen Irrweg zu begleiten, bis der normale Kurs irgendwann wieder eingeschlagen wird.

Die Verweigerung der Nahrungsaufnahme ist nicht auf heranwachsende junge Mädchen in den reichen Ländern des zwanzigsten Jahrhunderts beschränkt. Der Hungerstreik ist eine in der Öffentlichkeit wirksame politische Waffe und wurde von Gandhi ebenso eingesetzt wie von irischen oder deutschen Terroristen, englischen Suffragetten und südafrikanischen Häftlingen. Das Ziel ist dabei mehr als deutlich, da die Behörden, zu humaner Behandlung gehalten, nachgeben oder in Kauf nehmen müssen, daß der Hungerstreikende stirbt. Hungern aus Protest, um Aufmerksamkeit auf sich zu lenken, ist etwas grundlegend anderes als *Anorexia nervosa.* Es ist eine freiwillige Entscheidung, die auf Wirkung, Publizität, Bewunderung und Vorteil abzielt.

Anorexia nervosa scheint sich auf den westlichen Kulturkreis begrenzen zu lassen, in dem die bürgerliche Familie, das Erziehungsideal und die Pubertätskrise junge Mädchen als Protest gegen Eltern oder das Erwachsenwerden zu extremem Eßverhalten zwingt, die Waffe des Machtlosen, der sich einen eigenen Platz schaffen will. Das Ritual der täglichen Mahlzeit wird als Schlachtfeld gewählt, die Nahrungsverweigerung als Waffe.

Die völlige oder teilweise Verweigerung der Nahrungsaufnahme hat indes eine längere Geschichte und eine umfassendere Bedeutung. Das Fasten als Bestandteil religiöser Praktiken ist so alt wie die abendländische Kultur. Es führte zu Reinheit, da mit der Nahrung dämonische Kräfte den Körper verunreinigen können, und diente der Einstimmung auf religiöse Festtage. In der christlichen Tradition der Enthaltsamkeit und Buße war der irdische Körper ein Käfig für die nach Höherem strebende Seele. Askese und Selbstzucht konnten die Reize des Körpers kontrollieren, und durch Vergeistigung war es möglich, Gott näher zu kommen. Als nach Kaiser Konstantin die christliche Lehre Staatsreligion wurde, hatten Verfolgung und Märtyrertum ein Ende. Neue Buße, Verbannung und Einsamkeit suchten Wüstenheilige, die am Rande der Welt in körperlicher Entbehrung ihr Leben fristeten.

Es sollte bis zum Mittelalter mit seinen Ängsten vor Teufel und Hölle, seinen Seuchen und Kriegen dauern, bevor eine ähnliche Askese wieder in Mode kam. Huizinga schreibt in seinem *Herbst des Mittelalters* von der übersättigten Atmosphäre, in der das tägliche Leben von religiösen Vorstellungen völlig durchdrungen ist. Uns erscheint heute der Abstand zwischen dem Erhabenen und dem Lächerlichen gering. Jedem Mysterium haften primitive Glaubenselemente an, die es entweihen. Glaube und Aberglaube liegen manchmal sehr dicht beieinander.

Allen Tätigkeiten des täglichen Lebens wird eine religiöse Bedeutung unterlegt, jede Form ist Symbol und Verweis auf Christus und sein Leiden. Diese Frömmigkeit lebt wie die gesamte mittelalterliche Gesellschaft in einem Spannungszustand von Gegensätzen, mit übersteigerter Ekstase und tiefer Buße. Die extremen Fastengewohnheiten von Asketen, Mystikern und Heiligen jener Zeit gehören dazu, außerdem Selbstkasteiung durch Geißelung, Schlafen auf Nagelbetten und andere Formen der Selbsterniedrigung, mit denen das Leiden Christi nachempfunden wird. Einige Heilige sollen sich allein von der heiligen Hostie ernährt haben; ihre extreme Askese in einer Welt, in der jeder versuchen mußte, genug zum Essen zu finden, machte als Bußübung großen Eindruck auf die Umgebung.

Der amerikanische Historiker Bell hat sich aus Interesse an der Beziehung zwischen der Gesellschaft und ihren Heiligen gefragt, ob die Fastenpraxis des Mittelalters etwas mit der *Anorexia nervosa* gemein habe. Zwischen 1200 und heute hat die katholische Kirche 261 Italienerinnen das Prädikat heilig, selig, ehrwürdig oder Dienerin Gottes verliehen. Ein Drittel von ihnen hat zu wenig biographische Angaben hinterlassen, die etwas über ihre Person oder ihr Leben aussagen könnten. Von den restlichen 170 hat gut die Hälfte vermutlich an der einen oder anderen Form von Anorexie gelitten. Bei einigen Dutzend fanden sich darüber eindeutige biographische Angaben, und zwar in der Bewunderung beziehungsweise der Kritik, die ihr Verhalten auslöste. Bell wählte einige dieser spätmittelalterlichen Heiligenleben in der Toskana und in Umbrien als Illustration für das Krankheitsbild der »heiligen Anorexie« aus und suchte nach Übereinstimmungen und Unterschieden zur nervösen Anorexie unserer Tage. Es schien so, als berührten sich extreme Verhaltensweisen über die Jahrhunderte hinweg.

Eine Erkundungsfahrt in die Psychopathologie eines Heiligenlebens ist kein leichtes Unterfangen. Die Lebensbeschreibung stammt zumeist von Bewunderern, als die Heiligkeit der betreffenden Person bereits glaubhaft war, und so ähneln sich alle diese Geschichten im Kern. In einem Heiligenleben geht es ja auch nicht um Tatsachen, sondern um Vorbilder. Das Leben wird so beschrieben, wie es sein sollte, ebenso wie Charcots Patienten Symptome zeigten, die er für bezeichnend hielt. Die Quellen sind nicht trübe, sondern haben vielmehr das Ziel, den Gläubigen zu laben und nicht den Historiker oder Psychiater. Dem Psychiater fehlt überdies noch etwas ganz Wesentliches, der direkte Patientenkontakt. Jede Psychobiographie stammt mindestens aus zweiter Hand und läßt sich nicht beweisen. Freud legte Leonardo zwar auf seine

Couch, das Prokrustesbett der Psychoanalyse, konnte sein Künstlertum aber nicht erklären.

Ein weiteres Problem ist das Verständnis für den Heiligen in seiner beziehungsweise ihrer Zeit, in einer anderen religiösen und persönlichen Erlebniswelt, als wir sie uns heute vorstellen können. Unsere Gesellschaft kann sich von dieser religiösen Dimension nicht einmal annähernd einen Begriff machen. Und schließlich stehen wir noch vor dem — schwierigsten — Problem, daß religiöse und medizinische Erklärungen einander kaum ergänzen oder erhellen. Jeanne d'Arc und ihre Stimmen werden durch das Etikett »Schizophrenie« nicht erklärlicher, und die Visionen einer Theresia von Avila lassen sich dadurch nicht besser deuten, daß wir sie als hysterisch bezeichnen. Heiligkeit ist die Ausnahme von der Regel des Verhaltens oder Erlebens im täglichen Leben. Heiligkeit wendet sich von den Menschen ab und konzentriert sich auf die Vollkommenheit in Gott. Diese Vorbildfunktion macht eine historische Annäherung schwierig und eine medizinische oft nichtssagend. Daß manche Heilige uns heute bizarr, fanatisch, geistig gestört oder unbegreiflich vorkommen, hat nicht viel zu bedeuten, denn sie haben ihre Rolle zu Lebzeiten erfüllt, und was bleibt, sind Reliquien und Legenden.

Eine der faszinierendsten und berühmtesten Heiligen ist zweifellos Katharina von Siena, die

Schutzpatronin Italiens und eine der einfluß-reichsten geistigen Führerinnen des späten Mittelalters. Katharina war das zweitjüngste von dreiundzwanzig Kindern, von denen viele jung starben. Sie wurde als Kind eines Webers in Siena, einer wohlhabenden Stadt, die sich ihren gotischen Charakter und ihre geheimnisvolle Atmosphäre bis auf den heutigen Tag erhalten hat, kurz vor der großen Pestepidemie von 1348 geboren, die zwei Drittel aller Einwohner der Stadt ins Grab riß. Der Schwarze Tod galt als Strafe Gottes für die Schlechtigkeit der Menschen. Angst, Schuldgefühle und Reue beherrschten die Stadt, in der Bußprediger und Flagellanten das Jüngste Gericht ankündigten. Religiöser Eifer und Frömmigkeit nahmen zu, desgleichen Zwietracht und Verfall bei Klerus und Kirche. Katharina wächst in einer traditionsgebundenen Familie heran und ist dazu bestimmt, zu heiraten. In jungen Jahren hat sie bereits religiöse Erlebnisse und Visionen und peitscht sich heimlich immer wieder aus. Gegen den Willen der Eltern verschließt sie sich nach dem Tod einer geliebten älteren Schwester im Alter von fünfzehn Jahren der Welt, weigert sich zu heiraten, schneidet sich die Haare ab und versenkt sich in Meditationen und Nachtwachen. Sie beschließt, Jungfrau zu bleiben, um Gott anzugehören. Sie verweigert die Nahrungsaufnahme mit Ausnahme von Brot, Wasser und rohem Gemüse, bindet sich mit Ketten und schweigt außer in der Beichte. Sie geißelt sich, bis sie blutet, und verliert die Hälfte ihres Gewichts. Die Eltern tun alles, um sie zu einer anderen Lebensweise zu bewegen, doch sie schließt sich einem Laienorden der Dominikanerinnen an, wo sie unter Witwen und Jungfrauen gute Werke tut und Gott bittet, er möge sie für das Unverständnis ihrer Familie büßen lassen.

Die Quellen dieser Lebensgeschichte stammen von ihrem letzten Beichtvater, Raymond von Capua, später General des Dominikanerordens, der nach ihrem Tod (sie stirbt wie Jesus im dreiunddreißigsten Lebensjahr) versucht, ihr Leben mit Hilfe von Zeugenberichten und Briefen zu rekonstruieren. Die Briefe diktierte sie, da des Schreibens nicht mächtig, zu Hunderten schreibenden Helfern; ihre Ermahnungen sandte sie an Päpste, Fürsten und Prälaten in ganz Europa.

Zwischen ihrem sechzehnten und achtundzwanzigsten Lebensjahr ist sie eine ausgehungerte, von Gott besessene junge Frau, die ihre Tage mit Gebeten, Selbstkasteiung und Krankenpflege verbringt. Ihre Frömmigkeit zieht Schülerinnen aus begüterten Familien Sienas an, die ihr helfen und später mit ihr reisen werden. Die Gottbesessenheit oder Theopathie nimmt sichtbare Formen an. Einmal gerät sie nach einer Kommunion in Verzückung und empfängt die fünf Stigmata oder Wundmale Christi an Händen, Füßen und Herz. Gott spricht direkt mit ihr, wenn sie sich in Trance befindet, ein Zustand geistiger Entrückung nach extremer körperlicher Erschöpfung infolge von Nahrungs- und Schlafmangel. Alles Essen mit Ausnahme von rohem Gemüse erbricht sie; sie lebt von der Hostie. Sie kümmert sich um Landstreicher, Gefangene und Aussätzige und scheut sich nicht einmal vor dem größten Grauen.

Die Vereinigung mit Gott erlebt sie nicht nur im Geiste, sondern ganz konkret. Als Ehering trägt sie, unsichtbar für andere, die Vorhaut des beschnittenen Christus, und ihre Ehe wird von der Muttergottes im Beisein von Aposteln und Heiligen eingesegnet. Sie trinkt Eiter aus den Wunden der Patienten, um Christus in seinem Leiden nachzueifern, und schlägt sich, bis sie blutet. Die Gewalt des Leidens wird ihr durch die Vereinigung ihrer Seele mit Christus in erotischer Verzückung versüßt. Sie wird ihrer Visionen und Entrückungen wegen aufgesucht und auch, weil sie als Vorbild Gottes Willen zu verkörpern scheint. Die Exzesse ihres religiösen Erlebens stoßen auch auf Ungläubigkeit und Kritik, doch selbst das trägt nur noch zu ihrem Ruhm als Abgesandter Gottes bei, die in einer religiösen Welt voll Korruption und Verfall extreme Entsagung demonstriert.

Katharinas kompromißloser Verzicht auf weltliche und körperliche Freuden durch die Verschmelzung mit Christus in mystischer Entrückung stand in krassem Gegensatz zum Lebenswandel der Diener ihrer eigenen Kirche. Papst Clemens, ein Franzose, war wegen einer Maitresse und politischer Unruhen in Rom bereits zu Beginn des schrecklichen vierzehnten Jahrhunderts nach Avignon übergesiedelt, wo sieben französische Päpste nacheinander mit ihren Kardinälen Ausverkauf betrieben. Ämter, Dispense, Ablässe, Ernennungen und Reliquien waren für bares Geld zu haben. Der päpstliche Hof lebte in unvorstellbarem Überfluß; der Korruption wurde überall Vorschub geleistet, während gleichzeitig Bannflucht und Exkommunikation dazu benutzt wurden, um Zahlungen zu erzwingen. Priester lebten mit Frauen zusammen, erpreßten Geld und waren kaum imstande, ihr Amt auszuüben. Von Sünde und Buße konnte man sich freikaufen, und was noch an Frömmigkeit geblieben war, hatte Wucher und Unzucht weichen müssen. Im *Decamerone*, dem Werk von Katharinas Zeitgenossen und Landsmann Boccaccio, kommt kein Geistlicher vor, der kein Schurke, Schwindler oder Schürzenjäger wäre.

Die Kirche, Christi Braut, zeigte einen überaus irdischen Leib. Katharina dagegen, die sich nicht nur symbolisch, sondern auch im wörtlichen Sinn für die Braut Christi hielt, lehnte diesen Körper ab. Zu Beginn ihres Todesjahres 1380 stellt sie beim Fasten auch das Wassertrinken ein und bricht wenige Wochen danach infolge der Austrocknung völlig zusammen. Sie lebt noch einige Monate als Schatten ihrer selbst, verwirrt, zuweilen ohne Bewußtsein, von Zweifeln und Teufeln gequält.

Wer die Krankengeschichte, soweit sie verläßlich dokumentiert ist, durch die klinische Brille und sechshundert Jahre später betrachtet, sieht ein tief religiöses Mädchen in schwerem Konflikt mit einer dominierenden Mutter, die eine große Familie zu führen hat. Nach dem Verlust geliebter Schwestern nimmt sie deren Stelle ein, nicht als Kind ihrer Eltern, sondern als Kind Gottes, das sich von der Welt, der Ehe und der Familie abwendet. Diese innere Überzeugung muß sie gegen die eigenen Bedürfnisse und den Druck der Umgebung durchsetzen und wählt dazu den Weg des Hungerns, Schweigens und der Selbstkasteiung, die sie zu Ekstase, mystischer Verzückung und Aufnahme in die göttliche Familie führen soll. Die äußere Form trägt mit den Geißelungen, blutigen Visionen, Entrückungen und der Leugnung der Körperlichkeit das Merkmal mittelalterlicher Heftigkeit. Damit scheint Katharina von Siena ein Schulbeispiel für *Anorexia nervosa,* oder, wenn man so will, *Anorexia religiosa.* Wo die Patientin heute um eines sehr irdischen Schlankheitsideals willen mager sein will, strebt Katharinas Magersucht nach Heiligkeit, Anderssein. Wer *Anorexia nervosa* als Auflehnung gegen die Anpassung an erwünschte Verhaltensweisen der erwachsenen Frau interpretiert, sieht in Katharinas Weigerung, sich verheiraten zu lassen, das Bedürfnis, Kind in der göttlichen Familie zu bleiben. Das Fixiertsein auf den heranreifenden Körper, die Leugnung von Hunger, Durst oder Schlaf, die Auflehnung gegen die Eltern, die erotische Phantasie neben der selbstgewählten Jungfräulichkeit scheint sich über die Jahrhunderte hinweg nicht wesentlich verändert zu haben; anders ist nur der kulturelle Hintergrund, vor dem die Anorexie heute auftritt. In jenem Jahrhundert der Pest und des Krieges, des religiösen Verfalls und der Exzesse standen Reinheit, Askese und Heiligkeit als deren Gegensätze in hohem Ansehen. Das Pendant dazu ist das Schlankheitsideal der Frau in der heutigen westlichen Überflußgesellschaft. Der Buddha des Ostens ist dick, denn seine Anhänger haben wenig zu essen und sind rappeldürr. Miß Universum und das Fotomodell leben mit den Maßen ihrer Magersucht in einer übergewichtigen Welt.

Daß diese Krankheit in erster Linie junge Frauen erfaßt, können Feministinnen ebensogut erklären wie Psychiater oder Historiker. Die

Verweigerung der von Männern diktierten Frauenrolle findet ihren Ausdruck in der Anorexie. Es ist die letzte Waffe der religiösen Frau in Italien, wo kirchliche Ämter und weltliche Macht ausschließlich Männern vorbehalten sind. Die Frau konnte sich dagegen nur auflehnen, wenn sie ihre eigene Spiritualität durch die Verweigerung von Alltagspflichten, Konventionen und in der Versagung des Gehorsams zeigte.

Wenn die Anorexie eine Zivilisationskrankheit ist, müßte sie bei Veränderungen häufiger oder seltener auftreten. Als die Kirche nach dem Mittelalter strengere Maßstäbe an Heiligkeit anlegt und Selbstzüchtigung durch Hungern oder Geißeln ablehnt, erscheinen immer weniger anorektische Heilige im Kalender. Wenn heutzutage die *Anorexia nervosa* in den begüterten Familien des westlichen Kulturkreises zuzunehmen scheint, so geschieht das in einer Zeit, in der Heranwachsenden mehr Freiheit der Selbstentfaltung in Kleidung, Verhalten, Ernährung und Ausbildung gelassen wird als je zuvor. Dieser historische Vergleich muß für die Dialektik von Marx, Freud oder dem Feminismus eigentlich ein harter Brocken sein.

Die Ärzte dagegen scheinen dazugelernt zu haben. In jedem anständigen Lehrbuch für innere Krankheiten wird *Anorexia nervosa* unter dem Kapitel Ernährung neutral als Verhaltensstörung beschrieben, die von allen psychiatrischen Erkrankungen das höchste Sterberisiko aufweist. Beschrieben wird, was sie nicht ist; ungeklärt bleibt, was sie ist. Hysterie und Hypophyse scheiden aus; jeder Erklärungsversuch ist Spekulation, jede Therapie spröde und anekdotisch. Auch die psychosomatische Erklärung zieht nicht, seit auch dieses modische Krankheitsverständnis sich selbst überlebt hat. Daß sich eine psychische Störung körperlich äußern kann, mit Herzklopfen, Schlaflosigkeit, erhöhter oder herabgesetzter Schmerzschwelle oder Verschlimmerung einer körperlichen Krankheit, ist seit Hippokrates eine Binsenweisheit. Anorexiepatienten ist neben dem Widerwillen gegen Nahrung die Magersucht gemein, doch die Familien, in denen sie aufwachsen, unterscheiden sich. Widerborstigkeit steckt in jedem heranwachsenden Teenager, und kein Mädchen will dick sein. Gesellschaft und Erziehungsdruck ändern sich, und Eltern, die Sündenböcke vieler Psychotherapien, sind nicht immer schlecht zu ihren Kindern und machen sich zu Recht Sorgen, wenn diese Anstalten machen, sich zu Tode zu hungern.

Wir verstehen die Anorexie nicht und Katharina von Siena schon gar nicht, nicht als Person und auch kaum als beispielhafte Heilige des späten Mittelalters. Sie wurde übrigens bereits weniger als hundert Jahre nach ihrem Tod, nicht zuletzt aufgrund posthumer Wunder, von einem ebenfalls aus Siena stammenden Papst heiliggesprochen. Damit ist ihre Geschichte aber noch nicht zu Ende. Die ausgezehrte, weltabgewandte Katharina wandte sich in den letzten fünf Jahren vor ihrem Tod der europäischen Politik zu. Mit einer kleinen Schar von Anhängern zog sie nach Avignon, wo Papst Gregor XI. unter französischer Vorherrschaft regierte. Sie rief ihn mit allem, was sie an Kraft aufzubieten vermochte, dazu auf, nach Rom zurückzukehren, die Kirche zu reformieren und einen Kreuzzug gegen die Türken zu beginnen. Trotz der religiösen Verpackung waren dies überaus praktische Ratschläge. Das Pontifikat als Filiale des französischen Königs schadete der geistlichen Autorität; Avignon war nach den Worten des dort zeitweise lebenden Petrarca eine Kloake, in der sich der Schmutz der ganzen Welt sammelte; und die Söldnerheere, die plündernd durch Europa zogen, konnten besser in einen Kreuzzug gegen die Türken geschickt werden. Katharinas wiederholte Mahnung, mit der sie sich als Dolmetscherin Gottes verstand, veranlaßte den Papst dazu, 1377 von der Rhône an den Tiber zu ziehen, aber er starb bereits ein Jahr später. Sein Nachfolger, Urban VI., war ein arroganter, taktloser Mann, der schon bald mit Fürsten und Kardinälen in Konflikt geriet. Sein Vorgänger und er selbst empfingen Katharina in Audienz, wobei deren Beichtvater ihren toskanischen Dialekt übersetzen mußte. Während ihrer Trancezustände wurde sie von Hofdamen, die ihre Glaubwürdigkeit prüfen wollten, gestochen und gekniffen. Sie diktierte Dutzende von Briefen an den Papst und an Fürsten und flehte um eine Reform der Kirche, die in einem Sumpf von Skandalen zu versinken schien und von politischen Auseinandersetzungen zerrissen wurde. Die Kardinäle hatten schließlich genug von Rom und von Urban, erklärten seine Übersiedlung für ungültig und wählten sich einen Gegenpapst in Avignon — ein ebenso wüster Geselle wie sein Rivale —, womit das große Schisma mit Papst und Gegenpapst, Mord und Totschlag, Teilen und Herrschen begann.

Katharina zog sich zurück von der Gewalt, tief enttäuscht von Papst und Kardinälen, die sie als Hirten zu ihrer Herde nach Rom getrieben hatte. Das Schuldgefühl über ihren Beitrag zur Rückkehr wollte nicht verstummen, und sie fragte sich verzweifelt, ob sie Gottes Willen erfüllt habe. Nach fünf Jahren rastlosen Umherziehens, Predigens, Schreibens und Mahnens entsagte sie der Welt ganz und starb — verhungert und verdurstet. Die Euphorie und Aktivität der Anorexie waren in Resignation und Todessehnsucht umgeschlagen. Bereits zu Lebzeiten wurde sie in Italien als Heilige verehrt; auch die posthume Anerkennung blieb nicht aus, und sei es allein aus dem Grund, weil die Dominikaner die Franziskaner und deren Ordensgründer überbieten wollten.

Von Katharina von Siena ist trotzdem wenig geblieben. Heilige sterben nicht, aber sie verblassen. Dem heutigen Betrachter erscheint ihr Leben pathologisch, als böte es genügend Gründe für eine unfreiwillige Sicherungsverwahrung, die sie im übrigen nicht auf andere Gedanken gebracht hätte. Das Etikett »Anorexie« erklärt wenig; die meisten Heiligen waren schlechte Esser. Neben extremer Selbstkasteiung widmete Katharina sich auch voller Inbrunst der Säuberung der Kirche und des Klerus, die sie unaufhörlich auf versäumte Pflichten hinwies, wie Jeanne d'Arc dies später dem französischen König und Florence Nightingale der britischen Regierung gegenüber tun sollte. Diese Einmischung hat rückblickend betrachtet die Zweiteilung der geistlichen Macht nur noch beschleunigt, macht ihre Bemühungen aber nicht weniger bewundernswert. Ihre mystische Ekstase findet kein Verständnis und keine Nachahmer mehr, und als Schutzpatronin Italiens bleibt ihre Verehrung in engeren Grenzen als die für ihren umbrischen Kollegen Franz von Assisi, der von einigen als erster Umweltheiliger wiederentdeckt worden ist.

Katharinas Haus und ihre Kirche stehen in Siena. In ersterem ist ihr Heiligenleben dargestellt, wie sie zum Tode Verurteilte tröstet, mit Christus das Herz austauscht, die Dornenkrone empfängt, den Papst zurückführt und sich mit Christus mystisch vermählt. In ihrer Kirche, einem schlichten gotischen Backsteinbau, finden sich Fresken, die sie in der Ekstase und Entrükkung als stämmige toskanische Bäuerin darstellen, doch sind diese Bilder anderthalb Jahrhunderte später entstanden. In einer Kapelle ist sie auf einem Bild ihres Zeitgenossen Vanni zu sehen, möglicherweise dem einzig authentischen, wie sie, in Dominikanertracht gewandet, den Lilienzweig der Jungfräulichkeit in ihren mageren, stigmatisierten Händen hält. Das grauenvollste Andenken, Ausgeburt kirchlicher Nekrophilie, ist der verdorrte Kopf der Heiligen, der zusammen mit einem einzelnen Finger in einem Reliquienschrein zur Schau gestellt ist. Ihr Leichnam liegt unter dem Altar einer Kirche in Rom. Der Ehering, Christi Vorhaut, ist für den ungläubigen Besucher natürlich nicht zu sehen. Dieses Privileg genossen jedoch zwei fromme Französinnen, die vor rund hundert Jahren in der Kapelle beteten. Doch kann der Glaube auch zuviel erwarten. Präzise Zählungen Interessierter haben inzwischen nicht weniger als neunzehn Orte ergeben, an denen Christi Vorhaut bewahrt wird. Dieser heilige Überfluß ist auch das Problem, dessentwegen wir Katharina von Siena nicht verstehen können. In allen

Kulturen hat man des Irdischen um dessentwillen entsagt, was darüber hinausreichte. Die mittelalterliche Leugnung des Körpers, vergängliches, sündiges und gebrechliches Vehikel für den Weg zur Ewigkeit, wollte Freßsucht und Lust durch Fasten und Enthaltsamkeit zügeln. In dieser Vergeistigung werden Extreme gesucht und gefunden, und Katharina ist nur eines von vielen Beispielen. Was auffällt, ist nicht nur oder in erster Linie das heroische Ringen, sich über alle irdischen Gefühle und Bedürfnisse zu erheben; es ist vor allem das Scheitern aller asketischen Bemühungen durch die Schwerkraft des biologischen Lebens, das uns samt Vorhaut und allem andern an die Erde fesselt.

GESCHMACKSSINN UND TASTSINN

Schmecken Schiffsjungen?

Die Geschichte von Arthur Gordon Pym aus Nantucket ist ein spannendes Schiffsjournal von einer Fahrt mit dem Segelschiff ins Südpolargebiet. Es kommt zu einer Meuterei, die von einer Handvoll Überlebender nach einem schrecklichen Gemetzel niedergeschlagen wird. Das Schiff macht Wasser, die vier Überlebenden sehen nach ihrem Schiffbruch ein Gespensterschiff mit Leichen und hungern. Ein britisches Schiff entdeckt sie und fährt mit ihnen in die phantastische Südpolarlandschaft, wo fast die gesamte Besatzung von Wilden umgebracht wird. Die letzten Überlebenden erreichen den Rand des Südpols, werden jedoch von einem Mahlstrom ins Innere der Erde gerissen.

Die Geschichte spielt im Jahr 1827 und ist eine Mischung aus Abenteuer und Science fiction jener Zeit. Viele Leser hielten die phantastische Reise Pyms für echt, denn die Antarktis war ein noch unerforschtes Gebiet, das Ende der Welt. Der Autor, Edgar Allan Poe, hatte damit auch eine sinnbildliche Reise gemeint, der Mensch auf der Suche nach Extremen. Sein

Landsmann Herman Melville sollte später mit Moby Dick, dem menschenfressenden Wal, folgen, und nach ihm Joseph Conrad mit seiner Bootsfahrt in den Kongo, das Herz der Finsternis. Jede Reise ist eine Rundreise, der Reisende landet wieder bei sich selbst. Pyms Geschichte berichtet von übernatürlichen, romantischen und grauenvollen Ereignissen, unter denen eines besonders hervorsticht. Als der Rest der meuternden Besatzung auf dem leckgeschlagenen Schiff in der Südsee treibt, gibt es bis auf eine Flasche Port nichts mehr zu essen oder zu trinken. Nach einer Woche Hunger, Verwirrung und Apathie losen die vier Übriggebliebenen. Der Schiffsjunge Richard Parker verliert, wird niedergestochen und aufgegessen. Nach einer Woche ist der Hunger wieder da, aber jetzt entdecken die übrigen, daß sie die Vorratskammer vorn im Schiff mit einem Beil erreichen können. Schließlich naht Rettung in Gestalt einer britischen Brigg, auf der sie immer weiter in das Polargebiet eindringen, dem Abgrund entgegen. In Poes Erzählung ist das Menschenopfer äußerst realistisch beschrieben; hier ißt ein Seemann den anderen auf, und beide kommen aus dem puritanischen, weißen, kultivierten Amerika.

Reiseerzählungen hatten schon seit Hunderten von Jahren von Kannibalismus unter fremden Völkern berichtet. Der spanische Priester

Bernal Díaz, der 1516 Cortés und seine 550 Soldaten nach Mexiko auf der Suche nach dem Gold Montezumas begleitete, hatte bereits geschrieben, daß fast alle im Kampf umgekommen seien und viele ihr Grab im Bauch von Indianern gefunden hätten. Von Menschenopfern und rituellem Kannibalismus ist auch in Reiseberichten aus der Zeit der großen Entdeckungen die Rede; aber es ist vor allem die europäische Vorstellung von Wilden ohne Kenntnis von Gott oder Gebot, die fremde Völker zu blutrünstigen, nackten Kannibalen in einer neu entdeckten Welt macht. Damit wird das Motiv für deren Unterwerfung und Christianisierung gleich mitgeliefert.

Montaigne ist einer der wenigen, die die barbarischen Geschichten nicht glauben. Er meint, alles werde mit europäischem Maßstab und Verstand gemessen, und die Wilden führten ein von der Natur, von Instinkt und Lauterkeit bestimmtes Leben. Sie seien anders, aber nicht schlechter als ihre Entdecker. Den Verzehr von geröstetem Menschenfleisch hält er für weniger abscheulich als das bei lebendigem Leibe Rädern, Häuten und Verbrennen von Verurteilten im christlichen Europa.

Von Kannibalismus wird in Reiseberichten und der Literatur berichtet, vom Riesen Polyphem aus der *Odyssee* bis zu Robinson Crusoe. Er fasziniert, da es hier um ein letztes Tabu geht — den Verzehr von Menschen als Entweihung des Göttlichen —, wobei Götzentum, Zauber und Primitivität okkulte Greueltaten ausschmücken. Bei Edgar Allan Poe handelt es sich freilich nicht um Wilde, sondern um schiffbrüchige Weiße, die der Hunger zum Äußersten treibt. Der Selbsterhaltungstrieb des einen macht den anderen zum Opfer, und zwar aus der Überlegung heraus, daß besser ein Mann stürbe, als daß alle zugrunde gingen. Der Tod und Verzehr von Richard Parker vermag indes nur vorübergehend für Abhilfe zu sorgen, und die Rettung bewirkt eine immer größere Entfernung von der zivilisierten Welt bis zu den Grenzen der Erde, dem schwarzen Schlund des Pols, der wie ein Hades jeden verschlingt, der es wagt hineinzuschauen. Baudelaire las Poe und bewunderte dessen Leben und Werk. Seine Übersetzung der Geschichte von Gordon Pym erschien gleichzeitig mit seinem eigenen Gedichtband *Die Blumen des Bösen,* zwei Formen einer exotischen Darstellung der Wirklichkeit.

Die Wirklichkeit übertraf indes jede Phantasie, als die englische Segeljacht *Mignonette* mit vier Besatzungsmitgliedern im südlichen Atlantik unterging. Die rund fünfzehn Meter lange Jacht lief 1884 in Southampton aus, um ums Kap herum zu ihrem neuen Eigner in Australien gesegelt zu werden, erwies sich auf der Höhe des südlichen Afrika der Gewalt von Sturm und Wogen allerdings nicht gewachsen. Die vier Besatzungsmitglieder konnten sich zwar ins Beiboot retten, hatten aber weder Trinkwasser noch Nahrung und trieben orientierungslos auf einem tosenden Ozean voller Haie umher. Der Kapitän Tom Dudley tat alles, um das Boot seetüchtig zu halten und seine drei Männer trotz kalter Nächte und sehr heißer Tage zu retten. Für den Schiffsjungen, unerfahren und noch keine achtzehn Jahre alt, war es besonders schwer. Der Durst trieb ihn dazu, Seewasser zu trinken; er wurde krank; Diarrhöe beschleunigte seine Austrocknung. Am fünfzehnten Tag nach dem Schiffbruch, ohne etwas zu trinken und mit einer Meeresschildkröte als einziger Nahrung, schien das Ende nahe. Man sprach zwar davon, das Los für den Fall entscheiden zu lassen, daß einer sterben müsse, damit die anderen zu essen hätten, aber es gab ja ein offensichtliches Opfer. Der Schiffsjunge hatte weder Frau noch Kind, lag krank auf dem Boden des Boots und würde die Katastrophe ohnehin nicht überleben; eine Beschleunigung seines Todes gäbe seinen Gefährten eine Chance. Der Kapitän durchstach dem Jungen die Halsschlagader, und dieser verblutete innerhalb einer halben Minute; sein Blut wurde aufgefangen und getrunken. Herz und Leber wurden zuerst herausgenommen und verzehrt, danach wurden weitere Stücke abgeschnitten, und zum Schluß warf man die Leiche über Bord. Vier Tage lang aßen die Männer davon, bis schließlich, nach insgesamt vierundzwanzig Tagen auf See, eine deutsche Bark, die *Montezuma,* in Sicht kam, die sie an Bord nahm — samt Beiboot, in dem sich noch ein paar Stücke Fleisch befanden. Der Schiffsjunge hatte sein grauenvolles Seemannsgrab gefunden. Sein Name war derselbe wie der des Opfers in Poes Erzählung: Richard Parker.

Bei der Ankunft der *Montezuma* in England wurden Dudley und seine beiden Männer verhaftet. Sie hatten freimütig berichtet, was sich zugetragen hatte, und der Kapitän hatte während der Heimreise auf dem deutschen Schiff einen ausführlichen schriftlichen Bericht erstellt, in dem er nichts verschwieg oder entschuldigte. Die Familie von Richard Parker erhielt die ihm noch zustehende Heuer; in der Hafenstadt Falmouth wurde wenig Kritik an diesem extremen Akt von Notwehr laut. Die drei Männer wurden bald auf Kaution freigelassen und erfuhren überall Mitleid und Respekt für so viel erlittenes Elend. Ein Hilfsfonds wurde eingerichtet, und die Lokalpresse behandelte die Schiffbrüchigen als Helden. Die überregionale Presse stand dabei nicht zurück. Doch dem Innenminister blieb keine andere Wahl, als die Staatsanwaltschaft mit der Untersuchung des Falls zu beauftragen. Der Prozeß gegen die drei Männer begann noch im selben Jahr in Exeter und stieß auf gewaltiges Interesse der Presse, der Öffentlichkeit und der Juristen. Dafür gab es verschiedene Gründe, deren wichtigster vermutlich in der viktorianischen Faszination für Mord, Totschlag und Schiffskatastrophen zu suchen war, alltägliche Vorkommnisse, die jedoch von Presse und Öffentlichkeit mit großer Gier nach makabren Details verfolgt wurden. Dies sollte die Grundlage für eine lange Tradition öffentlicher Scheinheiligkeit schaffen. Ihr zufolge war Kannibalismus eine Sitte, deren nur Wilde am Rande des britischen Imperiums für fähig gehalten wurden und die nicht zu einer zivilisierten seefahrenden Nation paßte. Dennoch waren schon früher verschiedene Fälle von Kannibalismus aus Notwehr und nach einem Schiffbruch bekannt geworden. Der berühmteste war der Fall der *Medusa,* einer französischen Fregatte, die auf der Fahrt zum Senegal unterging. Hundertfünfzig Seeleute klammerten sich an einem Floß fest, hungerten, wurden krank und kämpften, wobei die Schwächsten getötet, aufgegessen oder ins Meer geworfen wurden und nur fünfzehn Mann überlebten. Géricault hat diese Katastrophe 1819 im Bild festgehalten; das Gemälde zählt zu den romantischen Glanzstücken des Louvre.

Im Falle der *Mignonette* kam es jedoch zu einem öffentlichen Prozeß, dessen Kernfrage war, ob Totschlag und Kannibalismus als Notwehr betrachtet werden konnten oder ob Mord vorlag. Diese Frage hatte Doktor Nicolaas Tulp bereits aufgeworfen, als er 1641 eine Fülle ungewöhnlicher ärztlicher Erfahrungen veröffentlicht hatte. So hatte er von Augenzeugen gehört, wie sieben Engländer mit ihrem Schiff in der Karibik Schiffbruch erlitten und nach siebzehntägigem Umhertreiben beschlossen hätten, das Los darüber entscheiden zu lassen, wer sterben müsse, damit die anderen zu essen hätten. Das Los fiel auf denjenigen, der den Vorschlag gemacht hatte, und als Ergebnis rein rationaler Überlegungen wurde er getötet und nach dem Ausbluten aufgegessen. Die Schiffbrüchigen strandeten auf der niederländischen Insel Sint Maarten, wurden wohlwollend empfangen und wegen zwingender Notwendigkeit vom Anklagepunkt des Totschlags freigesprochen. Tulps Bericht wurde im Prozeß um die *Mignonette* sozusagen als Präzedenzfall angeführt. Aus juristischen Gründen wurde der Prozeß nach London verlegt und erregte dort ebenfalls riesengroßes Interesse. Die Verteidigung plädierte dahingehend, daß Gesetze, die den Verkehr in zivilisierten Gesellschaften regelten, unter extremen Umständen keine Gültigkeit hätten und daß außergewöhnliche Umstände durchaus dazu angetan sein könnten, Menschen zu solch extremem Verhalten zu treiben. Darüber hinaus wurde in Anlehnung an den Sozialphilosophen Jeremy Bentham das Nützlichkeitsprinzip geltend gemacht, wonach das Wohl möglichst vieler als das höchste Gut zu betrachten sei, dem das Leben des Einzelnen untergeordnet werden müsse. Die Tötung eines Einzelnen gebe anderen die Möglichkeit zu überleben.

Das Gericht erkannte jedoch auf Mord an Richard Parker und verhängte das Todesurteil, sprach sich aber gleichzeitig für einen Gnadenerweis seitens der Krone aus. Das Verbrechen wurde verurteilt, die Täter wurden nach sechsmonatiger Haft freigelassen. Nun entbrannte eine heftige öffentliche Diskussion über das Urteil und die Verurteilten. Ein Jahr nach dem Auslaufen der unglückseligen *Mignonette* aus dem englischen Hafen kehrten sie nach Hause zurück. Kapitän Dudley wanderte später nach Australien aus, lebte als Segelmacher im Hafen von Sydney und starb 1900 als eines der ersten Opfer einer dort grassierenden Pestepidemie. Wie sein Schiffsjunge fand auch er ein gräßliches Grab: Er wurde in ein mit einem Desinfektionsmittel getränktes Segel gewickelt, woraufhin der Sarg mit Schwefelsäure gefüllt in eine tiefe Grube hinabgelassen wurde — ein Ausgestoßener am Ende der Welt. Er war die Hauptperson in einem der bekanntesten Prozesse gewesen, einer *cause célèbre* im viktorianischen

England. 1984 verfaßte der englische Jurist Brian Simpson einen glänzenden Bericht über diese Konfrontation zwischen Notwehr und Rechtsprechung, zwischen Kannibalismus und geltendem Recht, das es durchzusetzen gelte.

Zu Fällen von Kannibalismus kommt es nicht nur aus einer Zwangslage heraus; er kann auch ritueller Natur sein. Die Spanier, die 1516 unter Cortés Mexiko eroberten, fanden dort eine blühende Aztekenkultur vor, komplex, reich an Bauwerken und Schmuck, kriegslüstern und religiös, aber — und das zu Zeiten von Luther und Erasmus — ohne Pflug, Rad oder Alphabet. Viele Götter wurden hier verehrt, jeder mit einem eigenen Kult. Dem Regengott wurden Kinder auf Berggipfeln geopfert, so wie auch Abraham seinen Sohn Isaak hatte opfern wollen. Dem Fruchtbarkeitsgott wurde die Haut getöteter Gefangener als Opfergabe dargebracht, und insgesamt war das religiöse Leben von Riten und astrologischen Kalendern beherrscht, die in Schöpfungsmythen wurzelten, nach denen für den Fortbestand des Lebens Opfer nötig waren. Alljährlich wurden Tausende von Gefangenen, aber auch eigens gekaufte Sklaven und Kinder rituell getötet, ihre Herzen den Göttern geopfert. Oft wurde das Herz dem Körper entnommen, den Tänzer auf einen brennenden Holzstoß geworfen hatten, und dann wurde das Fleisch verzehrt.

Anthropologen haben auch diese Form von Kannibalismus mit Notwendigkeit erklärt. Das rasche Anwachsen einer Bevölkerung in einer Gegend, in der es wenig Wild gab, habe zu großem Eiweißmangel geführt, und es habe auch keine Haustiere gegeben. Der geringe Gartenbau habe den Nahrungsbedarf nicht decken können, während wiederholte Kriege den Azteken Gefangene lieferten, die sowohl zum Opfern als auch zum Stillen des Hungers geeignet waren, so daß nicht nur die Götter, sondern auch die Menschen zu ihrem Recht kamen. Die aztekische Kultur war nicht primitiv, wohl aber grausam, versessen auf Krieg, Blutopfer und Folterung. Dennoch ist es äußerst fraglich, ob Eiweißhunger die Triebfeder dazu war. Das werden wir freilich nie erfahren, denn die Azteken wurden von den Spaniern vertrieben, ihre Kultur ausgerottet, und was übrigblieb, ist schwer zu deuten.

Das Wort Kannibale ist eine Verballhornung von Karibe, dem Namen, mit dem die Küsten- und Inselbewohner sich selbst bezeichneten, als Kolumbus und andere nach ihm Mittelamerika entdeckten. Aus Karibe wurde im Spanischen *caribal* oder *canibal.* In Shakespeares letztem Schauspiel, *Der Sturm,* geschrieben nach den

Berichten von den großen Entdeckungsreisen, heißt der wilde Zauberer auf der Karibikinsel Caliban. Es waren unbekannte Naturmenschen, die Montaigne grundsätzlich für nicht schlechter oder geringer hielt als die Europäer seiner Zeit. Entdeckungsreisende dachten anders darüber, als Kolonisierung und Christianisierung den Brauch des Verzehrs von Menschenfleisch ans Licht brachten. Der Wilde wird zum Kannibalen, zu finden an allen Grenzen der europäischen Expansion, in Mittelamerika, Zentralafrika, auf den Inseln des Stillen Ozeans und in Neuseeland. Die Mythologie des Unbekannten liefert die Ausrede für die Kolonialisierung; wo der Weiße auftaucht, verschwindet der Kannibalismus, der als Thema künftig vor allem im Märchen und in der Satire fortbesteht.

Anthropologen entdecken verschiedene Arten von Kannibalismus. Beim Endokannibalismus essen die Angehörigen des Verstorbenen dessen Fleisch als Zeichen der Ehrerbietung. Bei anderen Völkern oder Stämmen kommt hauptsächlich Exokannibalismus vor, bei dem getötete Sklaven oder Kriegsgefangene gegessen werden. Selten geschieht der Verzehr von Menschenfleisch ausschließlich aus Gründen der Ernährung, wobei der Mensch des Menschen Schwein ist. Fast immer handelt es sich um an Opfer gebundene Rituale, um rituellen Mord, Kopfjagd und den Erwerb der körperlichen oder geistigen Kraft des Gegners. Manchmal werden Schöpfungs- und Fruchtbarkeitsmythen angeführt, nach denen Götter Menschen verschlingen und sich mit ihnen vermischen wie in den griechischen Sagen. Der Verzehr von Menschenfleisch nimmt dann sakrale Bedeutung an. Mystiker und Heilige des Mittelalters haben in ihrer Ekstase am leiblichen Christus teil, dessen Leib und Blut im Sakrament der Eucharistie tatsächlich anwesend sind. Katharina von Siena trinkt während ihrer Visionen Blut aus der Wunde in der Seite des gekreuzigten Christus. Das Teilhaben am Göttlichen wird in Symbol und Traum ausgedrückt als körperliche Kommunion, Einverleibung.

Keine Enzyklopädie erklärt indes den Kannibalismus unter Menschen. In der Tierwelt werden Artgenossen nur selten gefressen. Anthropologen verweisen auf Magie und Aggression, Eiweißmangel und Sadismus, doch bei den verschiedenen Formen von Kannibalismus geht es um höchst unterschiedliche Motive und Umstände.

Es gibt nur noch wenig Wilde auf der Welt, denn die Zivilisation ist überallhin vorgedrungen; das rituelle Menschenopfer ist dadurch nicht verschwunden, sondern hat sich lediglich nach Art und Ausmaß verändert. Die Altäre heißen heute Gulag, Auschwitz oder Kambodscha. Die letzten Reste der Steinzeit sind noch in den Berggebieten des östlichen Neuguinea zu finden. Als die australische Verwaltung in den fünfziger Jahren dort Fuß zu fassen begann, stieß man bei den Fore-Stämmen, einigen Zehntausend auf knapp zweihundert Dörfer verstreuten Papua, auf eine seltsame Krankheit, die *kuru*, Zittern, genannt wurde. Die Krankheit begann mit einer mangelhaften Koordination der Muskelbewegungen, mit Hände- und Füßezittern, Gleichgewichts- und Gehstörungen. Gehen und Stehen wurde mit der Zeit unmöglich, Sprechen und Schlucken war sehr erschwert, so daß der Patient an Aushungerung oder Aspirationspneumonie starb. Frauen und Kinder waren häufiger betroffen als Männer; die Ursache wurde auf Zauberei zurückgeführt, deren Bann sich nur durch einen rituellen Mord brechen ließe. Der Komplex der Symptome sowie der langsame Verlauf ähnelten einer progressiven Form der Parkinson-Krankheit. Das ist eine durch Degeneration der Nervenkerne im Gehirn verursachte Erkrankung, die zu Muskelversteifung, Zittern und ruckartiger Motorik führt. Die Ursache ist unbekannt, wenngleich die Symptome durch eine Virusinfektion sowie durch Nebenwirkungen von Medikamenten ausgelöst werden können. Die Kurukrankheit Neuguineas schien möglicherweise die Folge einer komplizierten Virusinfektion, die das Gehirn erfaßt hatte. Der amerikanische Forscher Gajdusek hatte in Melbourne bei seinem Gastgeber, dem späteren Nobelpreisträger Macfarlane Burnet, über Viruserkrankungen und Abwehrprozesse geforscht. Auf der Rückreise besuchte er, neugierig geworden durch die Geschichten über die Kurukrankheit, Neuguinea. Er machte sich zusammen mit Burnets Sohn ins Landesinnere auf und kam nach einiger Zeit zu der Ansicht, das Krankheitsbild beruhe eher auf Hysterie als auf einer Gehirnerkrankung. Allerdings machte die vollständige neurologische Degeneration, die binnen eines halben Jahres auf das erste Zittern folgte, diese Annahme eher unwahrscheinlich, und so beschloß er zu bleiben und stürzte sich voller Energie in weitere Untersuchungen.

Die Krankheit war, wie er feststellte, eine nicht zu unterschätzende Todesursache im Gebiet der Fore-Stämme und diente zudem als Anlaß zu rituellen Morden an Stammesmitgliedern, die der Zauberei verdächtigt wurden. Das Krankheitsbild wurde genau erfaßt, Blut- und Gewebeproben wurden in australische Labore geflogen, doch man fand keinen Masern-, Windpocken- oder Keuchhustenvirus, und auch die Suche nach Giftstoffen blieb ergebnislos. Es lag kein Vitamin- oder Eiweißmangel vor, und die Nahrung enthielt keine giftigen Metallsalze. Die Kurukrankheit trat auch bei Personen auf, die das Stammesgebiet verlassen hatten und an der Küste arbeiteten.

Sämtliche versuchsweise unternommenen Behandlungen mit Antibiotika, Vitaminen, Nebennierenrindenhormonen und metallbindenden Mitteln hatten keinerlei Erfolg und machten die Krankheit nur noch rätselhafter. Eingehende Befragungen in den Dörfern ergaben, daß die Krankheit vierzig Jahre zuvor bereits sporadisch aufgetreten war, jetzt aber innerhalb eines begrenzten Gebiets epidemische Formen angenommen hatte. Wo es keinen Kontakt mit Nachbarstämmen gegeben hatte, traten auch keine Erkrankungen auf. Es schien so, als übertrügen Frauen die Krankheit auf ihre Kinder; eine erbliche Ursache schien naheliegend.

Gajduseks Beschreibung der seltsamen Epidemie erregte großes Interesse in Fachkreisen, doch auch die Medien und andere Forscher zogen in das Gebiet, ohne neue Erklärungen zu finden. Ein britischer Tierarzt wies auf Übereinstimmungen zwischen der Kurukrankheit und einer Schafkrankheit namens Scrapie hin, die nur in bestimmten Herden auftrete und von einem Virus verursacht werde. Die motorischen Auffälligkeiten wiesen große Ähnlichkeit auf; wenn man Hirngewebe von an Scrapie erkrankten Schafen gesunden Tieren einspritzte, erkrankten diese ebenfalls erst zwei bis drei Jahre später. Gajdusek hatte zwar nach direkten Zusammenhängen zwischen einer Viruserkrankung und der Kurukrankheit gesucht, die mehrjährige Inkubationszeit eines langsam wirkenden Virus jedoch weder in Betracht gezogen noch erforscht. Er ging nach Neuguinea zurück und entnahm verstorbenen Kuru-Patienten Hirngewebe, um in den Vereinigten Staaten Schimpansen damit zu infizieren. Nach drei Jahren erkrankten die Menschenaffen an der Kurukrankheit, und Gajdusek filmte sie, wie er es bei den erkrankten Menschen auch getan hatte, um die erstaunliche Übereinstimmung festzuhalten. Kuru-Kuru war die erste Krankheit, bei der ein langsam wirkender Virus als Ursache einer Hirndegeneration nachgewiesen werden konnte. Dieser Virus wurde schließlich von Gajdusek isoliert, wofür er 1976 den Nobelpreis für Medizin erhielt. Damit war aber die Verbreitung der Krankheit noch nicht geklärt, doch das sollte dem Anthropologenehepaar Glass gelingen, das den Spuren Gajduseks genau folgte. Der Stamm war offenbar um 1915 mit dem Kannibalismus in Berührung gekommen. Beim Bestattungsritual wurden Organe und Muskelfleisch teilweise gebraten oder gekocht und vorzugsweise von Frauen und Kindern gegessen, vor allem das Gehirn. Die Krieger verzichteten in der Regel darauf. Bei Kindern verlief die Krankheit schnell, bei älteren Menschen lagen viele Jahre zwischen Totenmahl und Erkrankung. Kuru-Kuru war also eine ansteckende Viruserkrankung, die durch den Verzehr des menschlichen Gehirns übertragen wurde, in dem sie wie eine Zeitbombe lagerte. Kuru-Kuru würde verschwinden, wenn der Kannibalismus unter dem Einfluß von Mission und Verwaltung verschwand, was in den darauffolgenden Jahren geschah.

Der Kannibalismus auf Neuguinea wurde mit extremem Eiweißmangel erklärt, wie er auch bei den Azteken angenommen wurde. Der Verzehr verstorbener Angehöriger sei für das Fortbestehen der Bevölkerung notwendig gewesen, und die Papua hätten sich nicht anders verhalten als die britischen Schiffbrüchigen in einer unwirtlichen Welt.

Der Kreislauf von Essen und Gegessenwerden war eine extreme Überlebensstrategie, und nachdem den Bestattungsritualen Genüge getan war, galt das Nützlichkeitsprinzip — genauso wie der Hirntote seine Organe spendet, damit andere überleben können. Dies ist eine relativierende Erklärung, die Montaigne befriedigen würde. In den Stammeskämpfen auf Neuguinea bediente man sich jedoch auch des Körpers des besiegten Feindes, und zwar sowohl zum Verzehr als auch aus Gründen der Rache. Leichen wurden verstümmelt, und im Geschlechtsverkehr mit Toten kam ein sadistischer Triumph der Sieger zum Ausdruck, der sich vor Gilles de Rais nicht zu verstecken brauchte. Menschliche Knochen und Fleischreste wurden in Sträuchern und Bäumen aufgehängt, um die Fruchtbarkeit von Mensch und Boden zu fördern. Tod und Erotik, Hunger und Gewalt kommen sich in ihren Extremformen mitunter recht nahe. Der Mensch ist dem Menschen nicht Wolf oder Schwein, sondern Opfer.

Im Land der Blinden

Der Junge war drei Jahre alt, als das Unglück geschah. Er spielte in der Werkstatt seines Vaters, der Sattler in einem kleinen Dorf an der Marne war. Er war allein, und was im einzelnen passierte, ist nicht bekannt. Mit Werkzeugen spielend, stach er sich mit einem Pfriem oder Messer ins Auge. Dies war und ist ein klassischer Kleinkinderunfall, zu dem es in unbewachten Augenblicken kommt, wenn mit Gegenständen der Erwachsenen gespielt wird. Das Auge war unwiderruflich beschädigt, weil der Glaskörper durchstochen war. Ärztliche Hilfe bei ernsten Verletzungen gab es 1812 kaum und schon gar nicht in den ländlichen Gebieten Frankreichs. Napoleon hatte in diesem Sommer seinen Rußlandfeldzug begonnen, und die besten Ärzte waren mit der Armee gen Moskau gezogen. So mußte die Volksmedizin einspringen, wenn keine andere Behandlungsmöglichkeit gegeben war; das verletzte Auge des Kindes wurde mit Pflastern und Kräutern abgedeckt. Eine seltene, wenngleich gefürchtete Komplikation trat ein, wodurch auch das andere Auge erblindete, vielleicht durch das Übergreifen einer Infektion vom verletzten Auge, vielleicht durch eine ungewöhnliche Abwehrreaktion des Körpers als Folge der Wundinfektion.

Über das Kind brach für immer Dunkelheit herein. Die von Schuldgefühl und Mitleid erfüllten Eltern taten, was sie konnten, um das Kind großzuziehen, aber es würde keine Zukunft haben. Blinde konnten mit keiner besonderen Fürsorge rechnen und mußten, wenn sie keine Angehörigen mehr hatten, ihren Lebensunterhalt durch Betteln oder auf Jahrmärkten verdienen. Frankreich war seit Napoleons Niederlagen ein ausgelaugtes Land, von fremden Truppen besetzt, bis die Schulden bezahlt wären, und hatte unzählige Verwundete und Invaliden aus der Grande Armée, die den Feldzug überlebt hatten.

Der blinde Junge besaß einen ausgezeichneten Verstand und eine aufgeweckte Art. Sein Vater, der Sattler, versuchte gemeinsam mit dem Pfarrer, ihm das Alphabet beizubringen, indem er aus Nägeln Buchstaben machte, die er auf kleine Bretter nagelte. Tastend wurden so die Buchstaben erlernt und schließlich auch einfache Wörter. Der Vater lehrte den Sohn, die Buchstaben auf Papier nachzuschreiben; auf der Dorfschule konnte er jedoch weder lesen noch schreiben, wenn er auch dank eines außergewöhnlich guten Gedächtnisses in anderen Fächern glänzte.

Inzwischen war nach dem Sturz des Kaisers die Monarchie in Frankreich wiederhergestellt, und der geflüchtete Adel kehrte zurück. Den neuen König dauerten die Blinden, und so gründete er in Paris die Königliche Blindenanstalt für Kinder, in die jede Region Frankreichs ein Kind schicken konnte. Das dazu bestimmte Gebäude im Quartier Latin war ein ehemaliges Priesterseminar, verfallen, dunkel und feucht, aber das würden blinde Kinder ja nicht merken. Davor war es ein Waisenhaus gewesen, und im siebzehnten Jahrhundert hatte der später heiliggesprochene Vincent de Paul dort gelebt und mit seinem Orden gewirkt, der Armen, Kranken und Gefangenen Trost und Hilfe spenden wollte. Das Haus hatte indes eine noch frischere — und grauenvollere — Erinnerung als die an den Heiligen. Im September 1792 hatten Straßenbanden und Kriminelle, von Marat dazu angestiftet, die Pariser Gefängnisse auf vermeintliche Verschwörer gegen das neue Regime hin durchkämmt und die Hälfte von ihnen auf blutrünstige Weise niedergemetzelt, verstümmelt und zur Schau gestellt. Im alten Seminar wurden 130 junge Priester gefangengehalten, von denen fast alle in den beiden ersten Septembertagen des Jahres 1 der Republik in einer Orgie von Trunkenheit, Blutdurst und Gewalt ermordet wurden.

In diesem Terror sollte auch die bisherige begrenzte Erfahrung in bezug auf die Blindenfürsorge untergehen. 1771 hatte ein junger Regierungsbeamter in Paris einem jungen Bettler am Ausgang einer Kirche Geld gegeben. Der Junge hatte die Münzen mit den Fingern betastet, um ihren Wert erkennen zu können. Der Beamte, Valentin Hauy, sah in dem kleinen Bettler seinen Pygmalion und sollte sein weiteres Leben dem Blindenunterricht widmen. Er begann, den Jungen mit Hilfe von Holzklötzen zu unterrichten, aus denen erhabene Buchstaben herausgeschnitten waren, aber das Material war zu grob und zu primitiv, als daß man damit hätte lesen lernen können. Hauy sah ein, daß es einer besseren Lösung bedurfte, und fand sie im Reliefdruck. Wenn dickes Papier einseitig und mit großer Kraft auf der Rückseite bedruckt würde, dann könnte man die Buchstaben an der Vorderseite im Relief ertasten. Etwas Ähnliches könnte vielen Blinden weiterhelfen, und so ging Hauy energisch daran, Geld zu sammeln; 1785 eröffnete er eine kleine Blindenschule in Paris, deren erster Lehrer sein erster Schüler gewesen war. Das Unterrichtsmaterial bestand aus einem Dutzend Bücher im Reliefdruck, deren Buchstaben abgetastet werden konnten. Die Akademie der Wissenschaften zeigte Interesse, und die Schüler durften sogar Ludwig XVI. und Marie-Antoinette das Fingerlesen vorführen. Die Schule erhielt das Prädikat »königlich«, was ihr aber kaum mehr Einkünfte eintrug. Während der Revolution wurde jede Erinnerung an das Ancien régime ausgelöscht. Die Schule verschwand, die blinden Kinder wurden auf Arbeitshäuser und Asyle verteilt, und der Mann, der mit ihrer Unterrichtung begonnen hatte, floh aus Furcht vor neuem Terror außer Landes.

Die Neugründung eines staatlichen Blindeninstituts, unter der Schirmherrschaft zurückgekehrter Adliger und erneut mit dem Prädikat »königlich« ausgezeichnet, erfolgte 1818. Im Februar 1819 wurde als Nummer 70 der zehnjährige blinde Sohn des Sattlers aufgenommen. Er hieß Louis Braille. Die Schule wurde von einem Direktor geleitet, der in dem verfallenen Gebäude ein äußerst engherziges Regime führte, sehr streng zu seinen blinden Zöglingen war und sie wie in einer Besserungsanstalt drillte. Gelernt wurde wenig, nur in Musik, der Liebhaberei des Direktors, wurden die Knaben sehr gefördert. Lesen sollten sie mit dem dürftigen Material des Reliefdrucks lernen, wobei Schriftzeichen abgetastet wurden, bis Wörter und Sätze verstanden wurden — ein außerordentlich langsamer und schwieriger Prozeß, der keinen wirklichen Zugang zum Lesen ermöglichte. Das königliche Blindeninstitut für Knaben war nicht viel mehr als ein Arbeitshaus mit armseliger

Unterbringung, Ernährung und Unterrichtung.

Das änderte sich, als der begabte junge Arzt André Pignier neuer Direktor wurde. Zwanzig Jahre lang sollte er gegen Vernachlässigung und Bürokratie kämpfen, um für seine Schüler ein besseres Institut zu schaffen. Er sah als erster, daß Sehende sich schlecht dazu eigneten, Blinde zu führen, da ihnen das Verständnis dafür fehlte, was Blindheit war. Blinde sollten zu erreichen versuchen, was Sehende konnten — das Lesen der gleichen Buchstaben und Wörter, und zwar nicht mit den Augen, sondern mit den Fingern — doch das gelang selten.

Pignier kam in Kontakt mit dem Armeehauptmann Barbier, einem Mann, der von einer fixen Idee besessen war. Soldaten konnten im Dunklen Befehle empfangen, und zwar nicht durch gefährliche Lichtsignale, sondern durch kodierte Instruktionen, die mit den Fingern ertastet werden konnten. Er hatte sich ein System aus Punkten und Strichen ausgedacht, die mit Hilfe einer an einem Lineal befestigten scharfen Feder auf die Rückseite eines Kartons gestanzt wurden. Das Relief der Punkte und Striche auf der anderen Seite ergab beim Abtasten einen Code. Er nannte sein System »Nachtschrift«, *l'écriture nocturne*.

Militär und Wissenschaft zeigten kein Interesse, also wandte er sich mit seiner Erfindung an die Blindenanstalt, um sie dort testen zu lassen. Die Zöglinge übten eifrig damit, denn es gab wenig andere Aktivitäten außer bei schönem Wetter Spaziergänge an einem Seil, wie Kettensträflinge, durch den botanischen Garten. Das neue System erwies sich als bittere Enttäuschung. Es schien sich dabei um eine Art Stenographie, eine phonetische Schrift zu handeln — dank der Codes schneller als der Reliefdruck, aber kein Hilfsmittel, um etwas zu lernen, weil es in diesem Code nichts Geschriebenes gab. Es vermochte allenfalls Sehenden im Dunkeln begrenzte Informationen zu übermitteln, war aber für den Blindenunterricht völlig untauglich. Der Erfinder indes behauptete bis zu seinem Tod steif und fest, er habe das Leseproblem für Blinde gelöst.

Louis Braille lernte damit umzugehen, konnte einfache handwerkliche Tätigkeiten verrichten, machte Musik und versuchte, aus den wenigen Büchern, die es dort gab, etwas zu lernen. Er zeigte sich als ungewöhnlich begabter, fleißiger Schüler, der sich mit den Einschränkungen seiner Behinderung nicht abfinden mochte. Er begriff, daß das Ertasten von Buchstaben oder Codes das Sehen imitieren sollte, daß das verstandesmäßige Erfassen von Buchstaben und Wörtern jedoch im Gehirn erfolgte. Ein für Finger geeignetes Alphabet brauchte nicht das gleiche zu sein wie das für sehende Augen, solange die zentrale Umsetzung im Gehirn möglich blieb. In der Haut der Fingerspitzen befindet sich ein Netz von Rezeptoren, das Ort, Intensität und zeitliche Reihenfolge der Tastempfindung an das Gehirn weiterleiten kann. Der Druck weniger Gramm je Quadratmillimeter reicht bereits aus, um die Haut der Fingerspitze zu reizen und die Tastempfindung an den Rezeptor zu übermitteln. Aus bitterer Erfahrung wußte Louis Braille, daß das Abtasten großer Reliefbuchstaben den subtilen Tastsinn der Fingerspitzen kaum forderte. Er sollte eisern weiter nach einem Code suchen, der dafür wirklich geeignet war. Als erstes begann er mit einem Pfriem und dickem Papier zu experimentieren, auf dessen Rückseite er einen aus vier Punkten bestehenden Code anbrachte, der je nach Anzahl und Reihenfolge verschiedene Buchstaben darstellte. Diesen Code erweiterte er im folgenden auf sechs Punkte, in drei Paaren untereinander angeordnet — ein Alphabet aus Zahlen, kodiert wie Dominosteine. Vielleicht hat ihm das damals in Frankreich und Italien sehr beliebte Dominospiel bei seinen Ideen geholfen.

Bei vielen wissenschaftlichen Entdeckungen haben technische Entwicklungen als Modell gedient. Die Pumpe einer Feuerwehrspritze lieferte Harvey das Modell des Blutkreislaufs, das Prinzip des Verbrennungsmotors sollte die Herzphysiologie des zwanzigsten Jahrhunderts beherrschen, und der Computer sollte für eine Theorie über die Struktur des menschlichen Gehirns herhalten. Die Brailleschrift ist eine revolutionäre Erfindung. Ursprünglich diente die menschliche Hand dem Homo faber, dem Menschen als Verfertiger, als Instrument für die Fortbewegung. Im Laufe der Evolution verlor sie ihr Tastvermögen zwar nicht, benötigte es aber weniger als die Fingerfertigkeit, die motorische Steuerung bei Arbeit und Gestik. Der Blinde kann ohne die allesbeherrschende Information des Sehens mit den Händen fühlen und mit diesem Gefühl eine Welt von Assoziationen evozieren. Er nimmt seine Umgebung anders und oft differenzierter wahr und nutzt das menschliche Potential dabei optimal.

Die sechs Braille-Punkte können je nach Anzahl und Anordnung 63 Symbole wiedergeben. Die Punkte liegen ungefähr drei Millimeter auseinander; bis Neurologen nachwiesen, daß das taktile Mindestunterscheidungsvermögen der Fingerspitzen zwei Millimeter beträgt, sollte noch ein Jahrhundert vergehen. Sechs Punkte bedeuten das Höchstmaß an Information, das bei einer flüchtigen Berührung behalten werden kann. Der Sehende, der sich die Zeichen des Braillesystems eingeprägt hat, fühlt nur eine Reihe von Punkten und hat Probleme bei deren Deutung. Der blinde Braille-Leser liest 60 bis 120 Wörter pro Minute und übersetzt zwei- bis dreitausend Punkte pro Minute in Sätze mit einer Bedeutung. Manchmal geschieht das mit nur einem Zeigefinger, aber es geht auch mit dem Daumen, dem Zeh oder der Nasenspitze, und genauso, wie der Sehende liest, fühlt der Blinde keine Buchstaben, sondern Text. Der tastende Finger des Blinden entspricht der Augenbewegung des Sehenden, und beide können sich rasch mit der zentralen Datenverarbeitung im Gehirn verständigen.

Diderot, der Redakteur der französischen *Encyclopédie,* hatte sich schon fast ein halbes Jahrhundert vor Brailles Erfindung mit Tauben und Blinden beschäftigt und ihnen lange Betrachtungen gewidmet. Er glaubte, die Seele des Blinden liege in dessen Fingerspitzen und dort entstehe auch das Denken, als Fingerfertigkeit. Augen und Fingerspitzen sind aber Sinne, die bis zu einem gewissen Grad trainiert werden können, wohingegen die Deutung der Sprache dem Gehirn vorbehalten ist. Brailles Genialität bestand darin, daß er auf empirischem Wege die perfekte Methode fand, wie man diese Information mit Hilfe der Sinneswahrnehmung des Tastens ins Gehirn weiterleitet, so daß ein Braille-Leser sich mit einem Sehenden messen kann. Seine eigene Blindheit war die Voraussetzung für die dafür erforderliche Erkenntnis, und das hätte kein Sehender nachempfinden können.

Braille und seine Mitschüler fertigten 1825 zusammen mit ihrem Direktor eine sog. *planchette* an; das ist ein einfaches kleines Zeichenbrett, über das man ein Lineal mit Öffnungen schieben kann, durch die Punkte auf die Rückseite von dickem Papier gedrückt werden — in umgekehrter Reihenfolge. Es war ein Schreibgerät, mit dem man schnell etwas notieren konnte, was andere Blinde ebensoschnell lesen konnten. Das gab dem Institut gewaltigen Auftrieb, doch fehlte es an Mitteln, um das neue System in der Praxis anzuwenden. Louis Braille, seit fünfzehn Jahren blind und seit acht Jahren Schüler des Instituts, wurde Lehrer an der eigenen Schule, eine billige Lösung mit beachtlichen Folgen. Er war nicht nur ein Erfinder, sondern auch ein begabter, hilfsbereiter Dozent, der ganz in der Verbesserung des Blindenunterrichts aufging. Sein System sollte einen Schlüssel zum Lesen und Schreiben bieten, einen Schlüssel zur Welt der Sehenden, und so arbeitete er unentwegt an Verbesserungen. Nachdem sein System sich auch für die Notenschrift als brauchbar erwiesen hatte, wurde er selbst Organist an einer benachbarten Kirche.

Die Behörden glaubten jedoch nicht daran, und Hauptmann Barbier fand seine Nachtschrift sogar bis zur Unkenntlichkeit entstellt. Das zwang Braille dazu, seine Erfindung in einem kleinen Buch zu veröffentlichen, das im altmodischen Reliefdruck erschien. Darin wurde das Punktsystem mit Lineal und Pfriem erläutert, damit Blinde wie Sehende verstehen konnten, wie es anzuwenden war. Anfangs interessierte sich kaum jemand dafür, aber als nach 1830 Bürgerkönig Louis-Philippe an die Macht kam, blühte Frankreich wieder auf. Besucher kamen ins Pariser Blindeninstitut, Schüler gingen an andere Institute, um dort zu unterrichten, und auch auf Ausstellungen und bei musikalischen Darbietungen Blinder wurde die Methode demonstriert. Das Institut erhielt Anerkennung und Mittel, so daß eine Reihe von Büchern in dem Punktsystem gedruckt werden konnten, hergestellt von blinden Jungen in einer ehemaligen Besserungsanstalt und mit eigenen spärlichen Mitteln bestritten. Das erste Braillebuch war ein kurzer Abriß der französischen Geschichte, handgesetzt auf dickem Papier in drei Bänden, insgesamt 200 Seiten stark und zwei Kilo schwer.

Die Bürokratie glaubte jedoch wie der stellvertretende Direktor des Instituts, daß eine eigene Sprache die Blinden noch weiter in Dunkelheit und Isolation führen werde; man hielt einzig und allein den bisherigen Reliefdruck für sinnvoll, eine Lesemethode für Sehende wie Blinde. Braille versuchte die Kluft zwischen beiden Schriften zu verringern und erhielt dabei Unterstützung von einem anderen begabten

Blinden, Pierre Foucault. Gemeinsam sollten sie eine einfache mechanische Schreibmaschine mit zehn Metallfingern entwickeln, deren Enden das Papier mit Punkten markieren konnten — ein Schreibgerät für jeden Blinden. Später konnten damit auch Noten und normale Schrift geschrieben werden.

1844 erhielten die Blinden endlich eine bessere Behausung; die Eröffnung des neuen Gebäudes wurde für eine ausführliche Demonstration des Braillesystems in Wort und Musik genutzt. Auch Braille war anwesend. Er war dankbar für die Anerkennung, aber er wußte auch, daß seine Tage gezählt waren. Acht Jahre zuvor hatte er begonnen, Blut zu spucken, und die Tuberkulose, die er sich in den Jahren der Armut, Feuchtigkeit und Unterernährung zugezogen hatte, zehrte seine letzten Kräfte auf. Wenn diese es zuließen, spielte er Orgel in der Kapelle neben dem alten Institut, das dem Priesterorden wieder zurückgegeben worden war; sonst siechte er auf seinem Zimmer dahin und verschenkte, was er besaß. Zu seinem alten Direktor sagte er, Gott sei ihm wohlgesonnen gewesen; er habe das Glück gehabt, das Los derer lindern zu können, die sein Schicksal teilten; die Krankheit habe seiner Seele gutgetan. Er starb im Januar 1852. Blinde wie Sehende kamen, um Abschied von ihm zu nehmen, und man nahm eine Totenmaske für ein künftiges

Denkmal ab, das allerdings nie errichtet werden sollte. Sein Leichnam wurde dem ältesten Bruder übergeben, der ihn mit Pferd und Wagen in seinen Geburtsort brachte, ein kleines Dorf nicht weit von Paris. Dem Begräbnis wohnten eine Handvoll Familienangehöriger und Freunde bei — außerhalb des Instituts war Braille ein Unbekannter.

Sein System sollte Nachahmung finden, jedoch auch Kritik, denn man gönnte den Blinden kein eigenes Alphabet. In den Vereinigten Staaten wurden andere, wenngleich keine besseren Varianten erdacht, und in Europa wurde erst 1878 beschlossen, das Braillesystem für den Unterricht zu verwenden. In Amerika dauerte das noch bis 1912, und die einheitliche Verwendung auf der ganzen Welt mußte auf das Wirken der Vereinten Nationen und der Weltgesundheitsorganisation warten. Heute ist es die Weltsprache von 40 Millionen Blinden, und die Programmier- und Drucktechnologie hat die verschiedensten Anwendungsmöglichkeiten in der Musik und der Wissenschaft verbessert. Die Amerikanerin Helen Keller, von Jugend an blind und taubstumm, lernte mit Hilfe der Brailleschrift lesen und schreiben, absolvierte ein Studium *cum laude* und setzte sich ihr Leben lang für die Belange der Tauben und Blinden ein. Zum hundertsten Todestag von Louis Braille schrieb sie, er habe in der Sahara der

Blindheit durch seine Gabe unerschöpfliche Fruchtbarkeit und Freude verbreitet. Durch ihn habe sie die Welt der Poesie, Geschichte und Literatur betreten können.

Braille ist kein berühmter Franzose geworden wie Pasteur oder Charcot. Nirgends ist eine Straße oder ein Platz nach ihm benannt, und es gibt auch kaum eine gute Biographie. Diesem Mangel wurde vor kurzem von dem australischen Journalisten Lennard Bicker abgeholfen, dessen Buch *Triumph over darkness* ich viele Angaben entnehmen konnte. Louis Braille war mit seiner großen Erfindungsgabe, Uneigennützigkeit und seinem Durchsetzungsvermögen ein ganz besonderer Mensch während seines kurzen, von Armut und Krankheit gezeichneten Lebens. Die Herausforderung durch seine Blindheit verlangte ihm das Äußerste an Einsatz und Einsicht in das ab, was Blinde brauchten. Diese Blindheit machte ihn aber auch ungeliebt im Land der Sehenden, die alles besser wußten und ihre Obstruktionsversuche erst spät aufgeben sollten. Er war ein kleiner, von Kirche und Staat übersehener Heiliger, ein armer, blinder Schwindsüchtiger aus einer Anstalt.

So hatte der französische Staat 1952, anläßlich seines hundertsten Todestags, etwas gutzumachen. Die kleine Sattlerei, in der er aufgewachsen war, wurde restauriert; in der Werkstatt hängt das Werkzeug, durch das er erblindete. Nach einem

Jahrhundert wurde seine Grabesruhe gestört, da seine sterblichen Überreste in einer Prozession nach Paris gebracht werden sollten, um im Panthéon beigesetzt zu werden. Die Revolution hatte die Kirche entweiht und den großen Männern des Freiheitskampfes gewidmet. Allerdings schlug die Bewunderung für die ersten dort Ruhenden mit der Zeit um. So war Marat, der Anstifter der Septembermorde, zwar im Triumph zur Vordertür hereingetragen worden, nur um später durch die Hintertür wieder entfernt zu werden. Brailles sterbliche Überreste erhielten einen Platz neben drei mäßig bekannten Naturwissenschaftlern statt einer Ruhestätte neben den großen Literaten seines Jahrhunderts, Victor Hugo oder Émile Zola.

Sein Geburtsort Coupvray war nicht glücklich darüber, daß sein einziger berühmter Sohn unter Hinterlassung eines leeren Grabes für immer nach Paris entschwunden war. So schloß man einen praktischen Kompromiß. Die Hände, die tastend eine neue Buchstabenwelt entdeckt hatten, wurden abgehackt und in einem kleinen Betonkasten über dem leeren Grab aufgestellt, der Körper wanderte in die Keller des Panthéons, neuerlichem Vergessen anheimgegeben.

Künstliche Paradiese

Die Schüsse waren schlecht gezielt. Zwei Kugeln schlugen in der Wand des tristen Brüsseler Hotelzimmers ein, die dritte traf ins linke Handgelenk des jungen Mannes. Der Schütze war völlig betrunken, erschrak aber über seine Tat. Zuvor hatte er an Frau und Freunde sowie an seine Mutter geschrieben, er wolle seinem Leben ein Ende machen, falls seine Frau, die sich von ihm scheiden lassen wolle, nicht zurückkomme. Er war, obwohl inzwischen siebenundzwanzig, stets das ein und alles einer übertrieben besorgten Mutter geblieben, die auf seinen verzweifelten Brief hin auch sofort nach Brüssel eilte. Auch sein Freund war auf der Stelle aus London zurückgekehrt, blieb aber entschlossen, seinen eigenen Weg zu gehen. Daß dieser ihn verlassen wollte, war die Ursache des Streits und der Schüsse. Der Schütze rannte heulend ins Zimmer seiner Mutter und berichtete, was geschehen war. Melodramatisch forderte er seinen verletzten Freund auf, ihn niederzuschießen. Zu dritt begaben sie sich ins Krankenhaus, wo die Wunde verbunden wurde. Das Opfer wollte nach Hause zurück. Auf dem Weg zum Bahnhof verlangte der Schütze, der Freund solle bleiben, sonst werde er ihn doch noch erschießen.

Das Opfer fühlte sich jetzt ernstlich bedroht und wandte sich an einen Polizisten. Der Schütze wurde festgenommen, das verletzte Opfer im Krankenhaus verhört, wo die Kugel entfernt werden mußte. Drei Wochen später wurde der Schütze wegen Körperverletzung verurteilt, obwohl der Freund seine Anzeige inzwischen zurückgezogen hatte; er mußte für achtzehn Monate ins Gefängnis. Das Opfer kehrte nach Hause zurück, auf den Bauernhof seiner Mutter.

Der Schuß, den Paul Verlaine am 10. Juli 1873 auf Arthur Rimbaud abfeuerte, bedeutete das Ende ihrer Freundschaft und das Ende von Rimbauds dichterischem Schaffen. Nach Verbüßung der Strafe sollten sie sich noch einmal in Stuttgart wiedersehen, in einer Orgie der Leidenschaft, Trunkenheit und Gewalt.

Beide waren, nach Verlaines eigenen Worten, *poètes maudits*, verdammte Dichter. Verlaine kam aus einer ordentlichen, strengen Familie mit einem früh verstorbenen Vater. Nach einer harten Gymnasialzeit wird Verlaine Verwaltungsangestellter der Stadt Paris, verbringt seine Freizeit jedoch mit Dichtern und mit Gedichten. Da ist er bereits von Zeit zu Zeit der betrunkene Bisexuelle, der die Grenzen des eigenen Ichs erkundet, findet aber auch schon Anerkennung für seine ersten Gedichte. In betrunkenem Zustand ist er rasch zu Gewalttaten bereit. 1870, bei Ausbruch des Deutsch-Französischen Kriegs, heiratet er Mathilde, ein sechzehnjähriges Mädchen aus begüterter Familie. Der junge Ehemann tritt in die Bürgerwehr ein, kommt mitten in der Nacht betrunken nach Hause, würgt seine Frau wiederholt und legt Feuer. Ein Jahr nach der Hochzeit werden ihm Gedichte eines frühreifen Schülers zugeschickt, des sechzehnjährigen Arthur Rimbaud, der in einer kleinen Industriestadt Nordfrankreichs lebt.

Er lädt Rimbaud ein, nach Paris zu kommen, und dort beginnt ihre Freundschaft. Auch Rimbaud war das Kind einer strengen, herrschsüchtigen Mutter, die ganz allein auf sich gestellt, ihn, seinen Bruder und zwei Schwestern zu versorgen hatte. Der junge Arthur war ein glänzender Schüler, dessen große Begabung vor allem auf dem Gebiet der Klassiker und der Poesie lag. In der Provinzstadt Charleville fühlt er sich eingesperrt und glaubt, seine literarischen Ambitionen ließen sich nur in Paris erfüllen. Er läuft ein paarmal von zu Hause weg, besucht Verlaine und wird bei dessen Schwiegereltern untergebracht. Zwischen dem älteren, verwahrlosten, häßlichen Paul Verlaine und dem noch kindlichen, aber hübschen Jungen entsteht sofort eine homosexuelle Beziehung, die die junge Ehe sehr belastet. Rimbaud ist kindlich, aber auch frühreif. Als Jugendlicher ist er von Soldaten anal vergewaltigt worden und wird diese Erniedrigung in einem Gedicht beschreiben. In der Bibliothek von Charleville hat er alles mögliche über Magie und Alchimie gelesen; er will ein Seher werden, der durch das Durcheinanderwirbeln sinnlicher Erfahrungen zu unbekannten Ufern vorstößt. Er ist bereit, dafür mit Elend zu bezahlen, und so kommt es auch. Durch ihn eröffnen sich der französischen Lyrik neue Klänge und Assoziationen, eine magische Welt der Sprachmusik und Symbolik. Zu Lebzeiten wird kaum etwas von ihm veröffentlicht; das geschieht erst lange nach der Schießerei durch seinen abgewiesenen Freund Verlaine, als Rimbaud seine Gedichte und Papiere bereits teilweise verbrannt hat und durch die Welt vagabundiert.

Die Freundschaft zu Verlaine ruiniert dessen Ehe. Die Freunde ziehen in Paris umher, rauchen Haschisch und trinken Absinth. Ihre sinnliche Wahrnehmung wird durch Halluzinationen verzerrt. Im Sommer 1872 verlassen sie Paris und ziehen über Belgien nach England, wo sie in Armut, zwischen Suff und Opium, durch London zigeunern. Verlaine ist ein sentimentaler, klebriger Mann, der Rimbaud völlig für sich in Anspruch nimmt, Rimbaud ein verdorbener, gewalttätiger Jugendlicher; zwischen beiden kommt es zu Streitereien, die tätlich enden. Beide kehren vorübergehend in den Schoß ihrer Familie zurück, finden aber wieder zusammen, bis Verlaine nach einem läppischen Streit Rimbaud, seinen bösen Engel, ohne einen Pfennig in London sitzenläßt und nach Brüssel fährt. Er kündigt jedermann seinen baldigen Selbstmord an, der schließlich zu der Schußwunde des ihm nachreisenden Rimbaud führt.

Im Gefängnis bekehrt sich Verlaine zum katholischen Glauben. Rimbaud vollendet sein letztes Prosagedicht, *Aufenthalt in der Hölle,* ein Rückblick auf die höllische Zeit mit Verlaine in London, wo dieser das berühmte *Il pleure dans mon cœur comme il pleut sur la ville* in großer Verlassenheit schrieb. *Aufenthalt in der Hölle* ist ein schwer zugängliches Prosagedicht in neun Abschnitten. Die beschriebene Hölle ist sein eigener Abstieg zum Grund des Verderbens. Das Gedicht wirft die Frage nach dem Bösen, nach der Existenz Gottes und der Hinnahme des Lebens auf. Es beantwortet sie mit der Entscheidung für absolute Freiheit und gegen den Glauben, die Arbeit und die Alltäglichkeit. Es ist ein deliranter Bericht über Rimbauds Enttäuschung, seine verwirrte sinnliche Erfahrung und das Scheitern seines Versuchs, durch die Dichtung zu unbekannten Ufern vorzustoßen. Rimbaud gibt auf, indem er seine Manuskripte verbrennt.

Dann wird er, wie Paul Verlaine ihn nannte, ein Mann mit Windsohlen. Er zieht mit einem neuen Freund durch England, bis dieser an Typhus stirbt. Er studiert Sprachen in Deutschland, Italien und Spanien, kehrt von Zeit zu Zeit zu seiner Mutter zurück, wird aber kein Gedicht mehr schreiben. Sein ganzes Werk ist unstet, geschrieben unter dem Einfluß von Absinth und Opium zwischen dem fünfzehnten und neunzehnten Lebensjahr. Er tritt in Harderwijk in die niederländische Kolonialarmee ein, reist mit dem Schiff nach Java, desertiert und kehrt auf einem britischen Schiff nach Frankreich zurück. Er wird Bauaufseher in Zypern und landet nach einer Zwischenstation in Aden zuerst in Ägypten, dann im heutigen Somalia, wo er erst mit Kaffee und Fellen, später auch mit Waffen und Sklaven handelt. Er lebt mit einem äthiopischen Mädchen zusammen, später mit einer Dienerin; als Geschäftsmann hat er wenig Fortüne, genießt aber den Respekt seiner Umgebung. Sein Dichtertum ist eine vergessene Episode des Suffs.

Er bekommt eine Entzündung am Knie, die für Knochenkrebs gehalten wird, und kehrt nach Frankreich zu seiner Familie zurück. Die geizige Mutter ist krank geworden, seine Schwester Isabelle zeigt Einsicht und versorgt ihn. Die

Lähmungserscheinungen nehmen zu, ebenso die Schmerzen, und er halluziniert unter dem Einfluß von Schlafmitteln, Fieber und Mohntee. Seine Schwester bewirkt seine Bekehrung zum Glauben in den letzten Wochen seines Rausches, und seine Mutter wird ihn in Charleville in allen Ehren bestatten lassen. Der Rebell und Vagabund, Magier und Engel des Bösen kehrt heim zu Glauben und Familiengrab, das trunkene Schiff legt an, wo seine Irrfahrt begann.

Was von Rimbaud geblieben ist, läßt sich schwer sagen. Französisch ist außerhalb Frankreichs eine tote Sprache, das düstere Wunderkind ist zum Objekt von Deutern geworden, von denen jeder die Symbole anders liest. Die Faszination seiner Poesie und seines Lebens ist geblieben, aber er selbst ist zu einem historischen Rätsel geworden.

Verlaine verläßt das Gefängnis dem Anschein nach bekehrt. Ein paar Jahre lang ist er Lehrer in England und Frankreich und führt ein geregeltes Leben, ohne Frau und Kind. Dann will er wieder zu seiner Mutter nach Paris zurückkehren, doch seine Verurteilung verfolgt ihn bei der Arbeitssuche. Er trinkt, streunt umher und will zu seiner Frau zurück, während sie die Scheidung möchte. Er droht, sie zu töten, falls sie nicht zu ihm zurückkommt, und der Streit trägt ihm eine zweite Gefängnisstrafe ein. Er streift wie ein Clochard durch Paris, als Maskottchen von Künstlern, die sich die Dekadenten nennen, und wird, erkrankt und verarmt, wiederholt in eines der großen Stadtkrankenhäuser eingeliefert, wo die Ärzte gut für den berühmten Vagabunden sorgen. *Bonheur, Amour* und *Sagesse* sind die Titel seiner Gedichtbände, wundersame Blüten, die das Laster trieb.

Sein Werk wird bekannt, und er dichtet weiter, hält hof in seiner Stammkneipe und unterhält eine Dreiecksbeziehung zu zwei neuen Frauen und einem neuen Freund — Ersatz für Rimbaud —, dem er Gedichtbände widmet, mitunter voll vulgärer Erotik. Die beiden Frauen sind heruntergekommene Prostituierte, Straßendirnen, die seine Gedichte sofort versilbern und den Dichter abwechselnd verhätscheln und verstoßen. Ende 1892 fährt er, einer Einladung folgend, für zwei Wochen in die Niederlande, wo Maler und Dichter ihn respektvoll feiern und wo er unverständliche Lesungen in Amsterdam, Den Haag und Leiden hält. Der vom Leben gezeichnete sentimentale Zuchthäusler erregt sowohl Abscheu als auch Bewunderung bei den holländischen Freunden und braven Bürgern, die ihn, finanziell mit 900 Francs unterstützt, wieder nach Paris ziehen lassen. Er wird sich später an wenig mehr erinnern als an die Mädchen im Rotlichtviertel, obgleich er mit Unterstützung vieler einen Reisebericht darüber veröffentlichen wird. Er wiederholt seine Lesungen in Belgien, England und Frankreich, erhält jedoch keine einzige Stimme, als ein Platz in der Académie Française frei wird. Immerhin wird er zum Dichterfürsten gekürt.

Die beiden Frauen, mit denen er sein Leben teilt, kümmern sich in einem Wechselbad von Zuneigung und Streit um ihn; wenn er nicht gerade im Krankenhaus liegt, lebt er von der Armenfürsorge. Sein letztes Werk ist ein Vorwort zu Rimbauds dichterischem Gesamtwerk, das vierundzwanzig Jahre nach ihrer ersten Begegnung erscheint. Im Dezember 1895 erleidet er eine Lungenentzündung, an der er drei Wochen darauf, versehen mit den Sterbesakramenten, im Fieberdelirium stirbt, einundfünfzig Jahre alt.

Paul Verlaine war bereits zu Lebzeiten eine Legende, sowohl durch seine Gedichte als auch durch seinen Lebenswandel. Sein angeschossener Busenfreund sollte es später ebenfalls werden, dank der Bemühungen Verlaines, dessen Werk zu veröffentlichen. Wo Rimbaud ein geheimnisumwitterter Alchimist blieb, der aus dem Blei der Sprache das Gold neuen Erlebens zu machen versuchte, war Verlaine ein zugänglicherer Dichter, musikalischer, melancholischer und formtreuer. Sein Impressionismus von Klang und Farbe eignete sich für die Umsetzung in Musik; Debussy hat seine Gedichte vertont.

Sie waren *poètes maudits,* ganz nach dem Titel von Verlaines Anthologie, in der Rimbaud einen wichtigen Platz erhielt. Allerdings weniger verdammte Dichter als vielmehr Dichter der Verdammnis, Schöpfer von Teufelsversen. Ihr Vorbild war Baudelaire, dessen einziger Gedichtband, *Die Blumen des Bösen,* gleich nach Erscheinen wegen Blasphemie und Unsittlichkeit verboten wurde. Baudelaire war ein Dichter der Dekadenz, der Großstadt und der exotischen Frauen und hatte sich auf eben diese Weise selbst zugrunde gerichtet: Er starb im Alter von 46 Jahren als bettelarmer, verbitterter Vagabund an Syphilis. Diese Syphilis war ein langsam verlaufendes Leiden, das Herzklappen, Rückenmark und Gehirn ergriff. Der Dichter Alfred de Musset, ein hochbegabter Romantiker, hatte derart undichte Herzklappen, daß sein Kopf sich bei jedem Herzschlag durch die große Menge ausströmenden Bluts mitbewegte, von dem der größte Teil wieder zurückfloß. Die französische Kardiologie bewahrt im *signe de Musset* das extreme Kennzeichen der Aortensyphilis. Heine sollte jahrelang in seiner Pariser »Matratzengruft« infolge syphilitischer Rückenmarkserweichung dahinsiechen, Nietzsche erkrankte an *Dementia praecox,* syphilitischem Größenwahn, Baudelaire wurde gelähmt und verlor die Sprache rund ein Jahr vor seinem Tod. Wer Göttern wie Bacchus und Venus dient, stirbt früh, sollte der berühmte Internist Osler schreiben, denn sie schicken nach dem 60. Geburtstag keine Rechnungen mehr.

Baudelaire war, in der Gosse der Großstadtkultur lebend, formal wie inhaltlich der erste moderne Dichter Frankreichs. Mit Rimbaud und Verlaine hatte er gemein, daß er andere Erfahrungen suchte als die alltäglichen und daß er die Türen der dichterischen Wahrnehmung aufstoßen wollte, notfalls gewaltsam unterstützt von Haschisch, Opium und Absinth. In eine extreme Erfahrungswelt konnte nur der pilgern, der sich ganz darauf einließ. Opium war im neunzehnten Jahrhundert ein Volksheilmittel wie Aspirin, das man bei Schmerzen und Elend verschiedenster Art einnahm, das man sogar den Kindern gab, um sie zur Ruhe zu bringen, und das in jeder Drogerie zu kaufen war. Es war als Tinktur, als braunrote Flüssigkeit unter dem Namen Laudanum gegen allerlei Leiden und für wenig Geld erhältlich, und kaum einer machte sich Gedanken über seinen süchtig machenden Charakter. Arbeiter nahmen es als Muntermacher ein, Lebensmüden bereitete es einen sanften Tod. Die englischen Schriftsteller De Quincey und Coleridge waren opiumsüchtig und beschrieben ihre Träume, deren düstere Landschaften den Radierungen gleichen, auf denen Piranesi seine Kerker tiefschwarz malt.

De Quincey sollte sich in seinen *Bekenntnissen eines Opiumessers* mit den Auswirkungen des Opiums auf die Phantasie beschäftigen, da seine Träume ihm den Stoff für seine literarischen Schöpfungen lieferten. Das Opium sei die wahre Kirche der romantischen Phantasie und eröffne einen weiten Blick in unbekannte Welten. Diese Empfehlung machte viele zu Anhängern, und wenngleich De Quincey später auch die Abhängigkeit, den Entzug und die Misere erwähnte, war er doch als Konsument kein unparteiischer Beobachter. Er sah die Vorzüge der Droge in übersinnlichen Einfällen und Offenbarungen, die Nachteile im Elend einer langfristigen Abhängigkeit. De Quincey verfaßte die erste detaillierte Selbstbeobachtung eines Drogenabhängigen; Baudelaire sollte ihm darin 1860 mit seinem Buch über künstliche Paradiese folgen. Darin beschreibt er aufs genaueste seine Visionen während des Genusses von Haschisch, das Interesse am bedeutungslosen Detail, die Erweiterung von Zeit und Raum, die optischen Halluzinationen von Wasserfällen, Fontänen und Wellen. Daraus entlehnte er Sinneseindrücke von Farben, Bildern und Tönen, die Beschleunigung verschiedener sinnlicher Wahrnehmungen. Er konsumierte das Haschisch in einem Klub von Freunden, später auch Opium, das seine von der Syphilis verursachten Magenkrämpfe linderte. Baudelaire zog Opium dem Haschisch vor. Es schenkte ihm Träume von düsteren, wenngleich einzigartigen, weiträumigen Landschaften. Haschisch empfand er als störend, Opium als schöpferisch für seine Halluzinationen und Visionen; darin ist er sich mit De Quincey einig, für den er große Bewunderung empfand. Die Rauschmittel sind der kürzeste Weg, um der Realität für einige Stunden zu entrinnen und ins Paradies zu gelangen. Dieses erweist sich als künstlich. Auf die Verschärfung und Erweiterung der sinnlichen Wahrnehmung im Rausch, der den dichterischen Einfallsreichtum stärken sollte, folgt die Ernüchterung. Das kreative Potential mußte allerdings schon vorhanden sein; es wurde nicht durch Haschisch oder Laudanun geschaffen. Das Gift war, wie der ebenfalls süchtige Poe schrieb, nur ein methodisches Hilfsmittel. Als Baudelaire die künstlichen Paradiese als bloßes Surrogat der Wirklichkeit ablehnte, war es bereits zu spät.

Und nicht nur für ihn. Berlioz beschreibt in seiner *Symphonie fantastique* seine hoffnungslose Liebe zu einer englischen Schauspielerin, seine *idée fixe*, in ein musikalisches Motiv gefaßt. In seiner Verzweiflung nimmt er eine Überdosis Opium, träumt, er habe die Geliebte ermordet und werde auf dem Schafott sterben, und das Ende des Opiumtraums ist ein Hexensabbat, der mit dem *Dies irae* endet, Orgie und Jüngstes Gericht in einem.

Baudelaire muß als Dichter und genauer Beschreiber seines Rausches Leben und Werk der nachfolgenden Dichtergenerationen beeinflußt haben. Verlaine wohnt 1867 der Beisetzung seines Idols Baudelaire bei, um fünf Jahre darauf zusammen mit Rimbaud umherzuziehen, zu trinken und Opium zu rauchen, mit dem sie wahrscheinlich durch chinesische Hafenarbeiter in London in Berührung kamen. Für Rimbaud wird die Suche nach dem Paradies, die Magie der Poesie, zum Aufenthalt in der Hölle, und der Schuß in Brüssel setzt seinem Leben als Dichter ein Ende.

Verlaine sucht nach anderen Bewußtseinserweiterungen, in homosexuellen und später auch heterosexuellen Ausschweifungen und im Absinth, der grünen Fee. Absinth ist ein Extrakt aus Blättern und Blüten des Wermutstrauchs, Artemisia. Er ist bitter, grün und wurde dem Wein der französischen Soldaten im Kolonialkrieg in Algerien um 1840 beigemischt, möglicherweise als fieberhemmendes Mittel. Als alkoholisches Getränk erfreute er sich in der zweiten Hälfte des neunzehnten Jahrhunderts in Frankreich und in der Schweiz großer Beliebtheit. Die Firma Pernod aus dem französischen Jura versetzte Kornbranntwein damit;

der bittere alkoholische Likör wurde allerdings erst dann trinkbar, wenn man kaltes Wasser über einen Löffel mit einem Zuckerwürfel laufen ließ, was das Getränk milder und milchigweiß machte. Die »grüne Stunde« war eine feste Zeit im Pariser Kneipenleben; Absinthtrinker sind von Manet, Degas, Daumier und Picasso mehrfach dargestellt worden; sie waren, als Randfiguren der Großstadt, ein neues Thema. Van Gogh, der selbst einmal von Toulouse-Lautrec mit dem Absinthglas gezeichnet worden war, machte aus diesem Glas ein friedliches Stilleben mit Karaffe.

Absinth wirkt, wie wir heute wissen, für sich allein toxisch. Er wurde häufig mit anderen Kräutern vermischt, der erwünschten grünen Farbe wegen aber auch mit giftigen Kupfer- und Antimonsalzen oder mit Holzgeist oder Methanol, dem Gift der Spiritustrinker. Ohne Alkoholbeimischung verabreicht, konnte Absinth bei Versuchstieren und Schwachsinnigen Halluzinationen und Zuckungen auslösen, die an epileptische Anfälle erinnerten. Aus ökonomischen Gründen wurden sämtliche ärztliche Warnungen in den Wind geschlagen, und erst 1915 wurde die Herstellung des Getränks in Frankreich verboten.

Absinth ähnelt in Struktur und Wirkung dem Kampfer und stimuliert das zentrale Nervensystem, löst Halluzinationen und Krämpfe aus;

allerdings lassen sich wie bei so manchem Süchtigen unserer Zeit die Wirkungen von Alkohol, Drogen und Armut nicht voneinander trennen. Obwohl Absinthlikör in Maßen von Millionen Franzosen getrunken wurde, wurde er bei einigen Künstlern zur reinsten Obsession, einem Rausch zuliebe, den man früher durch Wein, Haschisch oder Opium fand — eine langanhaltende, betörende und bewußte Störung der Sinne. Für Rimbaud war der Absinth ein Mittel, das es ihm ermöglichte, über die Gosse zum Unbekannten vorzustoßen. In *Comédie de la Soif* sucht er nach den grünen Säulen des Absinthtempels, doch die Ernüchterung folgt. Sein Dichterleben, in die vier Jugendjahre des Umherziehens, Trinkens und Dichtens gepreßt, endet in Brüssel, danach entflieht er der Großstadt und zieht in die Tropen.

Baudelaire ist ein enttäuschter Mann, als Dichter, Trinker und Drogenkonsument. Seine Analyse der künstlichen Paradiese moralisiert das Problem und endet in einer Absage; die Droge ist nicht der Weg zur Kunst oder Freiheit. Ihm bleibt keine Zeit mehr. Enttäuscht sucht er nach Möglichkeiten, zu Geld zu kommen, und liest den Belgiern, die er haßt, aus seinen Erfahrungen mit Opium und Haschisch vor. Sie zeigen wenig Interesse, nur der 21jährige unbekannte Dichter Verlaine rühmt ihn in einigen Artikeln. Kurz danach setzt seine fatale

Krankheit ein, die ihn geistig wie körperlich lähmen wird.

Verlaine wird Alkoholiker, Apostel der grünen Fee, über dem Absinth dösend, immer wieder im Krankenhaus, gewalttätig gegenüber seiner Umgebung — der Dichter als Vagabund, aber auch der bewunderte Lyriker, der von *»l'inflexion des voix chères qui se sont tuées«* träumt, den Stimmen der Mutter, der Frau und des Freundes, aber auch der Muse. Sie alle haben ihn allein zurückgelassen in einer Stadt, wo es auf der Straße und im Herzen regnet. Der verlorene Sohn verflucht auf dem Sterbebett den Absinth als Torheit und Verbrechen, trunkene Reue eines der größten Dichter Frankreichs.

Baudelaire, Rimbaud und Verlaine haben mit ihrer Dichtung neue Wege eingeschlagen, in Versform, extremer Themenwahl, Symbolik der Sprache, Musik und Farben. Sie fanden ein neues Verhältnis zur Wirklichkeit und öffneten die Türen zu einer gesteigerten Wahrnehmung. Es fragt sich jedoch, ob Opium, Haschisch, Absinth oder Alkohol wesentlich dazu beigetragen haben. Die Verweise in ihrem Werk auf diese Betäubungsmittel sind nicht schwer zu finden; sie geben aber eher eine symbolische Darstellung für die Landschaft der Seele ab als eine Tatsachenbeschreibung. Die Sucht trug allen dreien Elend, Krankheit und Kummer ein; sie lähmte nicht nur ihren Willen, sondern auch ihre Kreativität. Die Blumen des Bösen blühten eher trotz als dank der Selbstvergiftung; die Dichter verfielen der Krankheit, dem Exil und dem Niedergang. Ihr Werk hat man als modern bezeichnet, als Bruch mit der romantischen Lyrik ihrer Vorgänger. Ihr Leben, die Erfahrungswelt der Großstadt, das unstete Wanderleben, die Randbezirke des Daseins, aber auch die gesellschaftliche Abhängigkeit von Geldgebern, Justiz und Presse machte sie berühmt und berüchtigt. Spätere Generationen sollten in größerem Umfang, aber mit den gleichen Mitteln versuchen, ihre Erfahrungswelt durch Pilgerfahrten gen Osten zu erweitern, durch Grenzüberschreitung mit Hilfe von Heroin, Kokain oder Alkohol, begleitet von der gleichen Gewalt, Krankheit und Verarmung; nur ist AIDS an die Stelle der Syphilis getreten.

Der bereits zitierte Internist William Osler war ein nüchterner Mann. Er hinterließ der medizinischen Welt eine Fülle von Aphorismen, die um 1900 entstanden sind. Er war nicht nur ein hervorragender Kliniker und Dozent, sondern auch ein kunstsinniger Mensch, der die Begrenzungen seines Berufs erkannte. Die Hälfte von uns ist blind, wenige können fühlen, und alle sind wir taub, schreibt er über den ärztlichen Beruf, und das gelte nicht nur für die Patientenbetreuung, sondern auch für die Musik, die Literatur und die bildende Kunst. Er schrieb auch, daß der Mensch sich nur durch den ständigen Wunsch, Mittel zu schlucken, vom Tier unterscheide.

Der Dichter sieht eine andere Wirklichkeit als der Arzt. Aus dem Wermutstrauch, der den Absinth lieferte, werden heute neue Mittel gegen die Malaria gewonnen, und womöglich haben die französischen Kolonialtruppen 1840 in Algier bereits davon profitiert, als der Extrakt dem Wein in ihrer Feldflasche zugesetzt wurde. Die Syphilis läßt sich mit Penicillin wirksam bekämpfen, Morphin ist nur auf Rezept erhältlich, während Haschisch in Amsterdamer Cafés zu haben ist. Die *jeunesse dorée* des Westens hat sich auf die Suche nach neuen Erfahrungen gemacht, ohne die Blumen Baudelaires, die Erleuchtungen Rimbauds oder Verlaines Lieder ohne Worte. Alkohol und Drogen ergeben noch keine Poesie. Sie sind nach den Worten Baudelaires eine Entgleisung der Sehnsucht nach dem Unendlichen. Der Rausch verspricht die plötzliche Rückkehr in ein verlorenes Paradies, auch wenn er nur eine Imitation davon zu bieten hat.

Literatur

Das brennende Herz

Beguin, A., *Pascal par lui-même.* Paris, 1952.

Berents, D. A., *Gilles de Rais, de moordenaar en de mythe.* Den Haag, 1982.

Chavardès, M., *Montaigne.* Paris, 1972.

Montaigne, M. de, *Essais.* Paris, 1962.

Pascal, B., *Pensées.* Paris, 1976.

Reliquet, P., *Le Moyen Age: Gilles de Rais.* Paris, 1982.

Rümke, H. C., *Op de drempel.* Abschiedsvorlesung. Amsterdam, 1963.

Tournier, M., *Gilles et Jeanne.* Paris, 1983.

Warner, M., *Joan of Arc. The image of female heroism.* London, 1981.

Herztransplantation

Berg, J. H. van den, *Het menselijk lichaam,* Bde. I und II. Nijkerk, 1958/1961.

Ladama, J., *Sainte Marguérite-Marie et la visitation de Paray.* Paray-le-Monial, 1977.

Leibowitz, J. O., *The history of coronary heart disease.* Berkeley, 1970.

Lewinsohn, R., *Eine Weltgeschichte des Herzens.* Hamburg, 1959.
Mannebach, H., *Hundert Jahre Herzgeschichte.* Berlin, 1981.

Spaziergang am Strand

Gay, P., *Freud, a life for our time.* New York, 1988.
Jones, E., *The life and work of Sigmund Freud.* New York, 1955.
Kuehn, J. L., »Encounter at Leyden. Gustav Mahler consults Freud.« *Psychoanalytical Review,* 1965; 52:345.
Lebrecht, N., *Mahler remembered.* London, 1987.
Levy, D., »Gustav Mahler and Emanuel Libman. Bacterial endocarditis in 1911.« *British Medical Journal,* 1986; 293:1628.
Mahler, A., *Mein Leben.* Frankfurt am Main, 1960.
Mitchell, D., *Mahler.* Berkeley, 1975.
Müller, K.J., *Mahler: Leben — Werke — Dokumente.* Mainz, 1988.
Reeser, E., *Gustav Mahler und Holland.* Wien, 1980.
Roazen, P., *Freud and his followers.* New York, 1971.

Das Soldatenherz

Lewis, Th., *The soldier's heart and the effort syndrome.* London, 1918.

Middlebrook, N., *The first day on the Somme*. London, 1971.
Paul, O., »Da Costa's syndrome or neurocirculatory asthenia.« *British Heart Journal* 1987; 58:306–15.
Sassoon, S., *Selected Poems*. London, 1968.
Winter, D., *Death's men. Soldiers of the Great War*. London, 1978.
Wood, P., *Diseases of the heart and circulation*. London, 1968.

Das perfekte Verbrechen

Arasse, O., *De machine van de revolutie*. Nijmegen, 1989.
Bonnet, J. C., *La mort de Marat*. Paris, 1986.
Cabanès, A., *Le cabinet secret de l'histoire*, Bd. 3. Paris, 1925.
Clark, K., *The romantic rebellion*. London, 1973.
Loomis, S., *Paris in the terror*. London, 1965.
Schama, S., *Citizens. A chronicle of the French revolution*. New York, 1989.

Die Anatomievorlesung

Broos, B., *Meesterwerken in het Mauritshuis*. Den Haag, 1987.
Fuchs, R. M., *Rembrandt en Amsterdam*. Rotterdam, 1968.
Lindeboom, G. A., *De geschiedenis van de medische wetenschap in Nederland*. Bussum, 1972.

Moulin, D. de; Eeghen, L. H. van; Meischke, R., *Vier eeuwen Amsterdams Binnengasthuis*. Wormer, 1981.

Richardson, R., *Death, dissection and the destitute*. London, 1987.

Richardson, R.; Hurwitz, B., »Jeremy Bentham's self image: an exemplary bequest for dissection.« *British Medical Journal* 1987; 295: 195.

Schwartz, A., *Rembrandt, zijn leven, zijn schilderijen*. Amsterdam, 1984.

Ewige Jugend

Altman, K., *Who goes first? The story of self experimentation in medicine*. New York, 1981.

Borell, M., »Brown Séquard's organotherapy and its appearance in America at the end of the nineteenth century.« *Bulletin of the history of medicine* 1976; 50:309–321.

Lock, S., »›O that I were young again‹: Yeats and the Steinach operation.« *British Medical Journal* 1983; 287:1964–1968.

Lüth, P., *Geschichte der Geriatrie*. Stuttgart, 1965.

Voronoff, S., *Études sur la vieillesse et le rajeunissement par la greffe*. Paris, 1926.

Viva il coltello

Bouvier, R., *Farinelli, le chanteur des Rois*. Paris, 1943.

Christiansen, R., *Prima Donna*. Oxford, 1984.
Einstein, A., *Mozart, his character, his work*. Oxford, 1945.
Heriot, A., *The castrati in opera*. London, 1956.
Pleasants, H., *The great singers*. New York, 1966.

Parthenogenese

Crews, D., »Courtship in unisexual lizards: a model for brain evolution.« *Scientific American* 1988; 260:72.
Johnson, P., *A history of Christianity*. London, 1976.
Pagels, E., *The gnostic gospels*. New York, 1981.
Warner, M., *Alone of all her sex. The myth and the cult of the virgin Mary*. London, 1978.
Warner, M., *Monuments and maidens; The allegory of the female form*. London, 1985.

Ketzer

Cohn, N., *Europe's inner demons*. Sussex University Press, 1975.
Lea, H. C., *De inquisitie in de middeleeuwen*. Utrecht, 1966.
Moore, R. I., *The formation of a persecuting society*. Oxford, 1987.
Nelli, R., *Les Cathares*. Paris, 1972.
Niel, P., *Albigeois et cathares*. Paris, 1982.

Anorexia religiosa

Bell, R. M., *Holy anorexia*. Chicago, 1985. *Sancta Anorexia. Vrouwelijke wegen naar heiligheid. Italië 1200–1800*. Amsterdam, 1990.

Deth, R. van; Vandereycken, W., *Van vastenwonder tot magerzucht*. Meppel, 1988.

Farmer, C. H., *The Oxford dictionary of Saints*. Oxford, 1982.

Huizinga, J., *Herbst des Mittelalters*. Stuttgart, 1975.

Rudofsky, B., *The unfashionable human body*. New York, 1974.

Schmecken Schiffsjungen?

Bray, W., *Everyday life of the Aztecs*. London, 1968.

Diaz, B., *The conquest of New Spain*. London, 1963.

Farb, P.; Armelagos, G., *Consuming passions: the anthropology of eating*. Washington, 1980.

Gajdusek, D. C., »Unconventional viruses and the origin and disappearance of Kuru.« *Science* 1977; 197:943–960.

Howell, M.; Ford, P., *The ghost disease*. London, 1986.

Poe, E. A., *The narrative of Arthur Gordon Pym of Nantucket*. London, 1975.

Thornsen, C. W., *Menschenfresser*. Wien, 1983.

Im Land der Blinden

Bickel, L., *Triumph over darkness.* Sydney, 1988.
Critchley, M., *The citadel of the senses.* New York, 1986.
Foucault, M., *Naissance de la clinique.* Paris, 1963.

Künstliche Paradiese

Benjamin, W., *Charles Baudelaire, ein Lyriker im Zeitalter des Hochkapitalismus.* Frankfurt am Main, 1955.
Conrad, B., *Absinthe, history in a bottle.* San Francisco, 1988.
Hayter, A., *Opium and the romantic imagination.* London, 1968.
Heybroek, J.F.; Vis, A.A.M., *Verlaine in Nederland.* Amsterdam, 1985.
Petitfils, P., *Album Verlaine.* Paris, 1981.
Spaans, L., *Arthur Rimbaud, Paul Verlaine, een geschreven vriendschap.* Amsterdam, 1985.
Starkie, E., *Arthur Rimbaud.* London, 1961.

Danksagung

Dank schulde ich einigen kritischen Lesern aus dem Kreise von Kollegen, Freunden und Experten, die mich auf Fehler hinwiesen. Für die jetzt noch verbliebenen blinden Flecke bin ich allein verantwortlich.

Mein besonderer Dank gilt Frau Yvonne Nauta-Durrer für ihre geduldige und aufmunternde Hilfe, sowie meinem Freund und Kollegen Noud Vroom, der das Manuskript in den letzten Wochen seines Lebens noch gründlich gelesen hat. Die Mitarbeiter der *Nederlands Tijdschrift voor Geneeskunde* halfen mir beim Ausfindigmachen von Quellen in der Historischen Bibliothek.

A. J. Dunnings EXTREME. Betrachtungen zum menschlichen Verhalten sind im April 1992 als achtundachtzigster Band der ANDEREN BIBLIOTHEK im Eichborn Verlag, Frankfurt am Main, erschienen.

Die Originalausgabe dieses Buches wurde unter dem Titel *Uitersten. Beschouwingen over menselijk gedrag* von Meulenhoff und der Wetenschappelijke Uitgeverij Bunge in Amsterdam und Utrecht verlegt. Sie erschien im Jahre 1990.

Die Übersetzung aus dem Niederländischen stammt von Helga van Beuningen.

Dem Nederlands Literair Produktie- en Vertalingenfonds ist für die Förderung der deutschen Übersetzung zu danken.

Dieses Buch wurde in der Buchdruckerei Greno in Nördlingen aus der Cicero Baskerville Monotype gesetzt und auf einer Condor-Schnellpresse gedruckt. Das holz- und säurefreie mattgeglättete 100 g/qm Bücherpapier stammt aus der Papierfabrik Niefern. Den Einband besorgte die Buchbinderei G. Lachenmaier in Reutlingen.

1. bis 7. Tausend, April 1992. Einmalige, limitierte Ausgabe im Buchdruck vom Bleisatz. ISBN 3-8218-4088-9. Printed in Germany.

Von jedem Band der ANDEREN BIBLIOTHEK gibt es eine Vorzugsausgabe mit den Nummern 1—999.